한문서예, 중국문화를 배우는 사람들의 필독서

이야기 천자문(千字文)

- 자연의 섭리, 인간의 도리, 세상 살아가는 이치를 고전의 바다에서 골라 엮어낸 대서사시 -

한문서예, 중국문화를 배우는 사람들의 필독서

이야기 천자문 (千字文)

초판인쇄 | 2019년 7월 19일
초판발행 | 2019년 7월 29일

지 은 이 | 최 병 훈
펴 낸 이 | 김 남 진
펴 낸 곳 | 온새미로
주　　소 | 서울시 중구 다산로 11길 19(신당2동 355-8) 백석빌딩 신관 3층
출판신고 | 제301-2009-241호
편집·디자인 | 한 지 희

판매대행 | (주)중앙경제
주　　소 | 서울시 중구 다산로 11길 19(신당2동 355-8) 백석빌딩 신관 4층
홈페이지 | www.elabor.co.kr
전　　화 | 02-2231-7293
팩　　스 | 02-2235-5344

정　　가 | 18,000원
ISBN 978-89-7017-518-8 (03000)

한문서예, 중국문화를 배우는 사람들의 필독서

이야기 千字文

최 병 훈

'천해야 세상을 볼 수 있고,
귀해야 세상을 바꿀 수 있다'

(본문 95-2 중에서)

도서출판 온새미로

서

요즘 세상에도 천자문을 읽는 사람이 있나?

천자문을 읽으면 무슨 도움이 되나?

필자는 2016년부터 한문서예를 배우기 시작하였는데, "글씨는 쓰는데 뜻을 모르니 재미가 없다"는 말을 간혹 들었다. 뜻을 알고 글씨를 써야 혼이 실린다는 의미로 생각해보았다. 서예를 하면 통상 천자문을 기본교재로 한다. 마침 필자에게 손자가 생기면서 "좋은 할아버지가 되려면 무엇을 해야 하나?"라는 생각 끝에 천자문을 가르치면 풍부한 내용도 안내하면서 우리말의 60%가 넘는 한자말을 정확하게 이해하는 토대를 만들어준다고 판단하였다. 그런데, 막상 천자문을 가르치자고 보니 필자가 천자문의 한자도 모르는 게 많을 뿐더러 천자문의 내용을 정확히 아는 게 거의 없음을 알게 되었다. 그래서 기존의 해설서와 인터넷을 통하여 천자문 내용을 하나씩 파악해보게 되었다.

천자문은 다음과 같은 책이다.

첫째, 양(梁)나라 초대 황제였던 무제(武帝, 재위 502~549년)가 주흥사(周興嗣)를 시켜 만든 서책이라는 것이 일반적인 설이다. 박학하고 문무에 뛰어난 재질을 갖춰 문학, 음률, 서예 등에 일가견이 있었던 무제는 어느 날 주흥사에게 왕희지(王羲之, 307년~365년)의 행서(行書)[1] 중 천 개의 한자를 중복되지 않도록 가려내게 한 뒤, 4글자씩을 묶어 모두 125개의 문장을 완성하도록 명령했다.[2] 당시 주흥사는 무제의 노여움을 사 감옥에 갇혀 죽음의 형벌을 기다리는 신세였으나 주흥사의 학문을 아까워한 무제가, 만약 하룻밤 동안에 『천자문(千字文)』을 완성하면 죄를 용서해주겠다고 하자, 머리가 새하얗게 변하도록 죽을 힘을 다해 문장을 지었던 모양이다. 그래서 후세 사람들은 『천자문』을 백수문(白首文) 혹은 백두문(白頭文)이라고도 부르게 되었다. 어쨌든 주흥사는 1000개의 한자 중 992개의 한자로 어렵지 않게 문장을 만들어냈는데, 마지막 8개의 한자에 대해서는 어떻게 해야 할지 몰라 전전긍긍했던 모양이다. 그렇게 고민하다가 깜빡 잠이 들었는데, 꿈속에 나타난 한 도인이 '다른 글자를 돕는 글자, 즉 어조사에는 언(焉), 재(哉), 호(乎), 야(也)가 있다'고 귀띔을 해준 덕분에 『천자문』의 마지막 문장인 '위어조자 언재호야(謂語助者 焉哉乎也)'를 만들면서 비로소 『천자문』을 완성할 수 있었다고 한다.

---

1) 한자의 서체는 전서, 예서, 초서, 행서, 해서로 구분한다. 전서는 상형문자와 같은 고대 한자 서체이고, 사무용으로 쓰기 위해 만든 것이 예서이며, 빨리 쓰기 위해 만든 곡선위주의 흘림체가 초서이고, 일점 일획을 정확히 독립시켜 직사각형으로 흘려쓰지 않는 것이 해서(정서 또는 진서)이며, 초서와 해서의 중간형태가 행서이다. 천하제일의 행서로 불리는 것이 왕희지의 난정서(蘭亭序)인데, 이는 353년 3월3일 문사들이 난정이라는 곳에서 수계를 거행하면서 참가한 사람들이 쓴 시집의 서문을 왕희지가 쓴 것이다. 28행 324자로 되어 있다.

2) 양 무제가 왕희지의 글씨 중 스스로 소중히 여기는 글자 천자(千字)를 선별한 후, 종이 한 장에 한 자씩 쓰게 하였는데, 글자 천자가 모두 따로여서 아무런 문맥도 통하지 않았다. 무제는 주흥사에게 이 천자의 글씨를 주면서 "이것으로 운(韻)을 붙여 한 편(篇)의 글을 만들라"고 했다. 하지만, 천하(天下)의 주흥사도 천자의 글자로, 한 자도 겹치지 않고 한 편의 책을 만들기란 쉽지가 않았다.

둘째, 천자문은 1,000개의 한자가 아닌 125개의 한문[3] 문장으로 이루어진 대서사시라는 지적[4]이 적절한 표현이다. 천자문은 결코 한문학 입문서 또는 기본 한자를 알리기 위한 책이 아니며, 오히려 자연의 섭리와 인간의 도리 및 세상 살아가는 이치 등에 대하여 사서삼경을 비롯하여 사기, 도덕경, 장자 등 수많은 고전들로부터 가려 뽑은 제자백가의 사상 및 중국의 역사에 관한 이야기책이다.

셋째, 내용은 아래 예시와 같이 매우 체계적으로 구성되어 있다.

〈정동백〉

글귀번호	내 용	글귀번호	내 용	글귀번호	내 용
1~ 10	천문(天文)	103~118	궁전(宮殿)	201~206	식사(食事)
11~ 18	자연(自然)	119~142	공신(功臣)	207~216	안락(安樂)
19~ 36	왕업(王業)	143~152	제후(諸侯)	217~220	제사(祭祀)
37~ 60	수신(修身)	153~162	지세(地勢)	221~228	잡사(雜事)
61~ 68	충효(忠孝)	163~168	농사(農事)	229~234	기교(技巧)
69~ 80	덕행(德行)	169~178	수양(修養)	235~250	경계(警戒)
81~ 92	화목(和睦)	179~196	한거(閑居)		
93~102	인의(仁義)	197~200	신독(愼獨)		

〈이윤숙[5]〉

글귀번호	내 용	글귀번호	내 용
1~10	건도변화(乾道變化), 천도(天道)	153~168	사해지내(四海之內)
11~18	곤후재물(坤厚載物), 지도(地道)	169~184	진퇴지절(進退之節)
19~36	성인지도(聖人之道), 인도(人道)	185~204	안빈낙도(安貧樂道)

3) 천자문은 8자씩 묶어서 의미를 파악하기 때문이다.

4) 한정주, 천자문 인문학, 2016

5) 이윤숙, 『종요(鍾繇)의 대서사시(大敍事詩) 천자문 역해(千字文 譯解)』, 2008.10.21., 경연학당

글귀번호	내 용	글귀번호	내 용
37~66	인륜지도(人倫之道), 사덕오지(四德五止)	205~224	향용지복(嚮用之福)
67~102	군자지도(君子之道), 사덕오지(四德五止)	225~236	회고(回顧)
103~132	연비어천(鳶飛於天)	237~250	수인사대천명(修人事待天命)
133~152	명신열전(名臣列傳)		

이 해설서는 누구나 쉽고 재미있게 읽을 수 있도록 다음과 같이 꾸몄다.

첫째, 책의 순서는 정동백(丁東白)의 『천자문 학습장(千字文 學習帳)』,[6)] 해설은 조기형·이상억의 『한자성어·고사명언구 사전』(2011), 역사적 배경이나 용례 등은 한정주의 『천자문뎐』(千字文傳, 2009)을 각각 토대로 하였으며, 참고문헌 외에 인터넷에서 많이 보완하였다.

둘째, 천자문은 125개의 문장인 만큼, 처음부터 끝까지 쭉 읽어야 하는 책은 아니기 때문에, 관심 있는 내용을 언제든지 쉽게 뽑아 읽을 수 있도록 전체목차는 물론 해설내용의 소주제별 제목도 만들었으며, 색인목록도 달았다. 특히, 색인목록 중 용어의 유래와 관련된 경우에는 *표를 하였다. 그리고, 자주 인용되는 사서삼경 등 주요 고전에 대한 간단한 소개도 말미에 추가하였다.

셋째, 8글자 단위의 125개 문장마다 그 의미를 쉽게 이해할 수 있도록 훈과 음을 새기고, 총괄적인 해석을 하되, 까다로운 글자 풀이도 간략하게 붙여 정비하였다.

---

6) 지금까지 천자문 전문(全文)을 학습함에 있어서 "천자문 성동호 역해(千字文 成東鎬 譯解)"를 중심으로 크게 도움이 된 사실을 잊을 수 없으며 성동호 선생님께 진심으로 존경의(尊敬意)를 표합니다. 2007년5월10일 천자문 학습장을 제3차 교정완료함(최종수정판). 학습자 겸 서술자 정동백(丁東白)

끝으로, 한글세대의 편의를 감안하여 기본문장부터 해설까지 전면 한글로 기술하되, 뜻을 명확히 할 필요가 있는 경우에만 괄호 안에 한자를 병기하였다. 관심있는 독자들을 위하여 원문을 그대로 옮긴 경우는 예외다.

아무쪼록 이 책이 천자문을 쉽고 재미있게 이해하는 데 도움이 되기를 바라며, 혹시 세상을 올바르게 살아가는 가치정립에도 도움이 된다면 더 큰 보람이 없겠다.

2019.6.

최 병 훈

목 차

I. 자연의 섭리

II. 인간의 도리

IV. 자기계발

경계(警戒)

부 록

Ⅰ. 자연의 섭리

1 천지현황 우주홍황

天地玄黃 宇宙洪荒

하늘 천 땅 지 검을 현 누를 황 집 우 집 주 넓을 홍 거칠 황

☞ 하늘은 검고 그윽하고 땅은 그 빛이 누르며, 하늘과 땅 사이는 넓고 커서 끝이 없다. 즉 세상은 넓고 한이 없다.

1-1. 하늘과 땅의 색

하늘이 검다는 것은 아득히 멀어 가물가물한(현묘하다는) 것을 말하며, 땅이 누르다는 것은 그 흙색이 누른 것을 말한다. 실제로 중국 땅은 누르다는 것을 황하(黃河)라는 이름에서 살펴볼 수 있다. 노자의 『도덕경(道德經)』이나 장자의 『장사(莊子)』에서 공통적으로 가물가물하거나 아득하고 깊은 것을 현묘(玄妙)하다고 하면서 강조하고 있다.

하늘에는 네 가지 이름이 있다. 봄에는 만물이 푸르기 때문에 봄의 하늘은 창천(蒼天), 여름은 넓고 무성하기 때문에 여름의 하늘은 호천(昊天), 가을은 만물이 시들어 떨어져 가엾기 때문에 가을의 하늘은 민천(旻天), 겨울은 때 없이 하늘이 아래에 임하기 때문에 겨울의 하늘은 상천(上天)이라 한다.

하늘은 땅에 대하는 말이지만 옛날에는 하늘의 의미가 매우 깊어 천지만물을 주재한다고 보았다. 그래서 하늘이란 것은 오늘날 우리가 생각하는 것과는 사상적 차이가 있다. 즉 하늘에 대하여 다음과 같은 의미를 부여하였다. ① 사람의 생명은 하늘이 주었다. 그래서 인명(人命)은 재천(在

天) 이란 말도 있다. ② 하늘이 도덕의 법칙을 세워 주었다. ③ 하늘이 도덕법칙을 세웠으니 사람이 따르게 했다. ④ 하늘은 늘 사람들이 이것을 실천하는지 살핀다. 그래서 하늘이 보고 있다는 말을 한다. ⑤ 하늘의 뜻에 따르면 복을 주고 거스르면 벌을 준다. 순천자존(順天者存) 역천자망(逆天者亡)이라고 한다. ⑥ 하늘을 대신할 왕을 세워 하늘의 뜻을 대행하게 하였다. ⑦ 하늘이 왕을 세울 때는 신령한 보배를 내리어 천명(天命)을 받게 하였다. ⑧ 왕자(王者)가 도를 잃으면 하늘이 먼저 꾸짖어 경구를 내렸다. 그래서 무슨 재변이 일어나면 부덕의 소치로 알고 근신했던 것이다. ⑨ 하늘의 뜻은 백성의 뜻에 달려 있으니 즉 민심이 천심이니 백성이 요구하면 하늘은 따른다는 것이다. ⑩ 사람이 죽으면 하늘로 가지만 어진 이는 상제(上帝)의 좌우에 있게 한다. 그래서 성현의 가르침은 늘 천명을 따르고 순리를 따를 것을 가르쳤던 것이다. 하늘 천(天)에는 이런 의미가 담겨 있다.

1-2. 우주(宇宙)의 개념

우주는 한도 끝도 없이 거칠고 무성하다. 공간과 시간적으로 광활한 천체를 우주라 한다. 『회남자(淮南子)』[1] 제속훈(齊俗訓)에 보면 "왕고래금 위지주 사방상하위지우(往古來今 謂之宙 四方上下謂之宇)"라고 하였다. 즉 사방(東西南北)과 상하(上下)가 우(宇)이고, 옛 것이 가고 지금이 오는 것이 주(宙)라는 뜻이다. 여기서 우(宇)와 주(宙)가 다르다는 것을 알 수 있다.

- 우(宇)라는 것은 집을 뜻하는데, 위에 하늘이 능히 만물을 덮고 있음을 말하는바, 천지를 횡적(橫的)으로 말하는 것이며, 현대물리학의

1) 한나라 초기 유방의 손자인 유안(劉安)이 제자백가의 사상을 집대성한 철학서.

공간(Space, 3차원) 개념에 해당된다고 할 수 있고,

- 주(宙)는 예로부터 지금에 이르는 과거, 현재, 미래의 무한한 시간을 말하는바, 천지를 종적(縱的)으로 말하는 것이며, 현대물리학의 시간(Time, 4차원) 개념에 해당된다고 할 수 있다.

1-3. 신화의 제1법칙

인간이 창조해낸 신화의 세계에는 일정한 법칙이 존재한다.

신화 제1법칙은, 신화는 반드시 '창세기' 즉 우주와 세계의 창조로부터 시작한다는 것이다. 인간이 자신의 세계에 대한 고민을 하는 순간부터 우주의 시작, 즉 생명의 시작에 대한 연구는 시작되었다고 볼 수 있다. 『천자문』 역시 이 법칙에서 벗어나지 않는다.

『천자문』의 첫 여덟 글자는 "하늘과 땅 그리고 우주는 도대체 어떻게 생겼을까?"하는 궁금증으로부터 시작한다. 그런데 첫 문장에서 얘기하는 하늘과 땅에 대한 느낌은 검고 누렇다. 파란 하늘을 보면서 왜 검고 어둡다고 했을까? 그것은 인간의 시선이 닿는 하늘은 파랗지만, 그 시선 너머의 하늘은 알 수 없는 미지의 세계이기 때문이다. 그것은 곧 암흑의 세계이고, 그래서 하늘은 검다고 했다. 그러면 땅은 왜 누런가? 중국 대륙의 특징 때문에 그렇다. 중국 문명은 곧 황하(黃河) 문명이다. 누런 땅은 생명이요 또 공포와 경외의 대상이었다. 중국의 세계관에서 누런색은 언제나 중심에 자리하고 있다. 따라서 세계의 중심인 중국을 상징하는 색은 황색(黃色)이고 또 중국을 지배하는 천자의 색 역시 황색이다. 이곳에서 사용하는 우주는 요즈음 우리가 사용하는 지구 밖의 세계(우주)와는 다른 뜻을 갖고 있다. 우(宇)는 상하와 동서남북을 뜻하는 횡적 개념(공간, space)

이고, 주(宙)는 과거와 미래를 나타내는 종적개념(시간, time)이다. 우주(宇宙)는 '공간과 시간(Space and Time)'을 뜻하며, 천지(天地)를 비유하는 말이다. 따라서 우(宇)가 넓다는 것은 천지의 공간이 끝도 없이 넓다는 뜻이고, 주(宙)가 거칠다는 것은 지나간 시간과 다가올 시간은 인간의 힘으로 어떻게 할 수 없는 거친 상태로 남는다는 뜻이라고 할 수 있다. 『천자문』의 첫 여덟 글자 천지현황 우주홍황(天地玄黃 宇宙洪荒)은 세계와 우주는 인간의 탄생 이전에 존재했으며, 또한 인간의 힘이 닿지 않는 무한한 미지의 영역임을 보여준다고 하겠다. 이렇듯 『천자문』의 시작은 광활한 우주의 얘기로부터 시작된다.

2 일월영측 진숙열장

日月盈仄=昃 辰宿列張

날 일 달 월 찰 영 기울 측 별 진 잘 숙 벌일 열 베풀 장

☞ 해와 달은 차고 기울며,[2] 별과 별자리들은 열을 이루어 펼쳐져 있다.
(우주내의 천체(天體)의 움직임과 동향)

* 잘 숙(宿)은 별자리를 의미할 때는 별자리 수로도 읽는다.

2-1. 신화의 제2법칙

성좌(12 진(辰), 28 수(宿))가 해, 달과 같이 하늘에 넓게 벌려져 있다. 인간이 가장 자주 대하는 자연현상은 아마 해와 달이 뜨고 지는 것, 어두워지면 밤하늘에 무수히 떠 있는 별과 별자리일 것이다. 이것은 가장 친근한 자연현상이면서 동시에 가장 경이로운 자연현상이기도 하다. 여기에 신화의 제2법칙이 숨어 있다. 즉, 인간이 창조해낸 신들은 인간에게 가장 친근하면서도 가장 경이로운 존재라는 사실이다. 따라서 모든 신화는 자연현상을 의인화 혹은 신격화한 이야기를 갖고 있다.

그리스-로마 신화처럼 대부분의 신화에서 태양의 신은 남성이고, 달의 신은 여성이다. 그런데 독특하게도 중국 신화에서 태양신은 희화(羲和)라는 여신(女神)이다. 여신 희화는 열 개의 태양을 아들로 낳았는데, 이 열 개의 태양은 규칙에 따라 정해진 시간에 차례로 떠올랐다고 한다. 그런데 요

2) 주역에 일중즉측 월영즉휴(日中則昃 月盈則虧, 해가 중천에 뜨면 기울고, 달이 차면 이지러진다)라는 구절이 있다.

임금 때 열 개의 태양이 동시에 떠오르는 사건이 발생해, 온 세상이 불바다로 변하는 불상사가 생겼다. 이에 희화의 남편인 동방의 신(神) 제준(帝俊)이 활의 명수인 예(羿)에게 아홉 개의 태양을 활로 쏘아 떨어뜨리게 함으로써 마무리되었다. 이때부터 태양은 하나만 존재하게 되었다. 달의 신도 역시 상희(尙羲)라는 여신이다. 재미있는 것은 달의 여신인 상희와 해의 여신인 희화의 남편이 똑같이 동방의 신 제준이라는 사실이다. 여하튼 태양의 여신인 희화가 열 명의 아들을 낳았듯이, 달의 여신인 상희는 열두 명의 딸을 낳았다. 이 열 두 명의 딸은 희화가 낳은 열 명의 아들처럼 큰 말썽을 부리지는 않았는데, 아마도 1년의 열두 달을 사이좋게 나누어 가질 수 있었기 때문이 아닐까 추측해본다. 별에 관한 신화의 중심을 차지하고 있는 것은 북두칠성(北斗七星)에 관한 것이다. 북두칠성은 인간의 생명을 다스리는 별로 숭배되었으며, 사람들은 죽으면 영혼이 북두칠성으로 돌아간다고 생각했다. 그리고 북두칠성의 정중앙에는 북두성군(北斗星君)이 살고 있다고 전해졌다. 또 후대에 들어와 도교(道敎)가 태동하면서는 자신들의 최고신인 옥황상제가 북두칠성에 궁궐을 짓고 산다고 여겼다.

2-2. 성좌(星座, constellation)

성좌란 하늘의 별들을 찾아내기 쉽게 몇 개씩 이어서 그 형태에 동물, 물건, 신화 속의 인물 등의 이름을 붙여 놓은 것이다. 별자리는 약 5,000년 전 바빌로니아 지역의 티그리스강과 유프라테스강 유역에 살던 유목민들이 양떼를 지키면서 밤하늘의 별들의 형태에 특별한 관심을 가진 데서 유래하였다고 한다. BC 3,000년경에 만든 이 지역의 표석에는 황도 12궁을 포함한 20여 개의 별자리가 기록되어 있다. 고대 이집트에서도 BC

3000년경에 이미 43개의 별자리가 있었다고 한다. AD 2세기경 프톨레마이오스가 그리스 천문학을 집대성하여 쓴 저서 『알마게스트』에는 북반구의 별자리를 중심으로 48개의 별자리가 실려 있고, 이 별자리들은 그 후 15세기까지 유럽에서 널리 알려졌다. 15세기 이후에는 원양항해(遠洋航海)의 발달에 따라 남반구의 새로운 별자리들이 다수 발견되어 첨가되기에 이르렀다. 망원경이 발명된 후 근대 천문학의 발달과 더불어 종래의 밝은 별자리 사이에 있는 작은 별자리들이 몇몇 천문학자에 의하여 만들어지기도 하였다. 중국과 인도 등 동양의 고대 별자리는 서양의 것과는 전혀 계통을 달리한다. 중국에서는 BC 5세기경 적도를 12등분하여 12차(次)라 하였고, 적도부근에 28개의 별자리를 만들어 28수(二十八宿)라 하였다. 한국의 옛 별자리는 중국에서 전래된 것이다. 19세기에서 20세기 초에는 별자리 이름이 곳에 따라 따르게 사용되고, 그 경계도 학자마다 달라서 자주 혼동이 생기고 불편한 일이 많았다. 그래서 1930년 국제천문연맹(IAU) 총회는 하늘 전체를 88개의 별자리로 나누고, 황도를 따라서 12개, 북반구 하늘에 28개, 남반구 하늘에 48개의 별자리를 각각 확정하여 현재 쓰이고 있는 별자리가 되었다. 황도(黃道)란 천구(天球)상의 태양의 궤도를 말하는데, 적도에 대하여 23.5도 기울어져 있으며, 적도를 남에서 북으로 접하는 시점이 춘분이고, 북에서 남으로 가르는 접점이 추분이다.

3 한래서왕 추수동장

寒來暑往 秋收冬藏

찰한 올래 더울서 갈왕 가을추 거둘수 겨울동 감출장

☞ 추위가 오면 더위는 가니, 가을에는 거두어들이고 겨울에는 저장한다.
* 사시(四時), 절기(節氣)와 시각(時刻)의 움직임

3-1. 사계절의 순환

만물은 봄에 나고 여름에 자라며 가을이 되면 익어 거두게 되고 겨울에는 추워서 말라붙으면 닫아 감춘다. 곧 사계절의 순환이다. 『사기(史記)』 태사공자서(太史公自敍) 가운데 "부춘생 하장 추수 동장 차천도지대경야(夫春生 夏長 秋收 冬藏 此天道之大經也 무릇 봄에는 살아나고, 여름에는 자라나고, 가을에는 거둬들이고, 겨울에는 갈무리하는 것이 천도(天道)의 큰 길이다), 불순 즉무이위천하기강(弗順 則無以爲天下紀綱 여기에 잘 따르지 않으면 천하의 기강(紀綱)을 세울 수 없다)"에서 온 말이다. 『주역(周易)』에도 한왕즉서래 서왕즉한래(寒往則暑來, 暑往則寒來 추위가 가면 더위가 오고, 더위가 가면 추위가 온다)라고 했다.

자연현상의 신격화는 해와 달, 별의 신, 기후와 계절의 변화를 주관하는 신을 만드는 것으로 계속된다. 잠깐 고대인의 세계 속으로 들어가 생각해보자. 농경(農耕)이 생활의 중심을 차지하고 있던 고대 중국인들에게 가장 공포와 두려움 그리고 공경의 대상이 되었던 자연현상은 비, 바람, 홍수, 가뭄, 우박, 추위, 더위, 벼락과 봄·여름·가을·겨울의 변화였을 것이다. 고대인들에게 이와 같은 자연현상은 인간의 힘과 능력으로는 도저히 어떻게 해볼 수 없는 일이어서 인간의 힘과 능력을 초월하는 천상의 신이 조화를 부려 비와 바람, 추위와 더위 등의 기후와 사계절의 변화가 이루어진다는 사고가 자연스럽게 생겨나게 되었다. 중국 고대 왕조사를 보면, 제왕에서부터 백성에 이르기까지 기후나 계절의 이상(異常) 현상을 하늘의 신이 인간 세계에 보내는 경고나 징벌로 생각했다. 그만큼 기후와 사계절의 자연현상은 경외로운 존재였다.

3-2. 계절을 주관하는 신

중국 신화 속에 나타나는 기후와 계절을 주관하는 신(神)은 누구일까? 알기 쉽게 도표로 보면 다음과 같다.

기후: ① 바람 → 풍백(風伯) ② 비 → 우사(雨師) ③ 구름 → 운사(雲師)
④ 우레 → 뇌신(雷神) ⑤ 번개 → 전모(電母) ⑥ 가뭄 → 발(魃)

계절: ① 봄 → 구망(句芒) ② 여름 → 축융(祝融)
③ 가을 → 욕수(蓐收) ④ 겨울 → 현명(玄冥)

4 윤여성세 율려조양[3)]

閏餘成歲 律呂調陽

윤달 윤 남을 여 이룰 성 해 세 가락 률 음률 려 고를 조 볕 양

☞ 남는 날로 윤달을 두어 해를 이루었고, 율(律)과 여(呂)의 12가지 소리로 음양의 조화를 이루었다.

- 1년 24절기(節期) 나머지 시각(時刻)을 모아 윤달로 하여 해(歲)를 이루었다.
- 율(6가지)과 여(6가지)는 천지간의 양기(陽氣)를 고르게 한다(율은 양(陽), 여는 음(陰)).

* 역법(曆法)과 음양(陰陽)의 이기(二氣)로 사계(四季 즉 춘.하.추.동(春.夏.秋.冬))를 조절한다는 것

4-1. 역법(윤여성세, 閏餘成歲)

역(曆)이란 천체의 주기적인 현상에 따라 시간단위를 정해놓은 체계인데, 해와 달의 움직임을 관찰하고 측정하여 만들어진 것이 태양력과 태음력이다. 지구가 태양을 한 바퀴 도는 공전주기 즉 1태양년은 365.2422일이고, 달이 차고 기우는 주기 즉 1삭망월은 29.53059일로 1년과 12개월이 완전히 일치하지 않기 때문에 양력은 4년에 한 번, 음력은 3년에 한 번 8년에 세 번 윤달을 두어 평년은 양력 365일(음력 354일), 윤년은 양력 366일(음력 383일 또는 384일)을 두어 1년의 주기를 맞춘다.

태양력과 태음력의 차이가 11일이어서 3년 쌓이면 한 달 차가 생긴다.

---

3) 율려(律呂)는 원래 한 옥타브 안에 배열된 12율(律)의 양율(陽律)과 음려(陰呂)의 총칭이다. 악학궤범에서는 양률은 왼쪽으로 돌아서 음과 합하고, 음려는 오른쪽으로 돌아서 양과 합하여 천지사방에 음양의 소리가 갖추어진다고 설명하고 있다.

음력의 단점을 보완코자 태양을 기준으로 24절기를 썼다. 봄(입춘, 우수, 경칩, 춘분, 청명, 곡우), 여름(입하, 소만, 망종, 하지, 소서, 대서), 가을(입추, 처서, 백로, 추분, 한로, 상강), 겨울(입동, 소설, 대설, 동지, 소한, 대한)로 배치하고 2번째 마다 음력 1, 2, 3 .... 12월과 맞추고(예컨대 우수는 음력 1월, 춘분은 음력 2월, 곡우는 음력 3월, 소만은 음력 4월, 하지는 음력 5월 등) 이 규칙이 깨지는 달을 윤달로 하여 맞춰나간다. 이것을 윤여성세(閏餘成歲)라 한다. 그러나, 시간과 일월(日月, 날짜)의 순서를 정한 법칙이라고 할 수 있는 역법(曆法)은 통일되어 있지 않았다. 사마천의 역사서 『사기(史記)』 중 「역서(曆書)」(역법에 관해 기록한 책)에 보면, 중국 고대 삼왕조(三王朝, 하·은·주) 중 하(夏)나라는 한 해의 시작을 정월(正月)로, 은(殷)나라는 12월로, 주(周)나라는 11월로 삼았다고 한다.

4-2. 율려(율려조양, 律呂調陽)

율려는 고대 음악의 악률(樂律)이다. 음률(音律)에는 모두 십이율(十二律)이 있는데 이를 옛사람들은 역법(曆法)과 관련지어 이름을 붙였다. 정월은 태족(太蔟), 이월은 협종(夾鐘), 삼월은 고선(姑洗), 사월은 중려(仲呂), 오월은 유빈(蕤賓), 유월은 임종(林鐘), 칠월은 이칙(夷則), 팔월은 남려(南呂), 구월은 무역(無射), 시월은 응종(應鐘), 십일월은 황종(黃鐘), 십이월은 대려(大呂)이다. 여섯 홀수가 율(律)이 되고 여섯 짝수가 여(呂)가 된다. 이 둘을 합하여 율려(律呂)라 한다. 이와 같이 양(陽)은 율(律)이 되고 음(陰)은 여(呂)가 되어 양(陽)의 육률(六律)과 음(陰)의 육여(六呂)가 된다. 그런데 율(律)은 음(陰)에 있으면서 양(陽)을 다스리고, 여(呂)는 양(陽)에 있으면서 음(陰)을 다스린다. 이와 같이 음률을 고르게 해 음양을 조절하는 것을 율려조양(律呂調陽)이라 하고 통치자가 이와 같은 이치를 잘 알아야 성군(聖君)이 되는 것이다.

남성을 상징하는 여섯 가지 소리인 율(律)과 여성을 상징하는 여섯 가지 소리인 여(呂)의 열두 가지 소리로 음악이 만들어졌다. 중국 신화 속에서 음악은 어떻게 해서 태어났을까? 전설에 중국 문화와 문명의 시조로 전해 오는 황제(黃帝)가 어느 날 자신의 신하인 영륜(伶倫)이란 자를 시켜 소리를 짓게 했다. 영륜은 먼저 완유산 북쪽의 해계라는 골짜기로 가 그곳에서 자라는 대나무 중 구멍과 두께가 고른 것을 골라 양쪽 마디를 잘라 세 치 아홉 푼이 되는 대나무 피리를 만들었다. 그리고 다시 열두 개의 대나무 통을 만들어서 완유산 아래로 갔다. 영륜은 그곳에서 봉황새의 울음소리를 듣고 열두 가지 소리를 만들었다. 그중 수컷의 울음소리를 여섯 가지로 나누어 율(律)로 하고, 암컷의 울음소리를 여섯 가지로 나누어 여(呂)로 삼았다. 이로써 고대 음악의 근간이 되는 율려(律呂), 즉 열두 가지 기본 소리가 만들어지게 되었다. 현대인들에게 음악은 문화의 한 부분으로 이해되지만, 고대 중국인들에게 음악은 국가와 백성을 다스리는 정치의 한 부분으로 이해되었다. 그들은 음악이 세상을 다스리는 근본 이치를 담고 있다고 여겼다. 예를 들어, 아악(雅樂)과 같은 선(善)하고 좋은 음악을 연주하면 백성들의 풍속이 단정해지고 질서가 있는 반면, 춘추시대의 정나라나 위나라의 음악과 같이 음란한 음악을 듣게 되면 백성들의 마음 또한 음란해진다고 생각했다. 그래서 유행하는 음악을 듣고, 한 나라의 정치 상황을 판단할 수 있을 뿐 아니라 그 나라의 앞날까지도 내다볼 수 있다고 여겼다.

5 운등치우 노결위상

雲騰致雨 露結爲霜

구름 운 오를 등 이를 치 비 우 이슬 로 맺을 결 할 위 서리 상

☞ 구름이 올라 비가 되고, 이슬이 맺혀 서리가 된다.

5-1. 구름과 비, 이슬과 서리

산과 못에서 구름이 나오고 이 구름이 엉겨서 비가 되니 이는 구름과 비가 서로 따라다님을 말한다. 『역경(易經)』〈건단전(建彖傳)〉에 이르기를 행운우시 품물류형(行雲雨施 品物流形, 구름이 움직이고 비가 내려야 물건들이 됨됨이를 이룬다)이라 하였으니, 음양의 두 기운이 작용하는 것을 말한다. 또 밤공기가 이슬이 되고, 이 이슬이 맺어지고 차가워지면 서리가 되니, 이는 서리와 이슬이 서로 바뀜을 말한다.

5-2. 치수(治水)

황하(黃河)라는 큰 강을 중심으로 하여 역사와 문명을 만든 고대 중국인들에게 홍수는 가장 큰 숙제거리였다고 할 수 있다. 홍수와 황하의 범람은 그들을 지겹도록 끈질기게 괴롭힌 재앙의 뿌리였을 것이다. 예를 들어, 삼왕조(三王朝, 하·은·주) 중 하(夏)나라를 연 우(禹)임금은 홍수를 다스리는 치수사업에서 큰 공을 세워 순(舜)임금으로부터 제왕의 자리를 물려받아, 신하의 신분에서 일약 천자가 되는 벼락출세를 한다. 또 은(殷)나

라는 황하의 끊임없는 범람으로 인해 이곳저곳 도읍지를 옮겨 다녀야 했는데, 최초의 도읍지인 박읍(亳邑)에서 오읍(隞邑) → 상읍(相邑) → 비읍(庇邑) → 엄읍(奄邑)으로, 9대 임금을 거치는 동안 무려 4차례나 도읍지를 옮겼다. 따라서 비(雨)와 구름(雲)을 다스리는 신에 대해 고대 중국인들이 갖는 경외(敬畏, 존경과 공포)의 감정은 매우 남달랐을 것으로 생각된다. 특히 황하의 범람으로 수차례 도읍지를 옮겨 다녀야 했던 은나라 시대에 비와 구름의 신은 숭배의 큰 대상이었다. 당시 여신(女神)인 우사첩(雨師妾)은 비를 다스리는 신으로, 제운(帝雲)은 구름을 다스리는 신으로 섬겨졌다. 특히 비를 만드는 구름의 신에게 '제(帝)'자(字)를 사용한 것으로 보아 자연계의 신들 중 상당한 공경과 숭배를 받았으리라 생각된다.

6 금생여수 옥출곤강

金生麗水 玉出崑岡

쇠 금 날 생 빛날 려 물 수 구슬 옥 날 출 산이름 곤 메 강

☞ 금은 여수에서 나고, 구슬은 곤강산(崑岡山)에서 나온다.
- 금은 물속에서도 빛이 여전하며, 햇빛을 받으면 유난히 돋보인다.
- 옥은 곤강(崑岡)에서 난다.(崑岡: 중국의 산 이름)

6-1. 금산지(金産地)

고대 중국인들은 금(金)과 옥(玉)을 보물 가운데에서도 으뜸으로 여겼다. 중국 고전의 기록을 보면, 형남(荊南)과 함께 사금(沙金)의 명산지로 자주 등장하는 곳이 여수(麗水)이다. 『한비자(韓非子)』에서는 "형남지시 여수지중 생금 인다절채금(荊南之地 麗水之中 生金 人多竊采金 형남(형산 남쪽)의 땅 여수에서 금이 나는데 사람들이 자주 몰래 캐어 간다)"이라 했다. 또 중국 남서부 운남성에 거주하는 소수민족인 여강납서족(麗江納西族)의 자치현으로 흐르는 북쪽 금사강(金沙江)을 사금의 명산지로 드는 사람도 있다. 우리 속담에 '사람은 나면 서울로 보내고, 망아지는 나면 제주도로 보내라' 고 했듯이, 금생여수(金生麗水)가 여기에 실린 이유는 중국 대륙의 여러 금산지(金産地) 중에서도 이곳을 으뜸으로 생각했기 때문이다.

6-2. 옥산지(玉産地)

곤강(昆岡)에 대해서도 여수와 같이 그 설은 두 갈래인데, 일설에는 강소성(江蘇省) 강도현(江都縣) 서북 녘에 있는 곤산(崑山)을 말한다고 한다.

곤산은 곤륜산이라고도 부른다. 초(楚)나라 사람 변화(卞和)가 이 산에서 옥을 얻어 성왕에게 바치니 이것이 바로 화씨벽(和氏璧)이다. 우리가 흔히 완벽(完璧)이라는 말을 쓰는데 바로 이 화씨벽에서 비롯된 말이다. 뒤에 진나라에서 이것으로 옥새(玉璽)를 만들었다고 한다.

6-3. 화씨지벽(和氏之璧)

금의 명산지가 여수라면 옥의 명산지는 단연 곤륜산(崑崙山)이다. 현재 중국 강소성 강도현 서북쪽에 있는 곤륜산은 예로부터 황하의 발원지라고 하여 성스러운 산으로 숭배되었다. 고대 중국인들은 고대 그리스인들이 신들은 올림푸스 산에서 산다고 생각한 것처럼, 곤륜산을 신들이 머무는 곳으로 생각했다. 그러나 이와 같은 이야기보다 곤륜산이 사람들을 끈 이유는, 이곳이 값비싼 보옥(寶玉)의 명산지였기 때문이다. 특히 곤륜산의 보옥과 관련해서는 '화씨지벽(和氏之璧)' 이라는 고사가 있다. 춘추전국시대, 중국 대륙 남쪽의 초(楚)나라에 변화(卞和)라는 사람이 곤륜산에서 옥(玉, 원석)을 캐어 초나라 여왕(厲王)에게 바쳤다. 그런데 이 옥을 감정한 궁중의 옥공(玉工)들이 모두 "단지 평범한 돌에 불과하다"고 하여, 변화는 임금을 속였다는 죄로 왼쪽 발목을 자르는 형벌을 당했다. 여왕이 죽고 무왕이 즉위하자, 변화는 다시 옥을 바쳤다. 그러나 이번에도 궁중의 옥공들이 돌이라고 감정을 했다. 이로 인해 변화는 남은 오른쪽 발목까지 잘리게 되었다. 무왕 또한 죽고 문왕이 즉위하자, 변화는 우연한 기회를 얻어 다시 옥을 바쳤다. 문왕은 옥공들에게 옥을 감정하게 하는 대신 다듬게 했는데, 이렇게 하자 천하에 둘도 없는 값비싸고 보배로운 구슬이 나왔다고 한다. 이때부터 이 구슬은 '화씨지벽(和氏之璧)' 이라고 불리게 되었다. 이 구슬은 그 보배로운 값어치 때문에 훗날 조(趙)나라와 진(秦)나라 간에 전쟁 위기를 불러오기도 했다.

7 금호거궐 주칭야광

劍號巨闕 珠稱夜光

칼 검 이름 호 클 거 집 궐 구슬 주 일컬을 칭 밤 야 빛 광

☞ 검은 '거궐'을 으뜸으로 삼고, 구슬은 '야광'을 일컫는다.
* 주(珠)는 합중정음(蛤中精陰)이라 하여 조개 속에 있는 진주인 것이다.

7-1. 고대 중국의 보검

예로부터 명검(名劍)이 있다. 『순자(荀子)』의 성악편(性惡篇)에 "간장막야거궐벽려 차개고지양검야(干將莫耶巨闕辟閭 此皆古之良劍也, 간장, 막야, 거궐, 벽려는 모두 옛날의 양검이다.)"라고 하였다. 순자가 성악편에서 천하의 명검(名劍)을 거론한 것은 아무리 명검이라고 해도 숫돌에 갈지 않으면 무딘 칼일 뿐 아무것도 베지 못한다는 것을 교훈적으로 나타내고 있다. 또 진(晉)나라 『장화(張華)』의 박물지(博物志)에 의하면, "보검명 둔구담로호조어장거궐 오검개구야자소작(寶劍名 鈍鉤湛瀘豪曹魚腸巨闕 五劍皆歐冶子所作, 보검의 이름은 둔구, 담로, 호조, 어장, 거궐이니 모두 구야자가 만든 것이다.)"라고 하였다.

거궐(巨闕)은 '담로(湛盧), 승사(勝邪), 어장(魚腸), 순구(純鉤)'와 '간장(干將), 막야(莫耶)' 등과 함께 고대 중국 최고의 보검으로 불린다. 거궐, 담로, 승사, 어장, 순구 등의 검(劍)들은 춘추시대 월(越)나라의 명장인 구야자(歐冶子)가 만든 것이고, 간장, 막야 등의 검(劍)들은 춘추시대 오(吳)나라의 명장 부부였던 간장(干將)과 막야(莫耶)가 만든 명검이다. 특히 이 검

들 가운데 '거궐(巨闕)'은 그 단단함과 예리함으로 큰 명성을 얻었다. 거궐로 청동이나 쇠그릇을 찌르거나 베면 잘린 곳에 기장쌀만한 구멍이 곳곳에 뚫렸다고 한다. 검(劍)의 날이 워낙 예리하고 잘 들어 쇠붙이 속의 공기거품이 눌리지 않고 잘려나가 구멍이 그대로 남아 있었다는 얘기다. '거궐(巨闕)'이라는 검의 이름도 '속이 비어 크게 구멍이 났다'는 뜻에서 나온 것이다(4대 명검: 거궐, 벽려, 간장, 막야).

7-2. 장자의 삼검(三劍)

칼이란 무엇인가? 『장자(莊子)』 잡편(雜篇) 설검(說劍)에 문왕(文王)[4]과 장자의 대화가 나온다.

문왕: 세 가지 검이란 무엇인지 들려주시오.

장자: 세상에는 천자의 검, 제후의 검, 서인(庶人)의 검이 있습니다.

문왕: 천자(天子)의 검이란 어떤 거요?

장자: 천자의 검이란 연(燕)나라의 계곡과 변방의 석성을 칼끝으로 하고, 제(齊)나라의 대산(岱山)을 칼날로 삼으며, 진(晉)과 위(衛)나라를 칼등으로 삼고, 주(周)와 송(宋)나라를 칼자루의 테로 삼으며, 한(韓)과 위(魏)나라를 칼자루로 삼아, 사방의 오랑캐들로 씌우고, 사계절로 감싸서, 그것을 발해(渤海)로 두르고, 상산(常山)으로 띠를 둘러, 오행으로 세상을 제정(制定)하고, 형벌과 은덕을 논하며, 음양의 작용으로 발동하고, 봄과 여름의 화기(和氣)로 유지하며, 가을과 겨울의 위엄으로 행동합니다. 이 검을 곧장 세우면 앞에서 당할 것이 없고 들어 올리면 위에서 당할 것이 없으며 위로는 뜬구름을 끊고 아래로는 땅을 붙잡아맨 큰 밧줄을 절단합니다.

4) 조(趙)나라 문왕은 칼싸움에 탐닉하여 밤낮으로 어전에서 칼싸움을 하여 죽고 다친 자가 한 해에 백 명이 넘었다. 그러나 문왕은 진력을 안내고 좋아하여 이런 상태가 삼년이나 지속되다보니 나라 형편이 쇠약해졌다. 태자 회(太子 悝)는 이를 염려하여 문왕의 칼싸움을 멈추게 하려고 장자에게 부탁하게 된다. 장자는 자신은 세 가지 검을 가지고 있는데 왕이 원하는 검을 쓰겠다고 하니 왕이 검에 대한 설명을 먼저 듣는다.

이 검을 한 번 쓰면 제후의 행동을 바로잡고 천하가 모두 복종하게 됩니다. 이것이 천자의 검입니다.

문왕: 제후(諸侯)의 검이란 또 어떤 거요?

장자: 제후의 검이란 지혜와 용기가 있는 선비를 칼끝으로 삼고, 청렴한 선비를 칼날로 삼으며, 현명하고 선량한 선비를 칼등으로 삼고, 충성스런 선비를 칼자루의 테로 삼으며, 무용이 뛰어난 선비를 칼자루로 삼습니다. 이 검을 곧장 세우면 앞에서 당할 것이 없고 들어 올리면 위에서 당할 것이 없으며 누르면 밑에서 역시 당할 것이 없고 휘두르면 사방에서 당할 것이 없습니다. 위로는 둥근 하늘을 본떠 해와 달과 별 세 가지 빛을 따르고, 아래로는 네모난 땅을 본떠 사계절을 따르며, 가운데에서는 백성의 마음을 화합하여 사방의 땅을 편안하게 다스립니다. 이 검을 한번 쓰면 천둥소리가 진동하는 듯하여 나라 안 사람은 모두 복종하며 임금의 명령을 따르지 않는 자가 없게 됩니다. 이것이 제후의 검입니다.

문왕: 서민(庶民)의 검이란 어떤 거요?

장자: 서민의 검은 머리칼이 쑥대처럼 마구 흐트러진 채 살쩍은 불쑥 치솟았으며, 낮게 기운 관(冠)을 쓰고 장식이 없는 끈으로 관을 묶었으며, 소매가 짧은 옷을 입었고, 부릅뜬 눈에 말투는 우락부락합니다. 임금의 어전에서 서로 치면서 위는 목을 베고 아래는 간이나 폐를 찌릅니다. 이것이 서민의 검이니, 말하자면 투계(鬪鷄)와 다를 바가 없습니다. (검사가) 일단 목숨을 잃고 나면 이미 나라 일에 소용이 없습니다. 지금 대왕께선 천자의 자리에 계시면서 이 서민의 검을 좋아하고 계십니다. 저는 황송하오나 대왕을 경멸하고 있습니다.

왕은 이 말을 듣자 크게 깨닫고 장자의 손을 잡고 어전으로 올라갔다. 그로부터 석 달 동안 문왕은 궁전에서 나가지 않았으며 검객들은 모두 (예우를 받지 못하게 됨을 노여워하여) 자살하고 말았다.

7-3. 수후지주(隨侯之珠)

야광(夜光)은 어두운 밤에도 빛을 발하는 구슬을 뜻한다. 이때 구슬은 진주 혹은 옥(玉)을 말한다. 곤륜산이 옥(玉)의 명산지라면, 강한(江漢, 양자강과 한수 유역)은 진주의 명산지다. 옥(玉)에 대한 고사 즉 화씨지벽(和氏之璧)에 대하여는 6-3에서 이미 기술하였다. 진주에 대한 고사도 있다. 춘추시대 수(隨)나라의 군주였던 수후(隨侯)는 어느 날 자신의 궁전에서 몹시 괴로워하고 있는 큰 뱀을 구해주었다. 그런데 그 뱀은 용의 아들로, 뒷날 양자강(揚子江)에서 보옥을 물어다가 수후에게 은혜를 갚았다. 앞서 얘기했듯이 양자강은 진주의 명산지로, 그 보옥은 다름 아닌 진주 구슬이었다. 그것도 보통 진주가 아니라 밤에도 대낮처럼 환하게 빛을 발하는 보물 중의 보물 야광주(夜光珠)였다. 이때부터 세상 사람들은 그 구슬을 '수후지주(隨侯之珠, 수후의 야광주)'라고 불렀다. 이 두 고사를 보면 중국인들은 옥이든 진주든 구슬이라면 반드시 야광(夜光)이어야만 진짜 보배라고 여긴 듯하다.

8 과진이내 채중개강

果珍李柰 菜重芥薑

과실 과 보배 진 오얏 리 능금 내 나물 채 무거울 중 겨자 개 생강 강

☞ 과일 중에는 오얏과 능금, 채소 가운데는 겨자와 생강을 중히 여긴다.

8-1. 과일과 채소

과일 중에는 오얏(李)과 벗(柰)의 진미가 으뜸이다. 오얏에는 녹이(綠李), 황이(黃李), 자이(紫李), 우이(牛李), 수이(水李)가 있고 모두 맛있어 먹을 만하다. 나물은 겨자와 생강이 중하다. 오얏은 우리나라 표준어 규정에서 자두라는 말로 바꿨다. 오얏과 자두를 번갈아 혼용하다가 오얏을 버리고 자두라는 말로 통일했다. '내(柰)'자는 버찌로 풀이하지만 ≪본초강목(本草綱目)≫에 '능금과 막상 같은 갈래인데 능금보다는 조금 크다'고 되어 있으므로 능금으로 풀이한다.

오얏(李)은 자두다. 자두는 열매가 많이 열리고 식용, 건강에 좋다. 중국에서 오얏은 복숭아, 살구, 매실과 함께 군주에게 바치는 진상품이었고 중국인들에게 복숭아꽃과 오얏꽃은 대표적인 봄의 꽃이었다.

벗(柰)은 버찌 혹은 능금이라 하는데 사과로 보면 될 듯하다. 겨자는 위장을 따뜻하게 해주고 기운을 원활하게 해주며, 생강은 정신을 맑게 해주고 몸의 나쁜 냄새나 몸속의 더러운 찌꺼기를 없애주어, 겨자와 생강은 식품의 맛을 돋구는 양념으로는 물론 약용식물로 널리 쓰였다.

하필 과일 중에서는 오얏(자두)과 능금을 보배로 쳤을까? 이내(李柰)는

오얏과 벗이 붉은 색으로 양(陽)을 대표하며, 이내(李柰)에는 씨앗(자, 子)과 신(시, 示)의 뜻을 담고 있어 과일의 대표로 썼다고 보인다. 생강과 겨자는 음(陰)이며 누런색을 드러내어 색깔면에서 앞구절 홍(紅)과 뒷구절 황(黃), 음양면에서 앞구절 양과 뒷구절 음으로 짝을 맞춘 것으로 보인다.

8-2. 오얏과 왕융

① 왕융찬이핵(王戎鑽李核)

'왕융이 씨에 구멍을 뚫는다'는 뜻으로 사람됨이 용렬함을 비유하는 말이다. 중국 위(魏)·진(晉)시대 초기에 노장(老莊)의 허무사상을 숭상하고 유교의 형식주의를 배격하여 죽림에 모여 청담(淸談)을 일삼던 죽림칠현(竹林七賢)의 한 사람인 왕융은 어린 시절부터 눈빛이 날카로워 해를 보고도 눈을 감지 않았다 하여 당시 사람들은 그의 눈빛을 번갯불에 비유하곤 하였다.

역시 죽림칠현 중의 한 사람인 완적(阮籍)은 그의 재주를 사랑하여 스무살 아래인 왕융과 서로 친하게 사귀었다 한다. 그런데, 왕융의 집에는 맛있는 오얏이 열리는 오얏나무가 있었다 한다. 왕융은 이 열매를 팔아 부자가 되었다. 그런데 이웃사람들이 혹시 그 오얏씨를 가져다 심어 재미를 볼까하여 오얏의 모든 씨앗에 구멍을 뚫었다(찬핵(鑽核))는 것이다.

② 도방고리(道傍苦李)

'길가에 있는 오얏은 쓰다' 는 뜻으로, 많은 사람이 무시하는 것은 반드시 그 이유가 있다. 왕융이 7살 때의 일이었다. 그가 어느 날 다른 아이들과 길 옆에서 놀고 있는데 길 곁에 서 있는 오얏나무에 오얏이 주렁주렁

매달려 오래 전에 가지가 부러져 있었다. 놀던 아이들이 달려가 모두들 그 오얏을 다투어 따고 있는데도 오직 왕융만은 심드렁하게 바라만 볼 뿐 움직이지 않고 있었으므로 어떤 사람이 그 이유를 물어보았다. 그러자 왕융이 이렇게 대답하는 것이었다. "사람의 왕래가 빈번한 이런 길 가에 오얏나무가 부러져 있었는데도 아직도 많은 열매가 남아있는 것을 보면 틀림없이 그 열매가 쓰기 때문일 겁니다." 그 사람이 가서 오얏을 따 먹어 보니 과연 쓰더라는 것이다. 왕융은 이 일로 인해 어려서부터 신동이라는 칭송을 듣고 세인의 주목을 받았다고 한다.

9 해함하담 인잠우상

海鹹河淡 鱗潛羽翔

바다 해 짤 함 물 하 맑을 담 비늘 린 잠길 잠 깃 우 날 상

☞ 바다는 짜고 하천은 담백하고 맑으며, 비늘 달린 고기는 물속에 잠기어 헤엄치고 깃털 달린 새는 하늘을 난다.

- 바다 물은 짜고 민물은 맛도 없고 맑다.
- 소금기 있는 바다 물은 짜고 민물보다 맑지 못하며, 민물은 맛은 없으나 맑다.
- 육지의 잡다한 물이 모두 바다로 이르고 거기에 소금기까지 있으니 육지의 담수보다는 맑지 못함은 당연한 이치이다.
- 담(淡)은 박미(薄味)라 하였으니 이는 곳 싱거운 맛이라는 뜻이다. 냇물은 모두 산으로부터 시작한 샘물로서 그 맛이 반드시 싱겁다.
- 비늘 있는 고기는 물속에 잠기고 날개 있는 새는 공중에 난다.

9-1. 생물의 적소(適所)

바닷물은 짜고 냇물은 싱거우며, 비늘 있는 어족은 물속에 잠기고 날개 있는 조류는 공중에서 날아다닌다. 『예기(禮記)』에 "비늘이 있는 동물은 360가지로서 그중에 용이 으뜸이고, 깃이 달린 동물이 360가지로서 그중에 봉이 으뜸이다."라고 나온다. 비늘을 가진 어류는 물속에서 헤엄치고 날개를 가진 새가 하늘을 나는 현상은 자연의 생물은 각자 처하는 곳이 있고 그곳에서 천성대로 살고 있다는 말이다. 금수(禽獸)가 천성(天性)대로 적재적소(適材適所)하게 산다는 말이 된다.

9-2. 바다와 강의 탄생

중국 신화에 따르면, 바다와 강의 탄생은 거인(巨人) 반고와 깊은 관계를 맺고 있다. 하늘과 땅이 아직 둘로 갈라지지 않았던 태초, 우주는 어두운 한 덩어리의 큰 달걀과 같았다. 거인 반고는 이 큰 달걀 속에서 탄생했다. 그는 큰 도끼로 달걀과도 같은 우주를 힘껏 내리쳐 하늘과 땅으로 갈라놓았다. 그러나 반고는 하늘과 땅이 다시 하나로 붙을 것을 두려워하여, 하늘과 땅의 중간에 서서 머리로는 하늘을 받치고 다리로는 땅을 눌렀다. 둘로 갈라진 하늘은 날마다 3m씩 높아지고, 땅은 또 날마다 3m씩 내려앉았다. 반고의 키 역시 그 길이만큼 커졌다. 이렇게 1만 8천 년이라는 시간이 지나갔다. 반고의 키는 9만 길이나 자랐고, 하늘과 땅 사이의 거리 역시 그만큼 벌어져 있었다. 이제 하늘과 땅의 구조도 튼튼해져 다시 하나로 합쳐질 염려는 없었다. 나이를 먹어 쇠약해진 반고 역시 휴식이 필요했다. 어느 날 반고는 그 거대한 몸을 땅 위로 쓰러뜨리며 죽어갔다. 그런데, 반고의 죽음과 함께 천지(天地)간에 거대한 변화가 일어났다. 반고의 입에서 나온 숨결은 바람과 구름이 되었고, 목소리는 천둥소리로, 왼쪽 눈은 태양으로, 오른쪽 눈은 달로 변했다. 그의 손과 발은 명산(名山)이 되었고, 피는 강물과 바닷물이 되었고, 힘줄은 길이 되었으며, 살덩이는 논과 밭이 되었다. 또 머리카락과 수염은 별이 되었으며, 피부와 털은 화초와 나무로 변했다. 이와 뼈는 반짝이는 금속과 단단한 돌이 되었고, 골수는 아름다운 진주와 옥(玉)이 되었으며, 땀은 빗물과 호수가 되었다. 그의 죽음과 함께 대지에는 인간과 만물이 생장(生長)할 수 있는 조건(생명 탄생의 환경)이 만들어지게 된 것이다. 이렇듯 거인 반고의 죽음은 바다와 강을 탄생시켰고, 대지의 생명체는 그 바다와 강을 무대로 하여 생겨나게 되었다.

Ⅱ. 인간의 도리

10 용사화제 조관인황

龍師火帝 鳥官人皇

용 룡　스승 사　불 화　임금 제　　새 조　벼슬 관　사람 인　임금 황

☞ 용사는 복희씨, 화제는 신농씨, 조관은 소호씨, 인황은 황제를 지칭하는 이름이다.

10-1. 삼황오제

고대 중국의 제왕은 용(龍), 불(화, 火), 새(조, 鳥)로 관직(官職) 이름을 삼았다. 고대 제왕들을 삼황오제(三皇五帝)라 한다. '삼황'은 중국 고대 전설에 나오는 세 임금으로 천황씨(天皇氏), 지황씨(地皇氏), 인황씨(人皇氏) 또는 복희씨(伏羲氏), 신농씨(神農氏), 수인씨(燧人氏)를 말하고, '오제'는 고대 중국의 다섯 성군(聖君)으로 소호(少昊) 또는 황제(黃帝), 전욱(顓頊), 제곡(帝嚳), 요(堯), 순(舜)을 말한다. 우리나라 사람들이 단군왕검의 자손이라고 믿는 것처럼, 중국인들도 자신들의 시조로 추앙하는 전설 속의 삼황오제가 있다.

– 삼 황

1설: 천황, 지황, 인황(天皇, 地皇, 人皇)

2설: 태호복희씨(太昊伏羲氏, 팔괘 창조, 물고기 잡는 법 전수, 동쪽을 다스림), 염제신농씨(炎帝神農氏, 농사법 전수, 남쪽을 다스림), 여화씨(女媧氏, 인간을 창조) 또는 수인씨(燧人氏, 불의 사용법 전수) 또는 축융씨(祝融氏) 또는 황제유웅씨(黃帝有熊氏) 또는 황제헌원씨(黃帝軒轅氏)

– 오 제

1설: 소호(少昊, 서쪽을 다스림), 전욱고양(顓頊高陽, 북쪽을 다스림), 제곡고신(帝嚳高辛), 요(堯, 어진 임금), 순(舜, 음악과 시를 앞세워 농경사회의 기초 마련)

2설: 황제(黃帝, 수레 발명, 중앙을 다스리는 황제 중의 황제)·전욱고양·제곡고신·제요(帝堯)·우순(虞舜)

이들은 중국 문명의 탄생에 커다란 역할을 한 것으로 묘사되고 있다. 예를 들어 태호 복희씨는 동양철학의 근본을 이루는 8괘(八卦)의 창조자이고, 염제 신농씨는 농사 기술과 경작 방법을 창조한 농업의 신이며, 황제는 중국 문명과 문화의 창조자이다.

또 중국 신화 속에서, 이들은 신(神) 중에서도 최고신으로 섬겨지고 있다. 태호 복희씨는 동쪽을 다스리는 큰 신으로 봄을 주관하는 신인 구망의 보좌를 받고 있다. 염제 신농씨는 남쪽을 다스리는 큰 신으로 여름을 주관하는 신인 축융의 보좌를 받는다. 소호 금천씨는 서쪽을 다스리는 큰 신으로 가을을 주관하는 신인 욕수를 거느리고 있으며, 전욱은 북쪽을 다스리는 큰 신으로 겨울을 주관하는 신인 현명을 거느리고 있다. 마지막으로 황제는 신 중의 신으로 중앙을 다스리는 큰 신이며, 토지를 주관하는 신인 후토(后土)의 보좌를 받고 있다.

신화에 따르면, 태호 복희씨는 용의 몸에 사람의 머리를 하고 있었다고 한다. 태호 복희씨의 아버지인 뇌신(雷神) 역시 용의 몸에 사람의 머리 형상을 갖고 있었다. 이렇게 보면, 고대 중국인들은 태호 복희씨를 용의 화신(化神)으로 여겼던 듯하다. 염제 신농씨는 '염(炎, 불꽃)'이라는 한자가 뜻하는 대로, 불의 신이다. 따라서 태호 복희씨는 용으로, 염제 신농씨는 불로써 자신이 다스리는 곳의 벼슬 이름을 정했다. 소호 금천씨는 황제 헌원씨의 아들로, 그의 왕국은 동쪽 바다 밖 먼 곳에 있었다고 한다. 그런데 이 왕국의 신하와 관리들은 모두 새였다. 이곳에서는 제비, 까치, 봉황, 종달새, 비둘기, 수리, 뻐꾸기, 매 등 온갖 새들이 각각 나랏일을 맡아 다스렸다. 예를 들어 집비둘기는 교육을, 수리는 군사를, 뻐꾸기는 건축을, 매는 법률과 형벌을, 산비둘기는 언론을, 다섯 종류의 꿩은 목공·금속공·도공·피혁공·염색공을 맡았다.

10-2. 삼황오제의 업적

태호 복희씨는 용, 염제 신농씨는 불로 벼슬의 이름을 정하였고, 소호 금천씨는 새로 벼슬 이름을 정하고, 황제 헌원씨는 인간의 문화를 갖추었다.

- 용사(龍師)란 용으로써 벼슬을 기록했던 태호복희씨(太昊伏羲氏, 동쪽을 다스림)를 대신 칭하는 대칭(代稱)이다. 복희씨의 우두머리이며, (황룡이 하도(河圖)를 갖고 황하에서 나온 걸 보고) 8괘(八卦)를 처음으로 만들었고, 그물을 발명하여 고기 잡는 법을 가르쳤다고 한다. 복희씨의 시대에 용이 나타나 길조(吉兆)가 보였으므로 복희씨는 용으로써 벼슬이름을 삼았다. 그러므로 용사라고 부르게 되었다. 복희씨 시대에 창룡씨(蒼龍氏)는 만물을 자라게 하는 일을 맡았고, 백룡씨(白龍氏)는 만물을 죽이는 일을 맡았다고 한다.
- 화제(火帝)란 불로써 벼슬을 기록했던 염제신농씨(炎帝神農氏, 남쪽을 다스림)를 일컫는다. 농업·의료·약사(藥師)의 신, 주조(鑄造)와 양조(釀造)의 신이며, 역(易)의 신, 상업의 신이라고도 한다. 보통 염제(炎帝)라고 부르는데 불로 인해 상서로운 일이 있었으므로 불로써 벼슬이름을 삼았다.
- 조관(鳥官)이라 하면 새로써 벼슬을 기록했던 소호금천씨(少昊金天氏, 황제의 아들)를 말한다. 즉위할 때 봉조(鳳鳥)가 나타났다 하여 새 이름으로 관직명을 지었다 한다. 봉황은 서조(瑞鳥)이므로 상서롭게 여기고 새 이름으로써 관명을 삼았다는 것이다. 조사(鳥師)라고도 부른다.
- 인황(人皇)하면 인문(인간의 문화)을 갖춘 황제헌원씨(黃帝軒轅氏)를 지칭한다. 중국인의 직속 조상이라고 일컬어지는 전설 속 제왕으로,

'삼황신화'에서 벗어나 지적 능력의 합리성에 바탕을 둔 '인문(人文)'을 내세웠다는 뜻에서 '인황(人皇)'으로 부른다. 『소녀경』에 나오는 황제가 바로 이 헌원씨라고 한다. 동이족 우두머리라고 알려진 치우(蚩尤)[5]와 중원 대륙을 놓고 쟁패(爭覇)했다는 인물이다. 인간의 문화를 창조했다는 황제에 대해서는 다음 이야기에서 자세히 살펴보겠다.

5) 동이족의 우두머리 중 한 사람이라고 알려진 인물. 우리나라 재야 사학자들에 의하면 4천5백 년 전 고조선 14대 왕으로 한족 왕이었던 황제(黃帝)와 74회에 걸친 전쟁을 벌여 74회 모두 이겼다고 함. 결정적이었던 것이 '탁록(涿鹿)벌 싸움'이었고, 그때부터 한족들은 치우를 무서운 전쟁 신으로 여겨 제사를 지내게 되었음. 치우의 모습을 형용하는 말이 숙어 '동두철액(銅頭鐵額)'으로 '구리 머리에 쇠 이마'라는 뜻이다. 현재 중국의 경극에 치우나 연개소문이 전쟁의 신이나 악의 화신으로 나온다고 한다.

11 시제문자 내복의상

始制文字 乃服衣裳

비로소 시 지을 제 글월 문 글자 자 이에 내 옷 복 옷 의 치마 상

☞ 복희씨(伏羲氏) 때 비로소 문자를 만들었고, 황제(黃帝) 때 처음으로 의제〔옷(윗옷)과 치마(아래옷)〕를 갖추었다.

11-1. 삼황오제의 문화창달

복희씨(伏羲氏)의 신하 창힐(蒼頡)이란 자가 새 발자취를 보고 처음으로 글자를 만들었다. 복희씨가 서계(書契)를 만들어 결승문자(結繩文字)를 대신하였으며, 그 신하인 창힐이 새 발자국을 보고 글자를 만들었다고 한다. 황제는 의제(衣制)를 만들어 착용하도록 하였다. 중국에서는 상고시대에 이미 글자를 만들었던 것이다.

- 상고에는 글자가 없었던 까닭에 노끈을 맺는 것[6]으로 남과 약속을 하는 등 그 불편함이 말 할 수 없었다. 그래서 복희씨 때에 비로소 글자를 만들어 기록하게 했다고 한다.
- 이에 옷을 입게 하고 치마를 두르게 했다.[7] 황제가 의관을 지어 등분을 분별하고 위의(威儀)를 엄숙하게 하였다.
- 의상은 상하의(上下衣)를 말하는 것인데 그 때까지는 짐승가죽으로

---

6) 문자가 없었던 시대에는 남과 약속할 때 새끼줄을 맺어 의사를 교환했으니 이를 결승이라 한다. 약속내용이 복삽해시년 불변해져 그 후로 나무에 부호를 새겨 의사를 전달했다고 한다.

7) 상고시대에는 나뭇잎이나 풀로 몸을 가리거나 짐승의 가죽으로 추위를 면했다.

몸을 가리는데 불과 했던 것을 호조(胡曺)라는 사람이 처음으로 옷을 만들어 입도록 가르쳤다고 한다(이때의 하의는 모두 치마형).

11-2. 한족의 시조신 황제

중국 신화 속에서 황제(黃帝)는 그리스-로마 신화의 제우스와 같은 존재이다. 또한 그는 중국인의 주류라고 할 수 있는 한족(漢族)의 시조신(始祖神)이기도 하다. 황제는 신들의 왕으로서 천상과 지상 모두를 지배했다. 그는 천상과 지상을 오가면서 천하를 다스렸는데, 지상에서는 신들의 산이라고 알려져 있는 곤륜산(崑崙山)에 주로 거처했다. 황제가 천상과 지상의 권력을 장악한 과정 역시 그리스-로마 신화의 제우스가 권력을 얻는 과정과 흡사하다. 황제가 등장하기 이전에 신들의 세계를 지배하고 있던 신은 염제 신농씨였다. 그러나 황제가 염제(炎帝)와 싸워 승리하자, 염제는 남쪽으로 쫓겨 가 남방을 다스리는 신으로 전락하는 수모를 겪었다. 그러나 황제의 권력은 그것만으로는 안정되지 못했다. 최대의 반란 세력인 전쟁의 신 치우(蚩尤)와 생사를 건 격전을 치러 승리한 이후, 비로소 황제는 천상과 지상에 대한 자신의 지배 권력을 확고하게 다질 수 있었다. 이렇듯 우주와 천하를 장악한 황제는 그리스-로마신화의 제우스처럼 천상의 신과 지상의 인간들에게 자신의 권력과 위엄을 과시할 때 번개벼락을 사용했다고 한다. 이렇게 보면, 자신들을 중화(中華)라고 하고 주변의 이민족들을 오랑캐로 보는 한족(漢族)의 천하관에서는 그들의 시조신으로 섬기기에 황제만큼 적당한 경우도 없었을 것이다. 또, 황제 때 기백(岐伯)이 의상으로 관품(官品)과 제례(制禮)를 표시했고, 갑옷과 투구도 만들었다고 하는데, 그는 명의(名醫)로서 유명한 의학서 황제내경(黃帝內經)을 저술

했다고 한다. 그래서인지 예로부터 한족들은 중국 문명과 역사의 시작을 황제 시대로 보았다. 사마천의 유명한 역사서인 『사기(史記)』 역시 황제(黃帝)로부터 시작하고 있다. 또한 중국인들은 황제가 모든 문화와 문물의 창조자라고 생각했다. 그들은 황제가 의복, 선박, 수레, 집은 물론이고 음악, 악기, 12간지 심지어 한자(漢字)까지 만들었다고 믿었다. 중국 신화에 따르면, 인간이 비로소 문자를 만들고, 처음으로 옷과 치마를 입을 수 있었던 것은 오로지 황제(黃帝) 덕분이라고 한다.

12 추위양국 유우도당

推位讓國 有虞陶唐

밀 추 자리 위 사양할 양 나라 국 있을 유 나라 우 질그릇 도 당나라 당

☞ 임금 자리를 물려주어 나라를 넘겨준 사람은 유우씨와 도당[8]씨이다.
- 유우, 도당(有虞, 陶唐)은 각각 중국 고대의 제왕 순임금, 요임금을 말한다.
- 순리로는 도당유우가 맞겠으나 운율을 맞추기 위하여 유우도당이라 하였다.

12-1. 태평성대 요순시대

초야(草野)에 현인이 있어 이를 발탁하여 국위를 선양한 임금이 있었으니 바로 요와 순이다. 천자(天子)자리를 자식에게 물려주지 않고 도덕이 높은 성인(聖人)에게 넘겨주었다는 것으로, 유가(儒家)에서 가장 좋은 정치제도의 본보기로 삼는 이른바 '요순지치(堯舜之治)'를 말하고 있다. 이러한 '요순지치'는 요·순 다음 우(禹)임금까지만 이어졌다. 우(禹)부터는 부자세습 시대가 된다. 요임금과 순임금이 자기 자손을 물리치고 남에게 나라를 완전히 양도한 일은 마치 요즘의 정치형태를 보는 듯하다. 요임금의 아들 단주(丹朱)나 순임금의 아들 상균(商均)은 어리석고 못나서 임금 자리를 남에게 양위(讓位)했으니, 요와 순 두 분은 성제(聖帝)였다고 한다.

8) 요임금은 도(陶)라는 땅에서 살다가 당(唐)이라는 땅으로 옮겨 살았기 때문에 도당이라 부르게 되었다.

12-2. 유우와 도당

태평성대를 일러 '요순시대'라고 한다. 또 멀고도 먼 옛날을 지칭할 때도 '요순시대'라고 한다. 그만큼 요순시대 즉 요임금과 순임금이 다스리던 시대는 동아시아인들에게 일상 속에 파고들어 있는 개념이다. 순(堯)임금의 정식 호칭은 제요도당씨(帝堯陶唐氏)이다. 이는 도당(陶唐)이라는 나라를 다스린 요임금이라는 뜻이다. 요임금은 황제(黃帝)의 증손자이고, 오제(五帝)의 한 사람인 제곡(帝嚳)의 아들이다. 요임금은 마음이 하늘처럼 어질고, 신과 같이 지혜로워 천하의 모든 백성들이 그를 사모하고 존경했다고 한다. 특히 그의 궁전은 띠풀로 지붕을 잇고, 추녀는 다듬지도 않아 너덜너덜하며, 계단은 흙벽돌로 쌓은 3층이었을 정도로 검소했다고 한다. 요임금의 치세에는 백관의 직분이 공명정대하여 모든 제후국들이 화평했다고 한다. 요임금은 희씨(羲氏)와 화씨(和氏)에게 명하여 계절에 따른 농사의 적기를 가르치도록 하였다. 그가 다스리던 시대가 얼마나 태평천하였는지를 노래한 시(詩)가 남아 있다.

日出而作　　해가 뜨면 일하러 나가고
日入而息　　해가 지면 쉬러 오네
鑿井而飮　　우물을 파 물을 마시고
耕田而食　　밭을 갈아 먹을 것을 얻으니
帝力何有於我哉　　제왕의 힘이 나에게 무슨 소용이 있겠는가!

요임금의 만년에는 황하가 범람하여 큰 홍수가 났으며 곤(鯀)을 시켜 9년 동안 치수를 시도했지만 실패하였다. 요임금은 죽으면서 자신의 아들이 아닌 신하들 중 가장 덕이 높고 현명한 사람인 중화(重華)에게 제왕의 자리를 물려주니, 그가 바로 순(舜)임금이다. 순임금의 정식 호칭은 제순유우씨(帝舜有虞氏)로서, 우(虞)나라를 다스린 순임금이라는 뜻이다. 순임금은 제왕이 되기 전, 자신을 죽이고자 한 아버지와 계모를 효(孝)로써 섬기고 이복동생 상(象)을 우애로 대해 크게 이름을 떨쳤다. 요임금은 순임금이 총명하고 어질 뿐만 아니라 덕이 높고 인자하다는 소문을 듣고 초야(草野)에서 발탁해 중용했을 뿐 아니라 그에게 두 딸인 아황과 여영을 아내로 주었고, 제왕의 자리까지 물려주었다. 순은 즉위 후 유능한 신하들을 등용하였고, 사방을 회유하여 넓은 강역에 통치가 미치게 되었다. 특히 홍수를 다스리기 위해 우(禹)를 등용하여 마침내 치수에 성공하였다. 순임금은 요임금 못지않은 태평성대를 구가하다, 남쪽의 여러 나라를 순행하던 도중 창오(蒼梧)라는 들판에서 세상을 떠난다. 순임금도 요임금과 마찬가지로 자신의 아들인 상균(商均)이 아니라 신하들 가운데 가장 어질고 현명하며 재주가 뛰어난 우(禹)를 후계자로 삼아 제왕의 자리를 넘겨주었다. 순임금으로부터 제왕의 자리를 물려받은 우임금은 중국사 최초의 고대 왕조인 하(夏)나라의 시조가 되었다. 태평성대의 요순시대로 추앙받는 요임금과 순임금의 혈통이 모두 동이족이라고 한다.

13 조민벌죄 주발은탕

弔民伐罪 周發殷湯

슬퍼할 조　백성 민　칠 벌　허물 죄　　두루 주　필 발　나라 은　끓을 탕

☞ 백성들을 불쌍히 여겨 죄지은 자를 정벌한 자는 주왕을 벤 주발과 걸 왕을 친 은탕이다.
- 조민(弔民)은 백성을 어루만져 구휼하였다는 것이고, 벌죄(伐罪)는 허물을 치는 것이다. 당시 역성혁명(易姓革命)의 훌륭한 대의명분이 조민벌죄(弔民伐罪)였다.
- 주발(周發)은 무왕(武王)이고 은탕(殷湯)은 탕왕(湯王)의 칭호이다.
- 시대 순으로 보아 은탕주발(殷湯周發)이어야 하지만 12에서처럼 당자의 압운상 주발과 은탕을 바꾸어 놓은 것이다.

13-1. 역성혁명

주발(周發)은 주나라를 세웠는네, 발(發)의 성(姓)은 희(姬)이며 후일의 무왕(武王)이다. 은(殷)나라의 주왕(紂王)이 성질이 잔인하고 포악해서 백성들을 학대했기 때문에 그의 신하였음에도 불구하고 주왕을 정벌했던 것이다. 주(周)를 건국한지 35대 874년 만에 진(秦)나라에 의해 멸망했다. 은탕(殷湯)은 은(殷)나라 탕왕(湯王)을 말하는데, 성은 자(子)요 이름은 이(履)다. 탕왕은 무왕이 은나라를 멸한 것과 같이 폭군인 하나라 걸왕(桀王)을 정벌하고 은나라를 세웠다. 원래는 상(商)나라라고 하였는데 제19대 반경 임금 때 도읍지를 하남성의 은(殷)으로 옮긴 후에 은나라로 개칭하였다. 주(周)의 무왕(武王)에 의해 멸망 했다.

13-2. 역성혁명의 명분(조민벌죄, 弔民罰罪)

백성들의 고통을 덜고 백성들을 위로하기 위해 하(夏)나라 걸왕(桀王)과 은(殷)나라 주왕(紂王)을 주(周)나라 무왕(武王)인 발(發)과 은(殷)나라 탕왕(湯王)이 징벌하였다. 이때 역성혁명의 명분이 바로 '조민벌죄'이다. 오직 백성을 위해 포악한 왕을 친다는 이 말은 구실이 되기도 하고 대의명분(大義名分)이 되기도 한다.

순임금에게 제왕의 자리를 물려받은 우(禹)임금이 세운 하(夏)나라의 폭군 걸왕(桀王)을 내쫓고 제왕의 자리를 차지한 사람은 탕왕(湯王)인데, 탕왕은 하(夏)나라 걸왕의 신하였다. 아무리 폭군일지라도 신하가 섬기던 군주를 정벌한 행위는 일찍이 없었던 '일대 사건'이었다. 따라서 탕왕은 걸왕 정벌에 필요한 군사 행동을 위해 절대적인 명분이 필요했다. 당시 탕왕이 내세운 명분은 '천명(天命)과 민심(民心)'이었다. 탕왕은 자신의 행동을 반역이 아닌, 하늘의 뜻과 백성의 마음을 좇아 폭군 걸왕을 주살하는 것이라고 정당화한 것이다. 어쨌든 이 사건은 중국사 최초의 '역성혁명(易姓革命)'으로 기록된다. 역성이란 한 왕조가 다른 성씨의 왕조로 교체되는 것을 말하며, 혁명이란 하늘의 뜻이 바뀐 것을 뜻한다. 탕왕이 세운 상나라는 제30대 임금인 주왕(紂王) 때까지 왕조를 유지하나 주왕은 탕왕이 정벌하여 내쫓은 걸왕 못지않은 폭군이었다. 중국 역사의 모든 기록과 문헌을 전부 뒤진다 하더라도, 주왕만큼 엽기적인 성행각과 잔혹한 형벌을 즐겼던 인물은 없다. 심지어 주왕은 자신의 숙부인 비간(比干)이 잔혹한 정치를 중단하라고 충언(忠言)을 하자, 비간의 가슴을 칼로 찔러 심장을 꺼내는 짓까지 서슴지 않았다. 이러한 주왕을 정벌하기 위해 군사 행동에 나선 사람이 바로 무왕이다. 무왕은 주왕을 주살(誅殺)함으로써 상나라를 멸망시키고 주(周)나라를 세운다. 탕왕이 한때 걸왕의 신하였던 것처럼,

무왕 역시 주왕의 신하였다. 따라서 탕왕과 마찬가지로, 무왕은 군사 행동의 절대적인 명분이 필요했을 것이다. 무왕은 자신의 군사 행동을 잔혹한 정치로 하늘의 뜻과 백성의 마음을 배신한 폭군을 정벌하는 것이라고 정당화했다. 이 사건은 중국사에서 탕왕의 역성혁명에 이은 두 번째 '역성혁명'이었다. 그러므로 '조민벌죄 주발은탕(弔民伐罪 周發殷湯)'에서 죄지은 자란 폭군 걸왕과 주왕을 말하는 것이고, 주발(周發)은 주나라 무왕 희발(姬發)을, 은탕(殷湯)은 은나라 탕왕(湯王)을 일컫는다.

13-3. 맹자의 혁명사상

『맹자(孟子)』 양혜왕 장구하(梁惠王 章句下)에 제(齊)나라 선왕(宣王)과 맹자의 대화가 나온다.

> 선왕: 은(殷)나라 탕(湯)임금이 하(夏)나라 걸왕(桀王)을 쫓아내고 주(周)나라 무왕(武王)이 은나라 주왕(紂王)을 징벌했는데, 신하로서 그 임금을 시해하는 것이 옳은 일입니까?
>
> 맹자: 인(仁)을 해치는 자를 흉포하다고 하고 의(義)를 해치는 자를 잔학하다고 합니다. 흉포하고 잔학한 사람은(이미 백성을 다스리는 왕이 아니고) 한낱 비천한 사나이에 지나지 않습니다(백성으로부터 버림받은)한 사나이인 주(紂)를 죽였다는 말은 들었지만 자기 임금을 죽였다는 말은 들어보지 못했습니다.

맹자는 포악하고 백성을 억압하여 군주다움을 상실한 군주는 이미 군주가 아니라 한 명의 무도한 사내에 불과하므로, 탕왕과 무왕이 걸왕과 주왕을 내쫓거나 죽인 것은 신하가 군주를 죽인 것이 아니라 인과 의를 해치는 무도한 한 사내를 처벌한 것일 뿐이라는 것이다.

14 좌조문도 수공평장

坐朝問道 垂拱平章

앉을 좌 아침 조 물을 문 길 도 드리울 수 바칠 공 평할 평 글 장

☞ 조정에 앉아 도(道)를 물으니, 옷자락을 늘어뜨리고 팔짱만 끼고 있어도 밝게 다스려진다.

- 왕의 자리에서 백성을 다스리는 법을 묻는다. 좌조(坐朝)는 천하를 통일하여 왕위에 앉은 것(조정의 왕의 자리)이고, 문도(問道)는 나라(백성)를 다스리는 법에 대하여 묻는 것을 말한다(朝=조정, 道=법도).
- 밝고 평화스럽게 다스리는 길을 겸손히 생각한다. 공(拱)은 '팔짱을 끼다'의 뜻이니 수공(垂拱)은 "옷을 늘어뜨리고 팔짱을 끼다"는 뜻이고, 평장(平章)은 평탄하고 밝게 다스려진다는 뜻이다.

14-1. 치국의 도리

제왕은 조정에 앉아서 치국의 대도를 신하에게 묻고 다스리면, 옷자락을 늘어뜨리고 팔짱을 끼고 있어도 밝고 바른 정치가 된다는 말이다. 대체로 덕이 있는 임금은 백성 다스리는 길을 조정의 어진 신하들에게 물어가며 신중히 일을 처리한다. 그리하면 신하들도 올바르게 일을 처리하고 일을 부지런히 하게 된다. 통치자가 아랫사람들에게 도와 이치에 대해 물으며 다스리면 옷을 늘어뜨린 채 팔짱을 끼고 있어도 나라는 잘 다스려지는 것이다.

'좌조문도(坐朝問道)'는 임금은 정사(政事)의 본바탕 도리를 묻고 듣기만 하면 스스로 원칙을 세우지 않아도 잘 다스려진다는 뜻으로, 황로(黃老, 황제와 노자)에서 말하는 꿈같은 임금 상(像)을 가리키고 있다.

'수공평장(垂拱平章)'은 『서경(書經)』 무성(武成)편에 나오는 "돈신명의 숭덕보공 수공이천하치(惇信明義 崇德報功 垂拱而天下治 신용을 두텁게 하고 의리를 밝히며, 덕을 높이고 공로를 갚는다면, 옷을 드리우고 손을 마주잡고도 천하가 다스려진다)"를 다시 쓴 것이다. 나라가 밝게 다스려지려면 군주가 조정에 앉아서 끊임없이 현신(賢臣)에게 치국의 길을 물어야 한다. 명군현신(名君賢臣)을 만나면 그 나라는 틀림없이 부국강병이 될 것이다.

14-2. 무위정치(無爲政治)

무왕이 주(周)나라를 세운지 450여 년이 지난 B.C. 770년경에 주나라는 이민족의 침입을 받아 도읍지를 호경(鎬京)에서 동쪽의 낙양(낙읍(洛邑))으로 옮기는데, 이때부터 춘추시대(春秋時代)가 시작된다. 주나라는 쇠약해지고 분봉한 제후국들이 침략과 전쟁을 일삼는 난세가 된 것이다. 그래서 난세를 다스리고 세상을 구하고자 하는 철학으로서 도가(道家, 노자), 유가(儒家, 공자), 묵가(墨家, 묵자) 등이 나타났다. 좌조문도 수공평장(坐朝問道 垂拱平章)은 무위정치를 가장 이상적인 정치로 본 노자의 정치철학이라고 할 수 있다. 임금이 조정에 앉아서 정치의 도(원칙과 기준)를 묻고 듣기만 할 뿐 스스로 도를 세우지 않아도 신하와 백성이 잘 다스려지는 정치를 말한다.

15 애육여수 신복융강

愛育黎首 臣伏戎羌

사랑 애 기를 육 검을 려 머리 수 신하 신 엎드릴 복 오랑캐 융 오랑캐 강

☞ 백성을 친자식처럼 사랑으로 기르면, 모든 오랑캐들도 신하가 되어 엎드린다.

15-1. 중국의 동화(同和)정책

인민을 사랑하며 기르니 그 덕화는 온 누리에 미쳐 이민족까지 신하로서 복종한다. 명군(明君)이 천하를 다스릴 때에는 백성들을 사랑하고 기르기 때문에 덕화(德化)가 널리 미쳐 국경 밖의 만족(蠻族)들까지도 신하로서 스스로 복종하게 된다는 말이다. 덕화가 미치면 이민족이 무더기로 이사를 와서 살기도 한 역사가 있다.

'여수(黎首)'는 검은 머리라는 뜻으로, 논과 밭에서 일하느라 살갗이 그을려 까맣게 된 백성들을 상징하는 말이다. 고대 중국에서는 소수의 귀족계층을 제외한 일반 백성들은 모두 농노와 노예의 신분에서 벗어나지 못했다. 그들은 춘추시대 제후국들의 제후(諸侯)들이 추구한 부국(富國)정책을 위해서 농업생산에 매달려야 했고, 강병(强兵)정책을 위해서는 전쟁에 '화살받이'로 동원되었다. 어쨌든 춘추시대의 제후들에게 영토와 더불어 인구는 침략과 정복전쟁의 한복판에서 살아남을 수 있는 유일한 희망이었다. 많은 영토와 많은 인구를 가진 제후일수록 농업생산과 전쟁에서 우위를 확보할 수 있기 때문이다. 따라서 제후들은 영토와 함께 인구를 늘릴 수 있는 방법을 찾는 데 혈안이 될 수밖에 없었다. '애육여수(愛育黎首, 백

성들을 아껴 기른다)'라는 생각 역시 이러한 시대적 필요성 때문에 나오지 않았을까 추측된다. 그러나 실제로 제후들에게 일반 백성은 농업 생산과 정복 전쟁을 위해 필요한 존재였을 뿐이었다.

15-2. 중국의 세계관, 화이관(華夷觀)

'융강(戎羌)'은 고대 중국 대륙의 서북쪽에 살았던 유목민족인 융족(戎族, 티벳트족)과 강족(羌族, 서융)을 말하는데, 여기에서는 중국 주변의 모든 오랑캐를 상징하는 말이다. 고대 중국이 생각한 세계란, 세상의 중심을 지배하는 한족과 한족의 지배를 받아 복종하는 주변의 오랑캐들로 이루어져 있는 세계이다. 이와 같은 세계관의 존재는 신화시대로까지 거슬러 올라가 확인해볼 수 있다. 한족의 시조신인 황제(黃帝)는 신중의 신으로 세상의 중심을 지배하는 중앙신이다. 그는 남방의 신인 염제를 물리치고 또 동쪽 오랑캐의 신인 치우(蚩尤)를 무찔러 천상과 지상 모두를 지배하는 신으로 묘사되고 있다. 한족의 신인 황제가 주변의 신들을 제압하고 세상을 지배한다는 신화는 철저하게 중국의 세계관과 닮아 있다. 중국사 특히 황하를 중심으로 발전한 한족의 역사는 예로부터 문화나 부족이 자신들과 조금만 달라도 오랑캐로 취급해 왔다. 예를 들어 춘추전국시대 당시 황하에 위치한 중원의 제후국들은 – 우리가 당연히 고대 중국의 일부라고 생각하고 있는 – 진(秦)나라를 서쪽의 오랑캐로, 또 초(楚)나라를 남쪽의 오랑캐로 무시해 왔다. 그렇다면 진나라는 오랑캐로서 중국 대륙을 정복한 최초의 국가가 되는 셈이다.

16 하이일체 솔빈귀왕

遐邇壹體 率賓歸王

멀 하 가까울 이 한 일 몸 체 거느릴 솔 손 빈 돌아갈 귀 임금 왕

☞ 멀고 가까운 나라가 전부 일체가 되도록 다스리니, 거느리고 복종하며 왕에게 돌아온다 (덕을 입어 복종치 않음이 없다).

* 빈(賓)은 '손님'이란 뜻 외에 '왕의 덕을 그리워한다'는 뜻으로 풀이된다.

16-1. 군왕의 덕치

국경 밖 먼 곳의 이민족이나 가까이 있는 제후들이 일체가 되어 서로 이끌고 복종하여 왕의 덕에 심복하고 귀의한다는 말이다. 이 말은 『시경(詩經)』 소아(小雅)의 "부천지하막비왕토(溥天之下莫非王土 넓은 하늘 아래 있는 땅 가운데 왕의 땅 아닌 것이 없고), 솔토지빈막비왕신(率土之濱莫非王臣 모든 땅 바닷가까지 왕의 신하 아닌 이가 없다)"는 말에서 유래된 듯하다.

덕으로써 통치한다는 것은 곧 인민을 자기 자식과 같이 애육(愛育)한다는 뜻이다. 이런 성제(聖帝)의 밑에는 자국민은 물론이고 이민족까지 그 덕을 경모(敬慕)하여 모여드는 것이다. 소문난 인군(仁君)에게 복종해 오기만 하면 다른 나라의 백성이라 해도 한결같이 어질게 다스리기 때문이다.

사마천(司馬遷)은 『사기(史記)』에서 "백성은 창고가 차야만 예절을 알며(82-1 참조) 의식이 족해야 영욕을 안다. 위에 있는 자가 절도를 지키면 육친이 굳게 결합하고 사유(四維, 예의 염치)가 흔들려 풀어지면 나라가 곧 망한다."고 주장했다. 그래서 군왕은 몸 닦음을 도(道)로써 행하며 도 닦음을 인(仁)으로써 행해야 된다는 것이다. 이렇게 군왕이 몸을 닦아 덕화

(德化)를 나라에 베풀고 이민족이 귀의해 오면 똑같이 하나로 대하는 것이 중요하다는 주장이다.

16-2. 주나라의 분봉제후제

주(周)나라의 천자(天子, 왕)는 어떻게 중국을 다스렸을까? 주나라는 제2대 천자인 성왕(成王) 때 섭정(攝政)을 맡은 주공(周公)의 지휘 하에 '분봉제후제(分封諸侯制)'라는 국가체제를 완성했다. 이는 주나라가 다스리는 영토를 각지의 제후들에게 나누어 다스리게 하는 제도이다. 이때 제후들이 분봉 받은 영도와 인구에 내한 지배권은 주나라의 천자가 아니라 각지의 제후들이 행사했다. 간단하게 말하자면, 천하와 만백성은 명목상 천자의 소유였지만, 제후국(諸侯國)들은 완전히 독립된 하나의 국가로서 각각의 제후들에 의해 다스려진 것이다. 천자는 주(周)나라가 직접 관할하는 영토와 인구만을 다스렸을 뿐이다. 그러나 천자의 영토와 각지의 제후들의 영토가 각각 독립적인 하나의 나라처럼 다스려졌다고 해도, 그 관계는 지배와 복종 관계를 벗어날 수는 없었다. 그러한 종속관계는 영토와 인구의 범위, 군사력 그리고 천자에 대한 조공(朝貢)과 알현(謁見)을 통해 유지되었다. 먼저 천자와 제후들은 지배할 수 있는 영토의 범위에서 큰 차이가 난다. 천자는 사방 1,000리의 영토를 가질 수 있지만, 제후들의 영토는 등급의 순서에 따라 공작과 후작은 사방 100리, 백작은 사방 70리, 자작과 남작은 사방 50리 이상을 소유할 수 없도록 엄격하게 제한되었다. 군사력에 있어서도 천자는 6군(六軍, 7만 5천 명)을 보유하는 반면 공작과 후작은 3군(三軍, 3만 7천 5백 명), 백작은 2군(二軍, 2만 5천 명), 자작과 남작은 1군(一軍, 1만 2천 5백 명)을 넘을 수 없었다. 또한 각지의 제후국들은 매년 반드시 도읍지인 호경(鎬京)의 천자(天子)를 찾아가, 조공을 하고 알현을 해야 했다. 만약 이것을 지키지 않았을 경우, 천자에 대한 반역 행위로 간주되어 징벌에 처해진다. 주나라의 천자는 조공과 알현을 통해 각지 제후들의 충성을 확인하고, 또 그들의 반역 행위나 혹은 독립 의지를 꺾어 놓았던 것이다. '하이일체 솔빈귀왕(遐邇壹體 率賓歸王)'은 '먼 곳과 가까운 곳이 하나가 되어, 거느리고 와서 복종하여 천자를 받든다'는 뜻이다. 천하와 만백성은 천자(天子)의 소유이며, 각지의 제후들과 백성들은 천자에게 복종해야 함을 밝힌 문장이다.

17 명봉재수 백구식장

鳴鳳在樹 白駒食場

울 명 봉황새 봉 있을 재 나무 수 흰 백 망아지 구 밥 식 마당 장

☞ 봉황은 오동수(梧桐樹)에 깃들어 울고, 흰 망아지는 마당에서 풀을 뜯는다.

- 명군성현이 나타나면 봉이 운다는 말과 같이 덕망이 미치는 곳마다 봉이 나무 위에서 울 것이다.
- 명군성현(明君聖賢) = 명봉재수(鳴鳳在樹). 즉 밝은 임금의 성스럽고 어짊이 나타나면 길조라는 봉이 나무 위에서 운다(즐거운 노래를 한다).
- 흰 망아지도 감화되어 사람을 따르며 마당 풀을 먹게 한다(평화스러움을 말한 것, 흰 망아지가 나면 평화롭다 하는 것과 그의 먹거리로 나무등걸이 있는 곳을 읊음).
- 백구(白駒)하면 말 중에 흰색의 말을 의미하고 백마(白馬)가 태어난 것과 그 흰색의 망아지가 마당 풀을 뜯어먹게 한다 할 정도로 평화롭고 자연과 생태계의 많은 존재들을 파괴함이 없이, 백성은 물론 온갖 짐승에 이르기까지 보살피는 살기 좋은 정치 하에 평화와 안녕을 누린다.

17-1. 명군성현과 봉황

명군성현(名君聖賢)이 다스리는 세상이 되면 서조(瑞鳥)인 봉황이 나타나고, 망아지 같은 네발 달린 짐승들도 사람을 잘 따르게 된다는 것이다. 태평한 시대에는 천지가 화락(和樂)하고 그 기운은 새나 짐승에게까지 미치며 봉황이 나타나 오동나무에서 운다고 한다. 또 현자가 왕과 대화하는 동안 그가 타고 온 망아지는 마당가에서 평화롭게 풀을 뜯는다는 말이니, 봉황과 백구를 등장시켜 평화스럽게 다스려지는 시대를 묘사한 구절이다.

각 민족마다 행운으로 여기는 동물은 다르다. 예컨대, 우리나라에서는 까치를 길조(吉鳥)로 여기지만, 일본인들은 까마귀를 길조로 여긴다. 고대

중국인들은 어떤 동물들을 상서롭게 생각했을까? 『시경(詩經)』에 실려 있는 「권아(券阿)」라는 시에 보면, 봉황은 군주 혹은 군자를 상징하는 상서로운 새로 그려지고 있다. 봉황과 관련한 그 시의 일부 구절이다.

鳳凰于飛 翽翽其羽 亦傅于天　봉황이 높이 나네. 펄럭펄럭 날갯짓을 하며 하늘 위로 올라가네.

藹藹王多吉人 維君子命 媚于庶人　어진 임금에게 어진 신하 많아 임금이 명령하니 백성들에게 사랑받으리.

鳳凰鳴矣 于彼高岡　봉황이 우네. 저 높은 언덕 위에서 우네.

梧桐生矣 于彼朝陽　오동나무 자라니, 저 동쪽 양지에서 자라네.

菶菶萋萋 雝雝喈喈　오동나무 무성하고 무성하며 봉황의 울음소리 조화롭다.

17-2. 봉황과 흰 망아지

봉황(鳳凰)은 실존하는 새가 아닌 상상의 새이다. 봉(鳳)은 수컷, 황(凰)은 암컷을 말하는데, 이 새는 오동나무가 아니면 머물지 않고 대나무 열매가 아니면 먹지 않는 것으로 그려지고 있다. 그래서 혼탁하고 욕망에 찌든 세속의 풍습과 결코 타협하지 않는 고상함의 상징처럼 여겨져 왔다. 또 고대 중국인들은 봉황이 세상을 평안하게 해줄 성인이나 군자가 나타날 때만 그 모습을 보여준다고 생각했다. 봉황은 오늘날에도 고결하고 상서로운 동물로 이해되고 있지만, 망아지를 상서로운 짐승으로 본다면 조금 의아하게 생각될 것이다. 이 망아지에 대해서도 『시경(詩經)』에 실린 「백구(白駒, 흰 망아지)」를 보자.

皎皎**白駒** 食我場苗 縶之維之
以永今朝 所謂伊人 於焉逍遙
흰 망아지가 우리 마당에 있는 싹을 먹으니 발을 묶고 고삐를 나무에 매어 아침 내내 붙잡아두어 저 이인(伊人) 더 놀다 가게 하리라.

흰 망아지는 이인(伊人, 어진 사람)이 타고 온 것이다. 따라서 흰 망아지는 어진 사람이 찾아온 것을 상징하게 된다. 현자(賢者)를 얻게 되었으니 이보다 더 기쁜 일이 어디에 있겠는가? 이쯤 되면 흰 망아지를 상서로운 동물로 본 고대 중국인들의 시각을 이해할 만하다.

18 화피초목 뇌급만방

化被草木 賴及萬方

될 화 입을 피 풀 초 나무 목 힘입을 뢰 미칠 급 일만 만 모 방

☞ 덕화(德化)는 풀과 나무에까지 미치고, 힘입음이 온 누리에 미친다.

* 뢰(賴)는 '힘입다'의 뜻인데, 여기서는 믿을 만한 복리(福利)를 뜻하며 은택(恩澤)이라고 할 수 있다.

18-1. 성군의 태평성대

명군(名君)의 덕화가 풀이나 나무에까지도 미치고 그의 큰 은혜는 천지간의 만물에까지 미친다. 명군, 곧 똑똑하고 슬기로운 임금이 용상(龍床)에 앉으면 그 베풀어 주는 힘이 백성뿐만 아니라 땅 위에 있는 모든 것에까지 미쳐 태평세상이 된다는 말이다. 현명한 군주가 통치하면 나라가 평화롭고 잘 다스려지며 이러한 공덕이 풀과 나무와 온 누리에 미치고 드러난다는 뜻이니 이러한 시대를 '요순시대(堯舜時代)'라고 하는 것이다. 성군이 조정에 앉아 현자에게 치도(治道)를 묻고 인의(仁義)를 행하고 덕치(德治)를 베풀기에 바쁜 정치가 이루어졌으며, 백성을 사랑으로 육성하니 변방의 이종족들도 신하되기를 자청하였고 상서로운 봉황이 날아들었다.

이 문장은 성군에 대한 종교에 가까운 믿음을 담고 있다. 성군이 다스리는 세상에서는 사람은 물론 보잘것없는 풀과 나무에까지 그 은혜로운 덕이 미쳐 온 세상이 태평함을 누린다고 했다. 간단하게 이 문장은 성군이 다스리는 태평성대(太平聖代)를 찬양한 구절이다. 중국인들은 요임금과 순임금, 하나라의 우왕(禹王), 상/은(商/殷)나라의 탕왕(湯王), 주(周)나라

의 문왕(文王)과 무왕(武王)이 다스리던 세상을 위에서 말한 태평성대를 누렸던 시대라고 본다. 그러나 요순시대는 현실적으로 존재했다고 보기 어려우므로 신화와 전설로 포장된 '유토피아'로 이해하는 것이 맞을 듯하다. 그리고 고대 삼왕조(하(夏), 상/은(商/殷), 주(周)나라)를 세운 우왕, 탕왕, 문·무왕은 창업 군주인 만큼 후대 제왕과 역사가들에 의해 그 치세(治世)가 미화(美化)된 측면이 있다고 보아야 한다. 창업 군주의 성덕(聖德)을 미화해야 새로운 왕조의 역사적 정통성과 정치적 명분이 확실하게 서기 때문이다.

18-2. 중국의 태평성대

그렇다면, 태평성대는 '유토피아' 였을 뿐, 중국 역사상 존재하지 않았던 것일까? 그렇지는 않다. 물론 그 시대에 대한 평가는 보는 사람의 관점에 따라 다르겠지만, 일반적으로 중국 역사에서는 3000여 년 동안 네 번의 '태평성대'를 누렸다고 본다.

① 성강지치(成康之治): 주(周)나라 제2·3대 왕인 성왕(成王)과 강왕(康王)이 다스린 시대,
② 문경지치(文景之治): 한(漢)나라 제5·6대 황제인 문제(文帝)와 경제(景帝)가 다스린 시대,
③ 정관지치(貞觀之治): 당(唐)나라 제2대 황제인 태종(太宗, 이세민)이 다스린 시대,
④ 청나라 초기 순치·강희·옹정·건륭(順治·康熙·雍正·乾隆) 4황제가 다스린 시대.

이 네 번의 태평성대 중 주(周)나라 성왕(成王)은 전술한 바와 같이, 숙부인 주공(周公) 단(旦))의 충실한 보좌로 성군이 될 수 있었다. 주공은 어린 성왕을 대신하여 나라를 다스린 지 7년이 지나, 성왕이 장성하자 권력

을 넘겨주고 신하의 자리로 돌아갔다. 그리고 성왕은 주공의 가르침을 충실하게 좇아 정치와 민심을 안정시켰다. 주나라 개국 초기 정치적 불안과 어지러운 민심을 잘 다스리고 태평성대를 누릴 수 있었던 것은 실제 주공의 노력이 있었기에 가능했던 것이다. 강왕(康王)은 성왕의 아들이다. 성왕과 강왕, 두 제왕이 주나라를 통치한 시기는 40여 년간이다. 사마천은 『사기(史記)』에서, 이 기간에 세상은 평안하여 형벌을 사용할 일이 없었다고 했다.

19 개차신발 사대오상

蓋此身髮 四大五常

덮을 개 이 차 몸 신 터럭 발 넉 사 큰 대 다섯 오 떳떳할 상

☞ 무릇 이 몸과 터럭은 네 가지 큰 것(사대, 四大)과 다섯 가지 떳떳함(오상, 五常)으로 이루어졌다.

* 개(蓋)는 지붕 덮개를 뜻하지만, 여기서는 '무릇'이란 뜻으로 쓰였다.

19-1. 사대오상

사대(四大)는 지(地), 수(水), 화(火), 풍(風)이라 했는데, 삼체{(三體 즉 액체(液體)인 물(水), 기체(氣體)인 바람(風), 고체(固體)인 땅(地)}에 불(火)을 더한 것이다. 사람의 몸은 하늘(天), 땅(地), 임금(君), 부모(親)가 없으면 태어날 수 없다. 오상(五常)은 이렇게 태어난 사람이 올바른 사람이 되기 위해서는 항상 갖추어야 할 다섯 가지 인품 즉 어질고(仁), 의롭고(義), 예의바르고(禮), 지혜롭고(智), 믿음(信)이 있어야 한다는 것이다.

대개 사람의 몸과 터럭은 지(地, 골육), 수(水, 혈맥), 화(火, 온기), 풍(風, 움직이는 성품)의 사대 요소로 이루어져 있다. 그것을 통솔하는 마음에는 오상 즉 인(仁), 의(義), 예(禮), 지(智), 신(信)이 있다.

사대는 인체를 형성하는 물질적(物質的)인 요소로 하늘, 땅, 임금, 부모 또는 팔, 다리, 머리, 몸통의 사지(四肢)로 해석하며, 오상은 사람의 마음과 성품 속에 갖추어진 정신적(精神的)인 요소이다. 사대를 훼상하지 않아 잘 보존해야 함은 물론이며, 오상은 항상 연마하여 거칠어지지 않도록 하여야 한다. 『한서(漢書)』 동중서전(董仲舒傳)에서 "인(仁), 의(義), 예(禮),

지(智), 신(信)은 오상의 도이니 임금 된 자는 마땅히 이것을 닦아 나가야 할 것이다"라고 주장한 이래로 오상은 유가의 핵심적인 덕목이 되었다.

19-2. 인간의 본성

"인간은 어떻게 생겨났으며, 그 본성(本性)은 무엇일까?"에 대한 의문은 사람들이 오랫동안 품어온 '화두'이지만 오늘날까지 쉽게 답을 얻지 못하고 있는 문제 중 하나이다.

공자가 창시한 유학(儒學)에서는, 사람은 지극히 높고 큰 네 가지로부터 생겨났다고 본다. 그것은 바로 사대(四大, 즉 천(天, 하늘), 지(地, 땅), 군(君, 임금), 친(親, 부모))이다. 이 네 가지는 인간 탄생의 근원이므로, 사람들은 항상 하늘과 땅, 임금과 부모를 섬기고 복종하며 살아야 한다는 것이다.

오상(五常)은 무엇일까? 오상은 다섯 가지 떳떳한 (혹은 변하지 않는) 인간의 성품을 뜻한다. 유학에서는, 변하지 않는 인간의 성품 다섯 가지로 '인·의·예·지·신(仁·義·禮·智·信)'을 말한다. 인은 사랑, 의는 올바름, 예는 도리, 지는 지혜, 신은 믿음이다.

고대 중국인들이 사대와 오상을 중요하게 생각한 이유는, 그것이 인간과 짐승을 구분하는 구체적인 기준이라고 여겼기 때문이다. 즉, 사대가 아니면 사람은 태어날 수 없고, 오상이 없다면 생김새만 인간일 뿐 진정한 인간이 될 수 없는 것이다. 사대와 오상이야말로 인간이 짐승과 다르다는 것을 구체적으로 밝혀주는 잣대이다. 『시경(詩經)』〈국풍(國風)〉 중 용풍(鄘風)에 상서(相鼠)라는 시가 있다. 상서유체 인이무례 인이무례 호불천사(相鼠有體 人而無禮 人而無禮 胡不遄死, 저 쥐도 모양새를 갖추었거늘 사람으로서 예의가 없네. 사람으로서 예의가 없으면 어찌 빨리 죽지 않겠는가?). 이

시는 보잘것없는 쥐조차 눈, 코, 입의 생김새를 갖추고 있는데, 인간이 되어서 마땅히 있어야 할 예의를 갖추지 않고 오래 살기를 바라는 어리석음을 풍자한 것이다. 바꿔 말한다면, 예의가 없는 인간은 쥐새끼만도 못한 짐승과 같다는 이야기다. 『효경(孝經)』에도 우리의 몸을 함부로 훼상하지 말고 인간의 도리를 다하라는 내용이 나온다.(20 해설 참조)

20 공유국양 기감훼상

恭惟鞠養 豈敢毁傷

공손할 공 생각할 유 기를 국 기를 양 어찌 기 용감할 감 헐 훼 상할 상

☞ 길러 준 부모의 은공을 공손히 생각하면 어찌 감히 이 몸을 헐어 훼손 할 수 있겠는가?

20-1. 효의 시발(始發)

자식은 부모의 은공을 잊지 말고 부모가 물려준 신체발부(身體髮膚/몸, 사지, 머리카락, 피부)를 훼손하지 말아야 한다는 말이다. '기감훼상(豈敢毁傷)'은 『효경(孝經)』 개종명의(開宗明義)편 "신체발부 수지부모 불감훼상 효지시야. 입신행도 양명어후세 이현부모 효지종야.(身體髮膚 受之父母 不敢毁傷 孝之始也. 立身行道 揚名於後世 以顯父母 孝之終也. (몸은 부모로부터 받은 것이니 훼손하지 않는 것이 효의 시작이고, 후세에 이름을 날려 부모를 드러내는 것이 효의 끝이다.)"에 나오는 말이다. 수신(修身)의 근본정신은 효에서 시작된다. 사람의 자식이라면 누구나 신체발부를 부모로부터 받았으며 부모는 또 온갖 고난을 무릅쓰며 자식에게 옷을 입히고 젖과 밥을 주어 양육하였다. 그 은공을 생각한다면 자기 몸을 아끼고 사랑해야 한다. 증자는 늙어 죽기 전에 자신은 부모님이 물려준 신체를 상하게 하지 않았다는 말로 자신의 인생을 마무리하며 자부심을 드러냈다.

20-2. 증자의 효도

공자(孔子)의 제자 중 부모에 대한 효도(孝道)로 크게 이름을 얻은 증자(曾子)라는 인물이 있다. 그는 유학의 정통 계보에서도 매우 중요한 위치를 차지하고 있다. 그가 공자의 학문을 공자의 손자인 자사(子思)에게 전했고, 훗날 맹자(孟子)가 자사의 문하에서 학문을 배워 유학의 도(道)를 계승 발전시켰기 때문이다.

효도로 명성을 얻은 증자의 저서인 『효경(孝經)』은 증자가 스승인 공자와 나눈 문답 가운데 효에 관한 부분만을 추려 기록한 것이다. 유학의 기본 경전이라고 할 수 있는 13경(十三經) 중 한 권으로, 유학자와 선비들은 반드시 읽어야 할 책이었다. '공유국양 기감훼상(恭惟鞠養 豈敢毁傷)'이라는 구절은 바로 이 『효경』에 나오는 내용으로, '효의 철학'이라고 할 수 있다. 이 구절의 내용과 관련하여 증자와 증점 부자(父子)에 얽힌 이야기가 있다. 어느 날 증점은 아들 증자에게 심부름을 시켰다. 그런데 약속한 시간이 지나도 증자가 돌아오지 않아서 주변 사람들은 증자의 안위(安危)를 걱정하며, 증점을 위로했다. 그러자 증점은 "증자가 위험을 겪고 있나 보다. 그러나 아비인 내가 살아 있는 한 결코 위험 속에서 죽지 않을 것이다"라고 말했다 한다. 증자는 부모가 주신 신체를 함부로 상하거나 다치게 하지 않는 것이 '효의 기본'이라는 자신의 철학을 죽음 직전에까지 실천했다. 그는 병이 위독하여 죽음이 가까워지자 제자들을 불러 자신의 손과 발을 일일이 살펴보게 한 다음, 비로소 안심을 하였다고 한다. 증자는 진정한 효의 철학자이자 효를 온몸으로 실천한 사상가였다.

21 여모정렬 남효재량

女慕貞烈 男效才良

계집 녀 사모할 모 곧을 정 매울 렬 사내 남 본받을 효 재주 재 어질 량

☞ 여자는 곧은 절개를 사모하고, 남자는 좋은 재주와 어진 것을 본받아야 한다.

21-1. 이상적인 인간형

남자이건 여자이건 일단 마음이 굳세고 흔들리지 않아야 한다. 그 다음으로 여자가 지향해야 할 바는 절개이고 남자가 지향해야 할 바는 어짊과 재주라는 말이다. 우리나라에 "여자는 마음씨가 좋으면 서방이 열이다" 라는 속담이 있으니 경계할 만하다. 남자는 어질고 재주가 있어야 한다고 했으니 우선 인간성이 좋고 건전한 가치관을 가진 다음에 재능을 중시한다는 말이 아닌가 한다.

21-2. 오기와 하희

춘추전국시대 중국인들이 이상적으로 여겼던 여자와 남자에 대해 생각해보자. 춘추전국시대는 혼란과 분열, 침략과 정복전쟁이 지배한 살벌한 세상이었다. 이러한 세상에서는 사기와 협잡, 음모와 배신, 살인과 범죄가 흔한 일이다. 또 저잣거리의 건달이 자신이 지닌 재주와 능력을 밑천 삼아 높은 관직에 오르기도 하고, 미모가 뛰어난 여자가 이 나라 저 나라로 옮겨 다니면서 나라의 운명을 쥐고 흔드는 일 또한 흔치않게 발견할

수 있다. 전자를 대표하는 남성으로는 『오자병법(吳子兵法)』이라는 병법서를 남긴 오기(吳起)를, 후자를 대표하는 여성으로는 춘추시대 진(陳)나라의 하희(夏姬)를 들 수 있다. 오기는 전국시대에 위(衛)나라에서 태어나 벼슬을 구하려고 집안의 재산을 모두 탕진했다. 그는 자신의 행동을 비웃는 마을 사람들을 무려 30여 명이나 죽이고 달아나, 노(魯)나라와 위(魏)나라를 거쳐 초(楚)나라에 이르러 재상(宰相)에까지 올랐다. 그가 지닌 천재적인 병법과 용병술을 각 나라의 제후들이 탐냈기 때문이다. 하희는 그 미모가 뛰어나, 왕이나 제후라도 그녀를 한번 보면 반해 정신을 잃지 않는 사람이 없을 정도였다. 그러나 행실이 음탕하여 평생에 세 번이나 왕후(王后)가 되었고, 일곱 번이나 제후의 부인이 되었다. 또한 그녀는 진(陳)나라를 멸망시키고, 두 대부(大夫)가 나라를 버리고 달아나게 하였으며, 자신의 아들을 죽게 하였다. 오기와 하희의 사례는 특별한 경우였을까? 아니다. 춘추전국시대의 기록을 뒤져보면, 이와 같은 인간 부류가 그렇지 않은 사람보다 훨씬 더 많았다는 것을 어렵지 않게 알 수 있다. 재주와 능력을 지닌 남자들은 높은 벼슬과 녹봉만 주면 이 나라에서 저 나라로 옮겨 다니는 배신행위를 밥 먹듯이 했고, 미모를 갖춘 여자들은 여러 왕과 제후들을 옮겨 다니면서 음란한 행동과 잔인한 짓을 서슴지 않고 저질렀다. 춘추전국시대의 현실 상황이 이렇게 험악하다 보니, 그 혼란 상황을 구제하고자 한 사상가들은 자연스럽게 가장 이상적인 인간형을 그리게 되었을 것이다. 그래서 여자의 이상형으로는 모정렬(慕貞烈, 지조가 굳고 곧은 것을 사모), 남자의 이상형으로는 효재량(效才良, 재주가 있으면서 어진 사람됨을 추구)을 꼽은 것이다.

22 지과필개 득능막망

知過必改 得能莫忘

알 지 허물 과 반드시 필 고칠 개 얻을 득 능할 능 말 막 잊을 망

☞ 허물을 알았으면 반드시 고쳐야 하고, 깨달아 할 수 있게 된 다음에는 잊지 않아야 한다.
* 능(能)은 '재능'이란 뜻으로 여기서는 '잘 함'을 뜻한다.

22-1. 허물은 즉시 고쳐야

자기의 과실을 깨달았으면 반드시 고쳐야 할 것이고, 할 수 있는 능력을 얻었으면 잊지 말아야 한다. 이 구절은 『논어(論語)』 학이편(學而篇)에 나오는 과즉물탄개(過則勿憚改, 허물이 있다면 고치기를 꺼려하지 마라)와 자장편(子張篇)에 나오는 "자하왈 일지기소망 월무망소능 가위호학야이의(子夏曰, 日知其所亡 月無忘所能 可謂好學也已矣, 날마다 모르는 바를 알고 달마다 할 수 있게 된 바를 잊지 않는다면 가히 배우기를 좋아한다고 할 수 있다)"를 줄인 말이다. 공자의 제자 자로(子路)는 자기의 잘못을 들으면 기뻐하였다. 사람들은 남이 자기의 잘못을 지적하면 기분이 상하거나 화를 내는 것이 일반적인 반응이다. 그러나 자로는 그와 반대로 자기의 잘못을 들었을 때 오히려 기뻐하면서 고쳐 나갔으니 이런 사람이야말로 도(道)에 가까운 사람이라 할 수 있다. 또 자신의 잘못을 깨닫고 나서 고치기에 능함을 얻었으면 앞으로는 더욱 그 능함을 잃지 않도록 해야 할 것이다.

22-2. 자로와 자하

유학의 기본 경전인 사서삼경(四書三經) 중 사서의 맨 윗자리를 차지하고 있는 『논어(論語)』는, 공자 사후 그 제자들이 스승인 공자의 평소 행동과 말을 정리하여 기록해놓은 책으로, 주로 공자와 그 제자들에 관한 이야기로 이루어져 있다. 공자는 3,000여 명의 제자를 거느렸는데, 그 가운데 특히 뛰어난 제자 10인을 일컬어 공문십철(孔門十哲)이라고 한다. 이 구절은 그들 십철 중 자로(子路, 중유)와 자하(子夏, 복상)에 관련된 이야기다. 지과필개(知過必改)는 사람됨으로 이름을 얻었던 자로와 관련된 것이고, 득능막망(得能莫忘)은 시문(詩文)과 정확한 학문으로 명성을 크게 떨쳤던 자하와 관련된 것이다.

자로는 소위 '깍두기' 출신이다. 그는 가난하고 천한 집안 출신이었으나 성격이 강직하고 용맹스러웠다. 공자의 제자가 되기 전에 공자를 업신여겨 폭행하려 한 사건까지 있었으나, 훗날 공자는 자로가 제자가 되고 난 후부터 자신을 비난하는 소리를 들어보지 못했다고 했다. 왜 그랬을까? 자로 같은 '깍두기'도 가르치고 배우는 데 힘쓰면 훌륭한 선비가 될 수 있다는 것을 보여주었기 때문이다. 그래서 공자는 자로(子路)에 대해 평가하기를, "자신의 잘못을 듣는 것을 싫어하지 않고 또한 남들이 잘못을 말해주면 기뻐한다. 이것은 자신의 허물을 들으면 반드시 고치려고 노력하기 때문이다. 자로는 백성의 스승으로 삼을 만하다"고 했다. 따라서 '지과필개(知過必改)' 즉 '허물을 알면 반드시 고친다'는 말은 자로에게서 나온 것이라고 할 수 있다. 자로와 같은 유형의 사람은 대개 강직한 반면 융통성이 부족하여 옳다고 생각하면 앞뒤 돌아보지 않고 행하는 사람이다. 자로는 공자가 살아 있을 때 위(衛)나라의 대부(大夫)가 되었는데, 마침 위나라 태자 괴외와 그 아들 첩이 나라를 놓고 크게 다투는 사건이 발생했다. 그

때 자로는 몸을 피할 수 있었는데도, 자신의 신념에 따라 행동하다 목숨을 잃게 된다.

자하는 공자 사후, 서하(西河, 황하 서쪽)에서 선생 노릇을 하며 제자들을 가르치다가 위(魏)나라의 제후인 문후(文侯)의 스승이 되어 국정 자문의 역할을 했다. 그는 평소 "날마다 모르는 것을 알고자 노력하고, 달마다 할 수 있는 것을 잊지 않는다면 배움을 좋아한다고 말할 수 있다"는 철학으로 생활했다. '득능막망(得能莫忘)' 은 바로 자하의 이런 생활 철학에서 나온 것이다.

23 망담피단 미시기장

罔談彼短 靡恃己長

없을 망　말씀 담　저 피　짧을 단　　없을 미　믿을 시　몸 기　길 장

☞ 남 모자라는 점 말하지 말고 내 좋은 점 믿지 말라.
* 망(罔)은 하지 말라고 이르는 말이다.
* 시(恃)는 믿고 의지한다는 뜻이다.

23-1. 덕의 손상

남의 단점을 쉽게 말하고 나의 장점만 믿고 으스대면 덕을 손상하고 말 것이다. 곧 남을 높여 주고 스스로를 낮추라는 말이다. 군자가 되는 길은 멀리 있지 않다.

『서경(書經)』 열명(說命)편에 궐선 상궐선(厥善 喪厥善, 스스로 잘났다고 여기면 그 잘남을 잃게 된다)고 하였으니, 남의 못난 점을 따지거나 자기가 잘났다고 으스대지 말라는 말이다. 이러한 태도만 꾸준히 지키면 군자가 될 수 있다.

『문선(文選)』에 나오는 최자옥(崔子玉)은 "남의 단점을 말하지 말고 자기의 장점을 기뻐하지 말라. 남에게 물건을 주었거든 생각하지 말고 물건을 받았거든 잊지 말라"는 좌우명(座右銘)을 갖고 있었다고 한다. 사람들의 결점이란 스스로를 자랑하고 남을 흉보는 일인데, 이것만 고쳐도 도덕군자나 선비라는 말을 들을 수 있을 것이다.

23-2. 공자의 학문계보

맹자(孟子)는 공자 사후 100여 년이 지난 기원전 372년에, 공자의 고향인 노(魯)나라와 이웃한 추(鄒)나라에서 태어났다. 중국에서 춘추시대가 끝나고, 전국시대가 시작된 것이 기원전 453년이니까 공자는 춘추시대 말기에 활동한 인물이고 맹자는 전국시대 중기에 활동했던 사람이다. 이렇듯 공자와 맹자는 직접적으로 가르침과 배움을 주고받지는 않았다. 그런데도 우리들은 공자 다음 하면 맹자라고 생각한다. 사실 아주 틀린 말은 아니다. 맹자는 공자의 학문을 물려받은 적통(嫡統) 제자이기 때문이다.

맹자가 공자의 학문을 물려받는 계보를 보자. 공자의 학문은 ① 증자(曾子)와 10대 제자 즉 십철(十哲)에게로 전수된다. 증자는 비록 10대 제자에는 들지 못했지만, 공자의 손자인 ② 자사(子思)에게 공자의 학문을 전해주게 된다. 자사는 수많은 제자를 두었으나, 문하생 중 뛰어난 학문적 재능을 지닌 인물은 없었던 모양이다. 자사의 제자 가운데 현재까지 이름을 전해오는 사람이 없기 때문이다. 기록에 따르면 자사는 기원전 402년경에 사망한다. 맹자는 자사가 죽은 뒤 30여 년이 지나 태어났으므로, 자사에게서도 직접적으로 공자의 학문을 배우지 못했다. 기록에 따르면, 맹자는 자사의 제자로부터 공자의 학문을 배운 것으로 나온다. 그런데 맹자는 자사의 제자에게서 배운 공자의 학문이 성에 차지 않았던지, 스스로 공자를 사숙(私淑, 직접 배우지 않고 서적과 문헌을 통해 간접적으로 배움)하여 큰 학문적 깨달음을 얻었다고 한다. ③ 맹자를 자사이후로 끊어진 공자의 학문을 다시 이은 적통제자로 보는 이유가 바로 여기에 있다. 그래서 학자들은 유학의 정통 계보를 공자 → 증자 → 자사 → 맹자로 보는 것이다.

23-3. 맹자와 부열

'망담피단(罔談彼短)'은 바로 맹자에게서 나온 말이다. 맹자는 "남의 잘못과 단점을 말하다가 훗날 나의 잘못과 단점이 드러나면 어찌할 것인가?" 라고 말했다.

'미시기장(靡恃己長)'은 명재상 전설에 관련된 것이다. 어느 날 재상(宰相) 부열이 상/은(商/殷)나라의 제22대 임금인 무정/고종(武丁/高宗)[9]에게 말하기를 "스스로 자신을 선(善)하다고 하는 사람은 이미 그 선함을 잃은 사람이다"고 했다. 이와 같은 사람들이 있다면, 반드시 경계하고 신중하게 살펴야 한다는 말이다.

---

9) 무정 임금은 훗날 성천자(聖天子)로 불릴 만큼 나라를 잘 다스렸는데, 그것은 부열이라는 명재상(名宰相)이 있었기 때문이다.

24 신사가복 기욕난량

信使可覆 器欲難量

믿을 신 하여금 사 옳을 가 덮을 복 그릇 기 하고자할 욕 어려울 난 헤아릴 량

☞ 언약(言約)은 지킬 수 있게 하고, 도량은 헤아리기 어려울 정도가 되도록 하라.

* 사람의 신의는 반복하여 이해해야 마땅하며, 사람의 기량은 헤아리기 어려워야 한다.
* 복(覆)은 '지난 일을 거듭하다, 반복하다, 되풀이하다'의 뜻이다.
* 기량은 큰일을 해내는 사람 또는 못하는 사람을 그릇이 큰 사람 또는 작은 사람으로 표현함에서 오는 말을 인용한 것. 그릇이란 여러 가지라 가리기 어렵고 하고자 하는 양에 맞춤 역시 어렵다.

24-1. 약속과 도량

약속은 남에게 믿음을 줄 수 있도록 실천해야 하며, 사람의 기량은 측량할 수 없을 만큼 커야 한다. 무리한 약속을 남발하지 말아야 하고 해낼 수 있는 약속만 하라는 말이고, 사람의 기량은 남이 좀처럼 헤아리지 못할 정도로 크고 넓어야 한다는 것이다. 『논어(論語)』에 보면 '군자는 그릇이 아니다(군자불기, 君子不器)'라고 하였는데, 이 말은 역설적으로 도량이 넓고 큰 그릇이 되라는 말이다. 덕이 많은 사람이 되라는 말과 같다. 『후한서(後漢書)』 곽태전(郭太傳)에 '태가 말하기를, 숙도의 기량은 천 경(頃)이나 되는 물과 같아서 제아무리 맑게 하고자 해도 더 맑아지지 않고, 흐리게 하고자 해도 더 흐려지지 않을 만큼 측량하기가 어렵다'고 했다. 믿음 있는 행동을 되풀이하여 남에게 신용을 얻으며, 남이 헤아릴 수 없는 기량을 가진 자는 군자이자 참된 선비이다.

24-2. 공자의 외모를 닮은 유약

공자의 제자 중 유약(有若)[10]이라는 사람이 있다. 유약은 사람됨이 강직하고 박학다식했으며, 옛 사람들의 학문 공부를 좋아했다고 한다. 특히 그는 외모가 공자와 매우 닮았다고 한다. 사마천이 지은 역사서인 『사기(史記)』「중니제자[11] 열전(列傳)」에는, 유약과 공자의 닮은 외모 때문에 일어난 재미있는 이야기가 전해온다. 공자가 세상을 떠난 후에도 그를 존경하고 우러르는 제자들의 마음은 멈추지 않았다. 그래서 공자의 제자들은 유약의 얼굴이 스승과 닮았다고 하여, 유약을 추대하고 평소 공자를 섬기듯이 그를 대했다고 한다. 그러던 어느 날 한 제자가 유약에게 공자가 생전에 미래를 예측한 두 가지 사례를 들면서, 어떻게 공자가 그와 같이 미래를 내다볼 수 있었는지에 대해 답을 달라고 했다. 그 한 가지는 공자가 ① 달과 별자리를 보고 큰 비가 오는 것을 예측한 사례이고, 다른 한 가지는 ② 제자 중 상구(商瞿)라는 사람이 마흔이 넘도록 자식이 없어 그 부모가 걱정을 하자 공자가 마흔이 넘으면 반드시 다섯 아들을 두게 될 것이라고 했는데 실제 그렇게 되었다는 것이다. 그런데 유약은 아무런 대답도 하지 못했다. 그때 다른 한 제자가 일어나 "유자(有子, 유약을 지칭함)는 그 자리에서 물러나십시오. 그 자리는 당신이 앉아 있을 자리가 아닙니다"라고 했다고 한다. 이 이야기는 제자들이 천문(天文)과 인사(人事)를 마음대로 내다볼 수 있었던 공자의 능력을 무척 그리워했음을 알 수 있게 해준다. 그래서 유약이 외모뿐만 아니라 공자의 학문적 능력까지 닮아주기를 바랐는데, 그렇지 못하자 크게 실망한 것이다. 어쨌든 '신사가복(信

---

10) 유자(有子)로 불림. 성은 유(有), 이름은 약(若,) 자는 자유(子有). 공자보다 20세 연하. 공문 중에서 자라는 칭호를 붙인 사람은 증자(曾子), 유자, 염자(冉子), 민자(閔子)였다.

11) 중니(仲尼)는 공자의 자(字)로, 중니제자는 공자의 제자라는 뜻이다.

使可覆)'은 『논어(論語)』 학이(學而)편의 유자왈 신근어의 언가복야 공근어례 원치욕야(有子日 信近於義 言可復也 恭近於禮 遠恥辱也, 약속이 의에 가까워야 말대로 실천할 수 있고, 공손함은 예에 가까워야 치욕을 멀리할 수 있다)에서 나왔다. 올바름을 좇는 유자(유약)의 강직한 성품을 느끼게 하는 말이 아닐 수 없다. 고대 중국인들은 사람의 성품과 도량을 그릇에 비유하여 말하는 것을 즐겼다고 한다. 그릇의 크기와 용량에 비례하여 사람의 성품과 도량의 넓고 좁은 것을 비유했던 것이다. '기욕난량(器欲難量)'은 헤아리기 어려울 정도로 큰 그릇 혹은 그 쓰임이 정해져 있지 않는 그릇처럼, 사람됨과 학문 그리고 식견이 넓고도 깊어야 된다는 것을 말한 것이다.

25 묵비사염 시찬고양

墨悲絲染 詩讚羔羊

먹 묵　슬플 비　실 사　물들 염　　귀글 시　칭찬할 찬　염소 고　양 양

☞ 묵적(墨翟)은 흰 실에 물들이는 자를 보고 슬퍼했고, 시경(詩經)은 고양(羔羊, 여기서는 청백한 관리)의 순일(純一)함을 찬양했다.

25-1. 묵적(묵자): 순수한 본성 강조

묵적은 "이 하얀 실은, 파랗게 물들이면 파랗게 되고 노랗게 물들이면 노랗게 된다. 마찬가지로 사람도 선(善)에 물들면 선하게 되고, 악(惡)에 물들면 악하게 된다."고 하면서, 사람들이 악에 오염되는 것을 보며 슬퍼했다. 인간은 순수한 본성을 잘 지켜 나가야 한다는 점을 강조한 것이다. 묵자는 공자가 사망한 다음 해인 기원전 480년경에 태어나 390년경에 사망하였다. 그가 활동한 시대는 춘추시대 말기부터 전국시대 초기로, 춘추전국시대 중에서도 가장 극심한 혼란과 분열을 겪던 때라고 할 수 있다. 당시 묵자는 자신의 사상과 이론을 추종하는 제자들을 모아 묵가(墨家)라고 불리는, 정치결사체에 가까운 집단을 결성해 활동했다. 맹자가 자신의 저서에서 증언한 내용에 따르면, 묵가는 공자의 학파인 유가(儒家)를 능가할 만큼 큰 세력을 갖고 있었다 한다.

묵자(묵적)가 주창한 사상은 크게 세 가지다. 첫째, 겸애설(兼愛說, 모든 인간을 자신의 몸을 아끼듯 사랑하라)이다. 묵자는 사회의 혼란과 분열은 모두 서로 사랑하지 않기 때문에 일어나는 것이라고 했다. 둘째, 만민평등

사상(노예도 인간이다)이다. 이는 유가에서 말하는 사랑(인, 仁)과 묵자의 사랑(겸애, 兼愛)이 얼마나 다른가를 설명해주는 잣대가 된다. 공자의 인(仁)이란 '천자는 천자다워야 하고, 벼슬아치는 벼슬아치다워야 하고, 백성은 백성다워야 하는' 사랑 즉, 위 계층의 사람은 아래 계층의 사람을 자식처럼 아끼며 돌보아주고, 아래 계층의 사람은 위 계층의 사람을 부모를 섬기듯이 존경하고 복종하는 것이 진정한 사랑이라는 것이다. 그러나 묵자는 이를 차별하는 사랑이라고 반박하며, 차별하지 않는 사랑이란, '내 몸 아끼듯 두루 사람을 사랑하는 것', 즉 겸애(兼愛)라고 말한다. 공자의 인이 근본적으로 신분 차별과 계급 불평등을 인정한 사랑이라면, 묵자의 겸애는 모든 인간은 똑같다는 만민 평등의 사상을 기본으로 하고 있는 것이다. 셋째, 비공(非攻, 침략과 정복전쟁을 반대하는 반전사상(反戰思想))이다. 춘추전국시대의 제후들은 나라를 다스리는 데 부국강병과 침략·정복 전쟁을 추구하는 것만을 현명하다고 여겼다. 결국 제후들의 끝없는 탐욕 때문에 죽어나는 것은 일반 백성들뿐이었다. 이는 겸애설, 만민평등사상과 연관되어 있다.

25-2. 시경의 고양: 청백리 찬양

『시경(詩經)』에 나오는 '고양(羔羊)'이라는 시(詩)는 중국 대륙 남쪽에 위치한 여러 나라의 벼슬아치들이 주나라를 세운 무왕의 아버지인 문왕(文王)의 덕정에 감동받아 근검절약하고 공명정대하게 나라 일을 처리한 것을 찬양한 것이다. '고양'은 염소로, 고대 중국에서는 벼슬아치들이 염소의 가죽으로 옷을 만들어 의복으로 삼았기 때문에 벼슬아치를 상징하는 말이 되었다. 따라서 시(詩) '고양(羔羊)'은 청렴결백한 관리들을 찬양한 내용[12]이라 할 수 있다. 소남(召南)의 국왕이 문왕의 덕정(德政)에 감화되니 경대부(卿大夫)들은 저절로 절검(節儉)하고 정직(正直)하게 되었고, 또한 온 백성이 고양같이 온순하게 변했다고 한다. 문왕을 보면 전혀 물들지 않고 백성을 다스리니 남국 지방의 대부(大夫)가 이 교화에 힘입어 절약과 검소, 정직을 실천하게 되었다는 말이다.

12) 71의 해설내용 중 현사들에 의하여 왕업을 이룬 사례들 참조

26 경행유현 극념작성

景行惟賢 克念作聖

빛 경 다닐 행 오직 유 어질 현 이길 극 생각 념 지을 작 성인 성

☞ 큰(훌륭한) 길을 실행하면 현인이 되고, 극기를 생각하면 성인이 된다.
* 경행(景行): 훌륭한 실행, 큰 길의 실행
* 극(克): 여기서는 극기(자기의 욕망, 충동 따위를 의지로써 이겨냄)

26-1. 현인과 성인

현인(賢人)과 성인(聖人)은 제자백가(諸子百家, 춘추전국시대 중국 지식인들)가 추구한 이상적인 인간 모델이었다. 공자와 그 제자인 유가(儒家)들을 통해, 당시 지식인들이 생각한 현인과 성인에 대해 알아보자.

- 공자와 유가(儒家)들이 생각한 현인(賢人): 탕왕(湯王)을 도와 하(夏)나라를 세우는 데 일등 공신 역할을 한 이윤(伊尹), 문왕과 무왕을 도와 주(周)나라를 세운 태공망 여상(呂尙, 강태공), 춘추시대에 들어와 최초의 패자(覇者, 제후들의 우두머리)가 된 제(齊)나라 환공을 보좌한 관중(管仲), 진(秦)나라 목공을 보좌하여 패자로 만든 백리해(百里奚) 등을 꼽을 수 있다. 이들은 모두 자신들이 섬긴 군주를 잘 보좌하고 인도하여 천하를 제패하는 업적을 이루게 한 사람들이다.
- 성인(聖人)으로는 꼽히는 사람: 형인 무왕과 함께 주(周)나라를 세우고 어린 조카인 성왕을 대신하여 나라를 다스렸던 주공 단(周公 旦)이다. 공자의 언행록(言行錄)인 『논어』에 보면, 공자가 꿈속에서 주공을 만난 지가 오래되었다면서 자신이 이제 늙어 기력이 약해진 지가 오

래되었다며 한탄하는 대목이 나온다. 이 대목은 공자가 젊어서 모든 힘과 정력을 다해 주공을 배우고 실천할 때는 그 사모하고 존경하는 마음이 항상 있어서 꿈에도 잊지 않고 주공을 만날 수 있었는데, 이제 늙고 기력이 쇠약해져 주공을 따라 배우고 실천하는 것이 젊었을 때만 못하게 되자 주공이 점점 뜸하게 보이다가 아예 보이지 않게 되었다는 말로 해석할 수 있다. 주공은 공자가 가장 이상적인 인간형, 즉 성인(聖人)으로 꼽은 거의 유일한 사람이었다.

26-2. 현인과 성인의 기준

현인과 성인을 가르는 잣대는 무엇이었을까? 현인은 학문적 재주와 정치적 능력을 십분 발휘하여 자신이 섬긴 군주가 높은 뜻(대도, 大道)을 이룰 수 있도록 보좌한 인물들이다. 즉 군주가 천하를 제패하는 업적을 이루도록 자신이 할 수 있는 모든 충성과 노력을 바친 사람이다. 성인은 천하제패가 아니라 인(仁, 사랑)과 의(義, 올바름)로 세상을 다스리고 구제하고자 한 사람 즉 군주가 왕업(王業, 천하를 인과 의로 다스려 태평성대를 이룸)을 이루도록 자신이 할 수 있는 모든 충성과 노력을 바친 사람이다. 고전(古典)에서는, 현인은 '높은 산을 우러러보고 대도(大道, 높은 뜻)를 행한다'고 했고, 성인은 '자잘한 생각을 이겨내고 올바른 마음을 쌓는다'고 했다.

현인으로 칭송되거나 악인이라고 낙인찍히는 것은 그의 행위에 달려 있다. 그러므로 훌륭한 행위를 하면 현인이 되고 악한 행위를 하면 악인이 되는 것이다. 『서경(書經)』에 유성 망념작광 유광 극념작성(維聖 罔念作狂 維狂 克念作聖, 성인도 잘못된 마음을 가진다면 광인이 되고, 광인이라도 생각을 잘 하면 성인이 된다.)이라고 하였다.

27 덕건명립 형단표정

德建名立 形端表正

큰 덕 세울 건 이름 명 설 립 얼굴 형 끝 단 겉 표 바를 정

☞ 덕을 세우면 이름이 서게 되고, 차림새가 깔끔해야 겉모습이 바르게 된다(즉 덕망이 높고 품행이 단정한 사람은 이름이 남게 되고 후인들이 본받으려 한다.).

* 덕건(德建): 덕성을 갖추고 덕행을 쌓는 것.
* 명립(名立): 훌륭한 이름을 남기는 것.

27-1. 수신의 도리

유가의 법전이라 할 수 있는 예기(禮記)의 중심사상 즉 덕(德)을 갖추고 몸과 마음을 단정히 하라는 수신(修身)의 도리를 강조한 글이다. 덕을 성취하면 꽃다운 이름이 세상에 나타나는 법이니, 그것은 마치 모습이 바르면 그림자 역시 바른 이치와 같은 것이다. 덕(德)이란 알맹이를 말하고 명(名)이란 그 알맹이를 나타내는 이름이니, 속이 알차면 이름은 저절로 드러나게 마련이라는 것이 '덕건명립(德建名立)'이다. '형단표정(形端表正)'은 『예기(禮記)』의 형정즉 영필단(形正則 影必端, 겉모습이 똑바르면 그림자 또한 똑바르다)를 운율에 맞춰 다시 쓴 것이다. 또 공자(孔子)도 "표면이 바르면 어느 것인들 바르지 않겠는가?"라고 반문(反問)한 바 있다. 이렇듯 형체를 그 그림자로 알 수 있는 것과 마찬가지로, 사람은 말이나 겉모양, 일상의 행위 등에서 됨됨이를 뚜렷이 알 수 있다는 뜻이다. 공자는 "그대가 올바른 것으로 솔선수범하면 누가 감히 바르지 않겠는가?"라는 말도 하였다.

27-2. 예기

유학의 기본 경전인 사서오경(四書五經)은 사서삼경(논어, 맹자, 대학, 중용, 시경, 서경, 역경)에 『춘추』와 『예기』를 추가한 것이다. 여기서는 오경 중 고대 중국 사회를 지배한 관습법(慣習法)이라고 할 수 있는 『예기』에 대해서 알아보자. 예(禮)는 예의나 예절 혹은 도덕이나 규범 정도로 풀어쓸 수 있다. 예는 지키면 좋지만 지키지 않아도 비난을 살 뿐 특별히 이것으로 인해 사회적 생활이나 개인적 자유가 침해당하지는 않는다. 그러나 고대 중국 사회에서는 '관습법'이었기 때문에 예(관습법)를 어긴 사람은 사회적으로 매장당할 뿐 아니라 때로는 죽음에까지 이르게 된다. 예컨대, 고대 중국 사회에서는 신분과 계층에 따라 '죽음'을 표현하는 용어가 달랐다. 천자(天子)가 죽으면 붕(崩), 제후가 죽으면 홍(薨), 높은 벼슬아치가 죽으면 졸(卒), 일반 관리나 선비가 죽으면 사(死)라고 했다. 요즘에야 대통령이 서거(逝去)했다고 하든 사망했다고 하든 아니면 죽었다고 하든 상관이 없지만, 고대 중국에서 천자의 죽음을 일러 '붕'이 아니라 '사'라고 했다면 그 사람은 천자 능멸죄나 대역죄에 걸려 자신은 물론 온 집안 식구들이 몰살당했을 것이다. 따라서 고대 중국인들은 관혼상제(冠婚喪祭)에서부터 의복·식사·주거·일상생활에 이르기까지 신분과 계층에 따른 의례(儀禮)를 법(法)처럼 떠받들고 살았다. 『예기(禮記)』는 유가(儒家)들이 신분과 계층에 따라 지켜야 할 의례(儀禮)에 관한 모든 것을 망라해놓은 일종의 '관습법전(慣習法典)'이라고 생각하면 되겠다. 덕건명립 형단표정(德建名立 形端表正)은 바로 이 『예기』와 관련이 있는 내용이다. 열심히 덕(德)을 쌓다보면 저절로 큰 이름을 얻게 되니 먼저 명성을 좇지 말라는 말은 예(禮)가 추구해야 할 근본 철학이요, 몸매가 단정하면 겉모습이 바르게 된다는 말은 『예기』에 나오는 '겉모습이 똑바르면 그림자 또한 똑바르다'는 말을 다르게 표현한 것이다.

28 공곡전성 허당습청

空谷傳聲 虛堂習聽

빌 공 골 곡 전할 전 소리 성 빌 허 집 당 익힐 습 들을 청

☞ 빈 골짜기의 소리는 울림이 되어 전해지고, 빈 집에서 말하는 소리도 울려서 다 들린다.

28-1. 군자의 말

유덕군자(有德君子)의 말은 마치 빈 골짜기에 산울림이 전해지듯 멀리 퍼져 나가고, 사람의 말은 빈 집에서 해도 신(神)은 익히 들을 수가 있다. 『역경(易經)』에 이르기를 군자거기실 출기언선 즉천리지외응지 황기이자호(君子居其室 出其言善 則千里之外應之 況其邇者乎, 군자가 집안에서 하는 말이 훌륭하면 천 리 밖에서도 따르게 마련이니, 하물며 가까운 곳에서이겠는가)라고 하였으니, 군자는 누가 보고 듣는 것과 관계없이 언제나 올바른 말과 행동을 해야 된다는 말이다. 『문선(文選)』의 장화여사잠(張華女史箴)에 "그러나 말은 아무리 작게 해도 거기엔 영화와 치욕이 따른다. 아무도 없는 어두운 곳이라 해도 신령스러운 눈은 어디에서나 보고 있다. 소리가 없는 광막한 들판에서도 신은 듣는다"라는 말이 나온다. 우리나라 속담에도 '낮말은 새가 듣고 밤 말은 쥐가 듣는다'는 말이 있지 않은가!

28-2. 주역(역경)의 정치철학

공자는 자신의 사상으로 '혼란과 분열'에 빠져 있는 천하를 구하고자,

기원전 497년부터 484년까지 무려 13여 년 동안 각 나라의 제후들을 찾아다니며 설득하는 일을 했다. 물론 공자의 현실성 없는(?) 주장을 귀담아 들은 제후는 단 한 사람도 없었다. 결국 자포자기하는 심정으로 자신의 고향인 노(魯)나라에 돌아온 공자는 기원전 479년 사망할 때까지 제자들과 함께 중국 고대 3왕조인 하·은·주 시대의 기록과 문헌을 정리해 책으로 편찬하는 작업에 매달렸다. 『시경(詩經)』『서경(書經)』『역경(易經, 주역)』『춘추(春秋)』 등이 당시 작업의 결과물들이다. 특히 이들 서적 가운데, 공자가 죽음 직전까지 연구에 연구를 거듭한 것이 바로 『역경(주역)』이라고 한다. 공자가 그토록 이 책에 매달렸던 이유는, 고대 중국인이 생각한 만물의 근본원리를 담고 있는 『역경』이 연구를 하면 할수록 더욱 풍부하고 새로운 사상을 제공했기 때문이라고 한다. 요즘에는 『역경』이 왜곡되게 받아들여져 인간의 미래와 세상사를 예언하는 점술 책으로도 생각되고 있지만, 고대 중국 사회에서 이 책은 천문(天文)·지리(地理)·인사(人事) 즉 만물을 근본적으로 탐구하고 해석하는 사상서였다. 심지어 나라를 다스리는 정치의 근본 원리 역시 이곳에서 얻었다. '공곡전성 허당습청(空谷傳聲 虛堂習聽)'은 바로 『역경』을 정치철학으로 해석한 구절이다. '공곡전성(空谷傳聲)'은 세상을 다스리는 자의 말이 훌륭하면 천리 밖에서도 따르고, 그렇지 않으면 천리 밖에서도 어기게 마련이라는 뜻이다. '허당습청(虛堂習聽)'은 '빈 대청에서 말을 하면 아무도 듣지 않는다고 생각하지만 소리가 겹쳐 울려 퍼져 결국 많은 사람들이 듣게 된다'는 뜻이다. 세상과 백성을 다스리고자 하는 사람은 마땅히 올바른 말과 행동을 해야 함을 일깨워주는 것이라 하겠다.

29 화인악적 복연선경

禍因惡積 福緣善慶

재화 화 인할 인 악할 악 쌓을 적 복 복 인연 연 착할 선 경사 경

☞ 화는 악을 쌓음으로 말미암아 일어나고, 복은 착하고 경하스러운 일로 인연해서 생긴다. (선을 쌓은 집안에는 반드시 경사가 있을 것이며, 선을 쌓지 않은 집안에는 반드시 재앙이 있을 것이다.)

29-1. 화복은 선악에서

재앙과 행복은 자신이 어떻게 살았느냐에 따라 찾아오는 손님과 같은 것이다. 그래서 고대 중국인들은 '착한 일을 많이 한 집에는 반드시 경사가 찾아오고, 악한 일을 많이 한 집에는 반드시 재앙이 찾아온다'고 생각했다. 춘추전국시대 유가(儒家)들 가운데 선(善, 착한 행동)과 의(義, 올바른 행동)를 가장 강조한 사람은 맹자(孟子)이다. 맹자는 자신의 제자 중 한 사람인 공손추(公孫丑)를 가르치면서, "선과 의에 대한 사람들의 태도와 행동에 따라 재앙과 행복은 다르게 찾아온다. 재앙과 행복은 하늘이 내려주는 것이 아니라 모두 스스로 구하는 것이다. 하늘이 내리는 재앙은 도리어 피하기 쉬우나 스스로 불러들인 재앙은 피할 수 없다.[13] 선과 행복 그리고 악과 재앙은 그림자와 메아리의 관계와 같기 때문이다."라고 했다. 『주역』에도 "적선지가 필유여경 적불선지가 필유여앙(積善之家, 必有餘慶,

13) 서경(書經)에 "천작얼유가위 자작얼불가환(天作孽猶可違自作孽不可逭)"이라는 말이 나온다. 즉 천재(天災)는 피할 수 있어도 자기가 초래한 화(禍)는 피할 수 없다는 뜻이다.

積不善之家, 必有餘殃, 선을 쌓은 집에는 반드시 남은 경사(慶事)가 있고, 불선(不善)을 쌓는 집에는 반드시 남은 재앙이 있다)이라는 말이 있다. 좋은 일을 많이 하여 선행을 쌓으면 자손까지 복을 누릴 수 있고, 나쁜 일을 많이 하면 자손까지 재앙이 미친다는 것이다. 비록 선행(善行)과 악행(惡行)의 결과가 당장 나에게 돌아오지 않더라도, 대대로 나의 자손에게 복이나 재앙으로 돌아온다고 믿었던 것이다.

29-2. 맹자와 제(齊) 나라 선왕

13-3에서 소개된 바와 같이 맹자는 선과 의를 배반하여 스스로 재앙을 불러들인 역사적 사례로 하(夏)나라의 마지막 왕인 걸왕과 상/은(商/殷)나라의 마지막 왕인 주왕을 들었다. 맹자는 전국시대 중반 강국이있던 제(齊)나라의 선왕(宣王)을 만난 적이 있다. 이 자리에서 선왕은 맹자에게 걸왕을 내쫓은 상/은나라의 탕왕과 주왕을 죽인 주(周)나라의 무왕을 지목하여 신하가 자신이 섬기던 임금을 죽인 일이 옳으냐고 물었다. 탕왕은 상나라를 세우기 전에 걸왕의 신하였고, 무왕은 주나라를 세우기 전에 주왕의 신하였다. 한 나라의 군주인 선왕의 입장에서는 아무리 폭군이라 하더라도 신하가 임금을 죽인 일을 인정하기는 싫었을 것이다. 그러나 맹자에게 중요한 것은 선왕의 마음에 드는 것이 아니라 선과 의를 가르치는 것이었기 때문에 선왕의 기대와는 달리 "선(善)과 의(義)를 해친 자는 도적일 뿐이고, 도적질을 일삼는 자는 임금이 아니라 일개 사내에 불과하고, 탕왕과 무왕이 죽인 사람은 임금이 아니라 일개 사내였을 뿐이다"라고 말했다. 맹자는 선과 의를 배반한 사람은 하늘과 백성의 마음을 저버리고 스스로 재앙을 불러들인 것이므로, 비록 천자(天子)라 하더라도 마땅히 처벌해야 한다고 본 것이다.

30 척벽비보 촌음시경

尺璧非寶 寸陰是競

자 척　구슬 벽　아닐 비　보배 보　　마디 촌　그늘 음　이 시　다툴 경

☞ 한 자 되는 구슬이 귀하게 여길 보배가 아니라, 한 치의 짧은 시간을 다투어 아껴야 한다.

30-1. 진정한 보배

진정한 보배는 금은보화나 재물이 아니라, 촌음을 아껴 쓰는 것이다. 척(尺)은 자를 말하며 길이의 단위로서는 30.3cm이며 열 치(十寸)가 된다. 촌(寸)을 길이의 단위로 쓸 때는 '치'로 읽으며, 약 3.03cm이다. 척벽(尺璧)이란 한 자나 되는 진귀한 벽옥(璧玉)을 말한다. 예나 지금이나 옥이라 하면 대단히 귀하게 생각했다. 옥을 몸에 지니거나 가까이 두면 사마(邪魔)가 접근하지 못할 뿐만 아니라 건강을 지켜 준다는 믿음이 강하다. 초나라의 변화씨(卞和氏)가 목숨을 걸고 발굴한 옥돌로 만든 천하의 보물 화씨지벽은 우여곡절 끝에 조(趙)나라 혜문왕(惠文王)의 손에 들어갔다가 진(秦)나라 소양왕(昭襄王)이 이를 탐내 15개의 성(城)과 맞바꾸자고 할 정도로 천하의 진귀한 보물이었는데, 이런 보물이 한 자나 된다면 얼마나 귀한 보물인가! 그럼에도 한 자나 되는 천하의 보물이 진정한 보배가 아니라면 무엇이 진정한 보배일까? 그것은 바로 촌음시경(寸陰是競) 즉 촌음을 다투는 것이 진정한 보배라는 것이다.

촌음은 아주 짧은 시간을 말한다. 즉 한 자나 되는 아름다운 벽옥(璧玉)이 보배가 아니라 촌음이라는 극히 짧은 시간을 귀히 여겨 공부하는 것이

진정한 보배라는 말이다.

30-2. 시간의 소중함

① 『회남자(淮南子)』「원도훈(原道訓)」

夫日回而月周 時不與人游(부일회이월주 시불여인유)

故聖人不貴尺之璧而重寸之陰(고성인불귀척지벽이중촌지음)

時難得而易失也(시난득이이실야)

대저 해가 돌고 달도 돌아 시간은 사람과 같이 있으려 하지 않는다.

그러므로 성인은 한 자나 되는 벽옥은 귀히 여기지 않아도 한 치의 시간은 소중히 여긴다.

시간이란 얻기는 어려워도 잃기는 쉽기 때문이다.

② 주자의 『주문공문집(朱文公文集)』에 나오는 「권학문(勸學文)」

少年易老學難成(소년이로학난성)

一寸光陰[14]不可輕(일촌광음불가경)

未覺池塘春草夢(미각지당춘초몽)

階前梧葉已秋聲(계전오엽이추성)

소년은 늙기 쉽고 학문은 이루기 어렵나니

짧은 시간이라도 가벼이 여기지 말라.

연못가의 봄풀에 어린 꿈을 깨닫기도 전에

섬돌 앞의 오동나무 잎은 벌써 가을소리를 하는구나.

---

14) 일촌광음(一寸光陰)을 줄인 말이 촌음(寸陰)이다.

③『묘법성념처경(妙法聖念處經)』

온갖 소년(少年)도 금방 수명이 다하며, 모든 부귀도 금방 깨어질 날이 온다. 천인도 무상하고 부귀도 무상하여 잠시도 머무는 일이 없다.

④『아육왕비유경(阿育王譬喩經)』에 나오는 이야기

옛날에 한 백정이 천 마리의 소를 기르고 있어서, 하루에 한 마리씩 죽여 고기를 팔았다. 5백 마리는 이미 잡아 치웠는데, 나머지 5백 마리가 한창 날뛰고 시끄러이 장난치며 서로 받고 있는 중이었다. 때마침 세존(世尊)께서 그 지방에 왔다가 소의 이런 모양을 보고, 가엾이 여겨 여러 제자들에게 말하였다. "이 소들이 어리석어 저희 짝이 없어져 가는데도 한창 장난을 치고 있구나. 사람도 이와 같아서 하루가 지나면 인명(人命)도 그만큼 줄어들어 가나니, 세속을 떠난 깨달음을 생각하고 구하지 않을 수 없다."

시시각각 죽음으로 가고 있는데도 이를 알지 못하고 세상의 오욕락을 즐기려는 중생들의 어리석음을 일깨워 주는 경문이다. 헛되이 시간을 낭비하지 말고 촌음을 보배처럼 아끼어 어리석음을 고치는 공부를 하라는 말이다.

30-3. 촌음을 아껴 쓴 우왕

『진서(晋書)』 도간전(陶侃傳)에 "도간이 항상 남에게 말하기를, 대우(大禹, 하(夏)나라 창업주, 우임금)는 성인이면서도 촌음을 아꼈으니, 보통사람으로서는 한 푼의 짧은 시간도 마땅히 아껴야 한다."고 했다. 우임금은 햇빛이 한 치쯤 옮겨가는 것도 아낄 정도였으니 참으로 부지런히 살았다는 말이다. 우왕(禹王)은 순(舜)임금의 신하로, 왕위를 물려받아 중국 고대 최초의 왕조인 하(夏)나라를 세운 인물이다. 하나라에 들어와 중국에서는 신하가 아닌 자식에게 왕위를 물려주는 전통이 생겨나게 된다. 우왕이 순임금으로부터 왕위를 물려받을 수 있었던 것은, 그가 홍수를 다스리는 치수사업(治水事業)을 성공시켰기 때문이다. 그런데 아이러니컬하게도 우왕은 홍수를 다스리는 치수사업을 잘못했다는 죄목으로 순임금이 귀양을 보내 비참하게 최후를 맞은 곤(鯀)이라는 사람의 아들이었다. 홍수와 큰 강의 범람으로 천하가 물바다가 되자, 요임금은 곤(鯀)에게 물을 다스리는 치수의 책임을 맡긴다. 그러나 9년이 지나도록 곤(鯀)은 물을 다스리지 못했다. 요임금이 죽기 전, 요임금을 대신해 천하를 다스리게 된 순임금은 곤(鯀)에게 지수의 실패에 대한 책임을 물어 우산(羽山)이라는 곳으로 귀양을 보냈고, 곤(鯀)은 그곳에서 죽었다. 이때 순임금은 곤(鯀)의 아들인 우(禹)를 등용해 치수 사업을 완수하라는 명령을 내린다. 요임금이 죽고 왕위에 오른 순임금은 우를 사공(司空)에 임명해, 본격적인 치수에 나서도록 한다. 아버지가 치수에 실패해 귀양 가 죽은 마당에, 치수의 책임자가 된 우의 심정이 어떠했을까는 어렵지 않게 짐작해 볼 수 있다. 우는 촌음(寸陰)을 아껴가며 잠시도 쉬지 않고 오로지 치수에만 매달렸다. 그는 산과 고개에 올라 말뚝을 박고, 이것을 표식으로 삼아 높은 산과 큰 강을 측량하였다. 그는 땅에서는 수레를 타고, 물 위에서는 배를 타고, 늪에서는 특수한 썰매를 제작해 타고, 산에 오르고 높은 고개를 넘을 때는 징을 박은 나막신을 신으면서 온 세상을 돌아다녔다. 그래서 마침내 구주(九州)의 땅을 개척하고, 아홉 개의 큰 물길을 내고, 제방을 쌓아 아홉 개의 큰 호수를 수리하고 또한 아홉 개의 큰 산을 뚫어 치수에 성공했다. 이 치수사업을 성공시키기 위해서 우는 13년 동안 자신의 집에 들어가지 않았다고 한다. '촌음시경(寸陰是競)' 은 진실로 우왕에게 어울리는 말이라고 하겠다.

31 자부사군 왈엄여경

資父事君 曰嚴與敬

재물 자 아버지 부 섬길 사 임금 군 가로 왈 엄할 엄 더불 여 공경할 경

☞ 아비 섬기는 마음으로 나라를 섬기되 엄격하고 공경함으로 하라.

* 자(資)는 '바탕으로 취한다'는 뜻

31-1. 군사부 일체

이 말은『효경(孝經)』에 자어사부 이사군(資於事父 以事君而 敬同, 아비 섬기는 마음을 바탕으로 임금을 섬길 것이니 공경하는 마음은 마찬가지다)는 글귀를 다시 쓴 것이다. 또,『효경』에 군자지사친효 고충가이어군(君子之事親孝 故忠可移於君, 군자는 어버이를 효로써 섬기는데, 그 마음을 임금에게 옮기면 이것이 바로 충성이다.)이라고 하였다. 충효는 둘이 아니고 임금과 아비는 하나임을 말한다.『백호통의(白虎通義)』에 보면 '부자 사이에 있어서 아비는 법이니 법도로 자식을 가르치는 것이고, 자식은 부모가 낳아서 길러준 것이니 제 몸이 따로 있을 수 없다'고 했다. 부모를 섬기는 마음으로 임금을 섬기고, 섬길 때는 엄격하게, 공경을 다하여 섬기라는 말이다. 곧 군사부(君師父)는 일체(一體)이므로 섬기는 도리도 같다는 말이다.

31-2. 효경에 나오는 선비의 효도

『효경(孝經)』은 유학의 십삼경(十三經) 중 하나이고, 공자와 그 제자인 증자(曾子, 증삼)의 문답 가운데 효에 관한 내용을 간추려 기록한 책이다.

유학에서 십삼경 외에 다른 책을 경전(經典)이라고 부르는 경우는 없다고 생각하면 된다. 이 십삼경에는 『역경(易經, 周易)』 『시경(詩經)』 『서경(書經)』 『주례(周禮)』 『예기(禮記)』[15] 『의례(儀禮)』 『춘추좌시전(春秋左氏傳)』 『춘추공양전(春秋公羊傳)』 『춘추곡량전(春秋穀梁傳)』 『논어(論語)』 『효경(孝經)』 『이아(爾雅)』 『맹자(孟子)』 등이 들어 있다. '자부사군(資父事君)'은 증자의 『효경』 중 '선비(지식인)의 효도'에 나오는 내용이다. 『효경』은 천자(天子), 제후(諸侯), 공경대부(公卿大夫), 선비, 일반 백성의 효도를 따로 나누어 다루고 있다. 예를 들어 천자의 효도란, "진실로 존경과 사랑을 다하여 어버이를 섬기는 사람이 제왕이 되면 그 인(仁)과 덕(德)의 가르침이 백성의 마음 깊이 스며든다. 따라서 백성들은 모두 효도하게 되고 그 감동과 영향은 온 세상에 미치게 된다"고 했다. 그럼 '선비(지식인)의 효도'에 대해서는 "아버지를 섬기듯이 어머니를 섬기는데, 그 사랑하는 마음은 같아야 한다. 아버지를 섬기듯이 임금을 섬기는데, 그 공경하는 마음은 같아야 한다. 따라서 어머니에게서 그 사랑하는 마음을 얻고 임금에게서 그 공경하는 마음을 얻는 것으로, 이 두 가지 마음으로 섬기는 사람이 바로 아버지이다. 효도로써 임금을 섬기는 것은 충성이고, 공경으로써 어른을 섬기는 것은 복종이라고 한다. 충성과 복종하는 것을 잃지 않고 그 윗사람을 섬겨야 마땅히 자신의 녹봉과 지위를 보존하고 선조의 제사를 지킬 수 있으니, 이것을 선비(지식인)의 효도라고 한다."고 했다.

15) 『대학(大學)』 『중용(中庸)』은 『예기(禮記)』의 제31편과 제42편이었는데, 훗날 남송(南宋)의 성리학자들이 따로 뽑아내어 『논어(論語)』 『맹자(孟子)』와 함께 사서(四書)라고 한 것이다. 따라서 『대학』과 『중용』은 십삼경(十三經)에 넣지 않은 것이다.

32 효당갈력 충즉진명

孝當竭力 忠則盡命

효도할 효 마땅할 당 다할 갈 힘 력 충성 충 곧 즉 다할 진 목숨 명

☞ 효도는 마땅히 그 힘을 다하여야 하고, 충성은 목숨을 다해야만 한다.

32-1. 효도와 충성

효도는 마땅히 있는 힘을 다해 할 것이요, 나라에 충성하고자 하면 목숨을 바칠 각오가 되어 있어야 한다. 『논어(論語)』 학이(學而)편에 보면 자하왈 사부모 능갈기력 사군 능기치신(子夏曰 事父母 能竭其力 事君 能其致身, 자하가 말하기를, 부모를 섬기는 데는 그 힘을 다할 것이요, 임금을 섬기는 데는 그 몸이 다하도록 해야 한다)이라고 했다. 회의자(會意字)로 된 충효(忠孝)라는 두 글자를 풀이해 보면, 충(忠)은 중(中)과 심(心)으로 이루어져 있어 자기의 중심을 다 바친다는 뜻을 내포하고 있고, 효(孝)는 노(老)에 자(子)가 붙어 있어, 늙은 부모를 자식이 업어서 섬긴다는 뜻을 내포하고 있다. 효도에는 힘을 다할 것이나 충성에는 목숨을 바친다는 글귀를 보면 옛날에는 효도보다 충성을 더 중시한 듯하다

32-2. 자하의 효도관

공자에게 배운 제자만 해도 3,000여 명에 이른다. 이 3,000여 명의 제자 가운데 그 이름을 전하고 있는 사람은 대략 70여 명에 불과한데, 이들

70여 명의 제자들은 나름대로 탁월한 재주와 능력을 발휘하여 공자 사후에도 여러 방면에서 명성을 얻었다. 예를 들어 뛰어난 덕행(德行)으로 이름을 얻은 사람으로는 안연·자건·백우·중궁을 들 수 있고, 정치를 잘하여 이름을 얻은 사람으로는 자유와 자로를 꼽을 수 있다. 효도(孝道)로 명성을 얻은 사람은 증삼 외에 자건과 자고 등이 있었고, 시문(詩文)에 탁월한 능력을 발휘한 사람으로는 자유와 자하를 들 수 있겠다. 이들 가운데 자하(子夏, 복상)의 생활철학은 22-1에서 보았듯이 "매일(每日) 모르는 것을 알고자 노력하고, 매월(每月) 할 수 있는 것을 잊지 않는다면 배움을 좋아한다고 말할 수 있다"는 것이었다. '효당갈력 충즉진명(孝當竭力 忠則盡命)'은 또 다른 자하의 생활 철학을 엿볼 수 있게 해준다. 자하는 "어질고 현명한 사람을 대접하는 것을 아름다운 여인을 좋아하는 것처럼 해야 하며, 온 힘을 다해 부모님을 섬겨야 하며, 온 몸을 바쳐 임금에게 충성을 다해야 하며, 친구와 사귈 때는 반드시 자신이 한 말에 대해 믿음을 얻어야 한다"고 했다. 이것을 실천한 사람은 배움이 없더라도 지식인이라고 할 만하다는 것이 자하의 생각이었다. 이것은 『논어(論語)』 학이(學而)편에 나오는 이야기다.

33 임심이박 숙흥온청

臨深履薄 夙興溫凊

임할 림 깊을 심 밟을 리 엷을 박 이를 숙 일 흥 따뜻할 온 서늘할 청(정)

☞ (자식이 부모를 대할 때는)깊은 물가에 다다른 듯 살얼음을 밟듯이 하고, 일찍 일어나 따뜻한가 서늘한가를 살펴라.

33-1. 부모님을 모시는 자세

자식은 부모님을 대할 때 마치 심연(深淵)에 임하는 듯, 박빙(薄氷) 위를 걷는 듯 조심해야 하고, 일찍 일어나서 부모님을 따뜻하게 혹은 서늘하게 해드려야 한다는 말이다. 『예기(禮記)』 곡례(曲禮)에도 "범위인자지례, 동온이하청, 혼정이신성, 재추이부쟁(凡爲人子之禮, 冬溫而夏凊, 昏定而晨省, 在醜夷不爭, 무릇 사람의 자식 된 예는 부모를 섬김에 있어 겨울에는 따뜻하게 해드리고 여름에는 서늘하게 해드리며, 날이 어두우면 자리를 펴드리고 새벽에는 문안인사를 드리며, 동배(同輩)끼리 다투지 않는다)"이라고 했다. 이른바 혼정신성(昏定晨省)이라 함은 이를 말하는 것이다. 밤에 잘 때 부모의 침소에 가서 잠자리를 해 드린다는 뜻의 '혼정(昏定)'과 아침 일찍 부모의 침소에 가서 문안 인사를 드린다는 '신성(晨省)'이 합해져 만들어졌다. 부모님께 효도를 다하는 것을 '온정정성(溫凊定省)'이라고도 하는데, 이는 겨울에는 따뜻하게(溫) 여름에는 시원하게(凊) 해 드리고, 밤에는 이부자리를 펴고(定) 아침에는 문안을 드린다(省)는 뜻이다. 겨울에는 따뜻하게 여름에는 서늘하게 한다는 뜻의 '동온하정(冬溫夏凊)'도 같은 뜻으로 사용된다.

33-2. 증자의 효도관

'효(孝)의 사상가'인 증자(曾子)가 효 철학(孝 哲學)의 제1원칙으로 삼았던 것은 부모가 주신 신체의 어느 한 곳이라도 상하고 다치게 해서는 안 된다는 것이다. 증자는 병이 위독하여 죽음을 바로 앞두고서도, 이와 같은 자신의 '효 철학'을 지키기 위해 노력했다. 공자가 왜 그토록 증자에게 『효경(孝經)』이라는 책을 쓰도록 가르치고 격려했는지 능히 짐작케 하는 대목이 아닐 수 없다. 공자가 보기에, 증자야말로 진심에서 우러나오는 효를 실천한 제자였다. 그래서 증자는 비록 공자의 제자 중 십철(十哲, 10대 제자)에는 속하지 못했지만, 공자의 손자인 자사(子思)를 가르쳐 유학의 정통 계보를 잇는 중요한 역할을 할 수 있었던 것이다. 증자(曾子)가 임종(臨終)할 때 제자들을 불러 놓고 자신의 손과 발을 들춰 자세히 살펴보라고 한다. 혹시 자신의 신체 중 다치거나 상한 곳이 있지 않나 잘 들여다보라는 것이다. 그리고 자신은 부모가 주신 신체를 행여 훼손할까봐 『시경(詩經)』에 이른 바와 같이 "깊은 연못에 들어가듯 혹은 살얼음을 밟듯이 경계하고 조심했는데(전전긍긍 여림심연 여리박빙, 戰戰兢兢 如臨深淵 如履薄氷), 이제야 나는 내 몸을 훼손하지 않았나 하는 걱정에서 벗어나게 되었다"고 했다. 『논어(論語)』 태백(泰伯)편에 나오는 이야기다. 공자의 문하인 유가(儒家)들은 사람으로 태어나 자신의 부모에게 반드시 실천해야 할 예절 중 하나가, "겨울에는 따뜻하게 해드리고 여름에는 서늘하게 해드리며, 날이 저물면 자리를 펴드리고 새벽에는 안부를 살피며 친구들과 함께 있을 때에는 싸우지 않는 것"이라고 했다. '숙흥온청(夙興溫凊)' 은 바로 여기에서 나온 말이다. 『천자문』의 125가지 문장에서 가장 자주 등장하는 것 중의 하나가 효(孝)이다. 그 이유는, 효를 부모에 대한 정성뿐만 아니라 나라와 임금에 대한 충성(忠誠)의 시금석으로 여겼기 때문이다. 고대 중국인들은 부모에게 진심으로 효도하는 사람은 반드시 국가와 임금에게도 진심으로 충성을 바친다는 이데올로기를 갖고 있었다. 효는 한 가정의 문제가 아니라 나라 전체의 문제로 받아들였던 것이어서 고대 중국인들은 효를 나라와 백성을 다스리는 정치의 근본이라고 여겼다.

34 사난사형 여송지성

似蘭斯馨 如松之盛

같을 사 난초 난 이 사 꽃다울 형 같을 여 소나무 송 갈 지 성할 성

☞ 난초 향기와 비슷하고, 소나무가 다옥한 것과 같다. 즉 난초의 꽃다움은 마치 소나무의 성함과도 같다.

34-1. 군자의 조건; ① 지조와 절개

난초같이 꽃답다는 것은 군자의 지조(志操)를, 소나무같이 푸르러 성하다는 것은 군자의 절개(節概)를 뜻한다. 난초는 향초(香草)라 하여 향지원문야(香之遠聞也, 그 향기가 먼 곳까지 풍기다, 특별하게 좋은 향기가 있는 난초의 그 이름이 소문난다)라 했고; 눈과 바람이 치는 높은 산에 서있는 소나무가 성하다 함은 푸르르다는 뜻 즉 적설(積雪)과 혹한(酷寒)에도 독야청청(獨也青青)이라는 뜻이다. 이것은 군자의 덕행과도 같은 것으로 향지원문이 독야청청호(香之遠聞而 獨也青青乎)이다.

『효경(孝經)』에는 부효자덕지본야 교지소유생야(夫孝者德之本也 教之所由生也, 효도는 덕의 근본이니 여기에서 교육이 시작된다)라고 했다. 덕은 난초와 같이 멀리까지 향기를 풍기고, 눈 위에서도 시들지 않는 송백과 같은 무성함이 있다. 꽃은 수수하지만 그윽한 향기가 멀리까지 퍼져 나가는 난(蘭)은 예로부터 군자(君子)의 덕화(德化)에 비겨졌고, 사시사철 늘 푸른 소나무는 군자의 꿋꿋한 절개에 비겨졌다. 그러므로 효자 된 명성은 마치 향기로운 난초와 같이 멀리까지 미치고, 나라를 위한 절개는 송백(松柏)처럼 설중(雪中)에서도 독야청청(獨也青青)하다고 한다.

34-2. 군자를 비유한 동식물

효(孝)와 함께 『천자문(千字文)』에서 자주 등장하는 것 중의 하나가, 바로 군자, 현인, 성인(君子, 賢人, 聖人) 등이다. 이 말들은 모두 고대 중국인이 이상형으로 여겼던 인간 모델을 각각 다르게 표현한 것이다. 군자에 대한 사모함과 그리움이 어찌나 컸던지 군자와 비슷한 풍모와 향취를 지닌 동·식물을 가장 좋아하고 귀하게 여겼다. 아니 그 동·식물을 섬겼다고 하는 표현이 더 정확할 것 같다. 군자를 비유한 동물로는 봉황(鳳凰), 기린(麒麟), 사슴, 학(鶴)을 들 수 있겠다. 봉황과 기린(태평성대의 상징, 우주운행의 중심역할을 한 전설의 동물, 실존하는 기린과는 다름)은 현실에는 존재하지 않는 상상 속의 동물이다. 고대 중국인들은 봉황과 기린을 성인(聖人)의 출현에 때맞추어 나타나는 상서로운 짐승으로 여겼다고 한다. 사슴과 학은 그 우아하고 고고한 겉모습 때문에 예로부터 속세의 욕망과 풍속에 물들지 않는 군자의 품성을 나타내왔다. 군자를 비유한 식물은 사군자(四君子) 즉 매화, 난초, 국화, 대나무이다. 매화는 초봄 찬바람 속에서도 맑은 향기를 풍기며 꽃을 피우고, 난초는 깊은 산골짜기와 험한 바위 속에서도 홀로 은은하게 향기를 퍼뜨리고, 국화는 늦가을 찬 서리를 맞으면서도 깨끗한 꽃을 피우고, 대나무는 눈보라치는 추운 겨울에 더욱 푸르다. 매화, 난초, 국화, 대나무의 이와 같은 특징이 모두 군자의 고결한 인품과 흡사하다 하여, 이들은 군자를 상징하는 식물이 된 것이다. '사난사형 여송지성(似蘭斯馨 如松之盛)' 에서는 사군자 중의 하나인 난초와 함께 소나무를 군자에 비유했다. 보는 이 하나 없는 깊은 산골짜기에서도 홀로 향기를 내는 난초가 군자의 넓고 깊은 내면(內面)을 표현한 것이라면, 거센 바람과 눈보라에도 굴하지 않고 홀로 우뚝 서 무성함을 드러내는 소나무는 군자의 굳센 겉모습을 표현한 것이라 하겠다. 난초의 은은함과 소나무의 굳셈을 간직한 사람이라면, 설령 그가 군자가 아니라 하더라도 충분히 매력적이다.

35 천류불식 연징취영

川流不息 淵澄取映

내 천 흐를 류 아닐 불 쉴 식 못 연 맑을 징 취할 취 비칠 영

☞ 냇물은 흘러서 쉬지 않고(군자의 행지[16]), 깊은 못의 물은 맑아서 속까지 비친다(군자의 마음[17]).

35-1. 끊임없는 정진

공자(孔子)는 냇물이 쉬지 않고 흐르는 것을 볼 때마다 "물이로다." 하고 탄식했다.[18] 주야를 가리지 않고 흘러가는 냇물을 보며 인간이 저렇게 수양을 한다면 성인이 될 수가 있었을 것이라고 탄식했을 것이다. 작은 물줄기가 졸졸 흐르지만 쉬지 않고 흘러가므로 마침내 큰 강에 이르고 또 대해(大海)로 들어가는 것이다. 『논어(論語)』 자한(子罕)편에 나오는 서자여사부 불사주야(逝者如斯夫 不舍晝夜, 가는 세월이 냇물이 흐르는 것과 같구나. 밤낮을 가리지 않고 흐르니)"를 다시 쓴 말이다. 이는 어느 날 공자가 흐르는 시냇물을 보며 한 말이다. 공자는 인생도 시냇물처럼 밤낮을 가리지

16) 쉬지 않고 졸졸 흐르는 작은 냇물도 마침내 큰 강에 이르고 또 큰 바다를 이룬다. 즉 작은 뜻에서 결코 큰 뜻을 이룬다. 사람도 덕을 닦는데 게을리 하거나 좌절하지 않고 학문을 깊이 연구하면 성현의 경지에 도달 할 수 있는 것이다.

17) 못이 취한 맑은 영상은 군자의 마음과 같다. 연징취영(淵澄取影)은 맑은 물이 찬 연못에 비추어지는 영상(映像)처럼 자연스럽게 취해지는 것이다. 마치 거울 가까이 하는 물체의 형상이 거울에 비추어지듯 노력의 대가는 자연스럽게 사실 그대로 나타난다는 뜻이 된다.

18) 이를 천상지탄(川上之嘆)이라고 하며 공자가 물가에 서서 흘러가는 물을 바라보며 한번 가면 돌아오지 아니하는 만물의 변화를 탄식했다고 하는데, 군자는 흘러가는 물과 같이 끊임없이 정진해야 한다는 해석도 가능하다.

않고 흘러가므로, 더욱 부지런히 도(道)와 학문을 쌓아야 한다고 자신을 일깨운 것이다. 『주역(周易)』에 자강불식(自强不息)이라는 말이 있다. 스스로 굳세어 쉬지 않는다는 말이다. 여기서 천류불식(川流不息)이라는 말이 뜻하는 바를 유추할 수 있다. 천류불식(川流不息)은 높은 덕을 이루기 위해 끊임없이 정진하는 것이며, 천류불식과 같이 행한다면 인간은 연징취영(淵澄取映)의 상태에 도달한다. 사람이 덕을 닦는 데 게을리 하지 않고 학문을 깊이 연구하기를 쉬지 않는다면 큰 사람이 될 수 있다.

35-2. 군자의 조건; ② 품성과 학문의 끊임없는 수련

34에서는 군자의 고결한 인품과 고상한 외모를 동·식물에 비유하여 이야기하였다. 그러나 군자가 갖추어야 할 덕목은 인품과 외모만이 아니다. 고대 중국의 지식인들은 군자가 되기 위해서는 죽을 때까지 자신의 품성과 학문을 쉬지 않고 끊임없이 닦는 노력이 필수라고 여겼다. 그래서 쉬지 않고 흐르는 냇물처럼 끊임없이 자신을 닦아, 맑은 연못에 온갖 사물이 비치는 것처럼 세상 모든 일의 아름답고 더럽고 옳고 그른 것을 명명백백하게 밝혀내야 한다고 한 것이다. 군자(君子)가 되기 위해서는 자신에게 힘쓰고 자신을 경계하여 노력함을 쉬지 않아야 하며, 세상의 여론과 속세의 풍습에 아랑곳하지 않고 홀로 높고 밝게 볼 줄 알아야 한다. 그래서 군자는 길이 아니면 가지 않았고, 말이 아니면 듣지 않았으며, 뜻이 맞지 않으면 행동하지 않는다고 했다. 그들은 출세를 위해 나아가고 물러나지 않았으며, 오직 옳고 밝은 것을 찾아 나아가고, 그르고 어두운 것을 보아 물러났다. '연징취영(淵澄取映)' 은 군자의 이와 같은 면모를 보여주는 것이다.

36 용지약사 언사안정

容止若思 言辭安定

얼굴 용　그칠 지　같을 약　생각 사　　말씀 언　말씀 사　편안 안　정할 정

☞ 매무새와 몸가짐을 마치 (조용히) 생각하는 것과 같이 (침착하게) 하고, 말의 씀씀이는 (쓸데없는 말을 삼가 하여) 안정되게 하라.

* 용지(容止)는 몸가짐, 약사(若思)는 주의 깊게 생각한다는 뜻이다.

36-1. 군자의 조건; ③ 신중한 행보와 안정된 언사

진퇴거동(進退擧動)에 있어 항상 과실(過失)이 없기를 생각하고, 언사(言辭)는 완급(緩急)을 잘 살펴서 분명히 해야 한다. 『귀곡자(鬼谷子)』 권(權) 편에서는 다음과 같이 지적했다. "왈병 왈원 왈우 왈노 왈희(曰病 曰怨 曰憂 曰努 曰喜)"라 하여 불건전한 말, 원망하는 말, 근심스러운 말, 화를 내는 말, 기뻐하는 말 등 다섯 항을 하지 말 것을 훈계했다. 군자(君子)가 되려면 인품, 외모, 인격 도야와 학문에의 부단한 정진 외에 옷매무새와 몸가짐, 말투 역시 군자답게 행동해야 했다. 일상생활 전체에 걸친다. '군자되기'를 학문과 삶의 목표로 삼았던 사람들(공자와 그 제자들: 유가/儒家)의 사상을 총망라하여 집대성해 놓은 『예기(禮記)』의 첫 장에서 가장 먼저 나오는 구절이 '용지약사 언사안정(容止若思 言辭安定)'과 매우 깊은 관련이 있는 내용이다.

36-2. 군자를 향한 유가의 행동강령

첫 번째: 나 자신과 모든 사물을 공경하고, 행동은 엄숙하여 무언가를 생각하는 듯이 하며, 말은 안정되고 일정하게 한다. 그러면 모든 사람들이 편안해 한다.

두 번째: 오만한 마음을 기르면 안 되며, 욕심을 제멋대로 키워서도 안 된다. 하고 싶은 대로 해서 만족을 얻으려 하면 안 되고, 만족을 느낄 만큼 즐거움을 추구해서도 안 된다.

세 번째: 가까우면서도 공경하고 어려워하며, 사랑하면서도 나쁜 행동을 볼 수 있어야 하고, 미워하면서도 착한 행동을 볼 수 있어야 한다. 쌓아 두면서도 나누는 것을 알고, 편안한 곳에서는 편안함을 즐기지만 또한 떠나야 할 때는 마땅히 떠날줄 알아야 한다.

네 번째: 재물을 대할 때는 구차하게 얻고자 하지 말고, 어려움에 처할 때는 구차하게 피하려 하지 말며, 싸움이 벌어지면 이기고자 하지 말고, 물건을 나눌 때는 많이 가지려 하지 않는다.

다섯 번째: 의심나면 홀로 바로 결정하지 않으며, 자신의 의견을 굳게 간직할 뿐 그 의견을 고집하지 않는다.

37 독초성미 신종의령

篤初誠美 愼終宜令

도타울 독 처음 초 정성 성 아름다울 미 삼가할 신 마지막 종 마땅 의 하여금 령

☞ 무엇이든 처음에 성실하고 신중히 하여야하며, 끝맺음도 좋아야 한다.

* 령(令)은 여기서는 좋다는 뜻으로 사용되었다.

37-1. 신시경종(愼始敬終)

시초를 돈독하게 함은 참으로 아름다운 일이나, 결말을 온전히 마무리 하도록 마땅히 경계해야 한다. 자기 일을 잘하는 사람은 무슨 일에서나 시종(始終)을 온전히 할 것이다. 이런 사람이 유덕(有德)한 선비요 지혜로운 사람이라 할 것이다. 그러나 사람의 일이란 시작은 있어도 끝이 없는 경우가 매우 많다. 끝맺음 삼가기를 시작할 때처럼 하라는 선인의 가르침이 있다.

37-2. 주나라 여왕(厲王)의 실정

무왕이 세운 주(周)나라는 제2대 성왕과 제3대 강왕 때 태평성대를 누린 후, 제4대 소왕 이후부터 정치는 혼란하고 나라는 쇠약해졌다. 이와 같은 상황은 제10대 천자(天子)인 여왕(厲王)이 즉위하면서 돌이킬 수 없는 지경에까지 이르게 된다. 여왕은 임금 자리에 있는 30년 동안 재물을 탐하고 간신들을 가까이 두어 나라를 어지럽게 하고 백성들을 못 살게 괴

롭혔다. 특히 여왕은 영이공(榮夷公)이라는 탐욕스런 신하를 총애했다. 여왕은 신하들이 자신과 영이공의 포악하고 탐욕스런 행동을 중단할 것을 간청하고 백성들의 원망이 높아지자, 제후국인 위(衛)나라에서 첩자들을 데려와 신하와 백성들을 감시하고 불평불만을 하는 사람들을 가두고 처벌했다. 이렇게 되자 신하들과 백성들은 겁에 질려 입을 다물었고, 제후들은 더 이상 주나라 조정을 찾아오거나 조공(朝貢)을 바치지 않게 되었다. 그런데도 여왕은 더욱 기고만장해져 포악한 정치를 멈추지 않았다. 이 상황을 보다 못해 소공(召公)이라는 충신이, 신하와 백성의 입을 막는 것은 물길을 막는 것과 같아, 일단 둑이 터지면 걷잡을 수 없게 되므로 그 입을 열어주어야 한다는 충언을 하였으나, 여왕은 이 충언을 철저하게 무시해 버렸다. 그때부터 3년이 지난 후, 마침내 모든 신하들과 백성들이 한마음 한 뜻으로 궐기하여 여왕에게 반란을 일으켰다. 당시 여왕은 난리를 피해 체(彘)라는 지방으로 도망쳤다. 천자가 사라져버린 주나라는 혼란과 분열을 거듭했고, 결국 제후들 중 소공(召公)과 주공(周公)이 천자를 대신하여 나라를 다스리게 되었으니, 이를 중국사에서는 '공화행정'(共和行政, 평화를 위하여 임시로 천자를 대신하여 정치를 했다는 뜻)이라고 부른다. 공화행정을 한 지 14년째 되는 해, 여왕은 마침내 망명지에서 숨을 거두고 여왕이 죽자 주나라는 비로소 새로운 천자를 세우게 되었고, 이때 왕이 된 사람은 여왕의 태자인 희정(姬靜, 주나라 제11대 임금, 선왕(宣王))이다. 선왕의 즉위와 함께 주나라는 잠시 부흥기를 맞았으나, 이미 왕실의 권위와 제후들에 대한 영향력은 실추될 대로 실추된 뒤였다. 여왕의 사건은 주나라가 유목민족의 침략을 피해 동쪽인 낙읍(洛邑)으로 도읍지를 옮기고, 제후들의 세상이 된 춘추시대가 시작되는 때보다 정확히 70년 전 (기원전 840년경)사건이다. 여왕의 사건은 70년 후에 일어날 주나라의 동천(東遷)과 춘추시대를 예고하는 사건이었던 셈이다. '독초성미 신종의령(篤初誠美 愼終宜令)'은 바로 이 여왕 같은 사람을 경계하는 말이다. 『시경(詩經)』 대아(大雅)편에 실려 있는 「탕(蕩)」이라는 시(詩)는, 어떤 시인이 여왕이 포악무도한 정치로 말미암아 장차 망할 것이라는 것을 알고 지은 것이다. 이 시에서, "미불유초 선극유종(靡不有初 鮮克有終, 처음은 잘못이 없었지만, 끝까지 잘하는 자는 드물다)"이라고 했다. 주나라를 세운 초기 무왕과 성왕, 강왕의 왕업(王業)이 지속되지 못하고 그 후손인 여왕에 와서 무너지는 것을 한탄한 것이다. 「탕」이라는 시의 구절은 비단 왕조의 흥망사(興亡史)일 뿐만 아니라 조직 혹은 개인의 흥망에 대한 이야기이기도 하다. 따라서 처음을 돈독히 하는 것이 무엇보다 중요한 일이다.

38 영업소기 자심무경

榮業所基 籍甚無竟

영화 영 업 업 바 소 터 기 깔 자 심할 심 없을 무 마칠 경

☞ 영광된 사업에는 기인하는 바가 있게 마련이고, 세상에 떠들썩하게 펴져(명성이 자자해져, 좋은 명예가) 끝이 없게 된다.

* 37과 같이 하는 것(篤初誠美 愼終宜令)이 번성하는 기본이 된다는 뜻

38-1. 성공의 조건: 근신(33), 끈기(35), 신중한 행보와 안정된 언사(36), 신시경종(37)

영광스런 사업을 성취하는 일은 어렵고도 험한 길을 거쳐야 이룰 수 있다. 그리고 성취에는 기인하는 바가 있게 마련이며, 그래야만 명성이 널리 퍼져 후세에까지 그칠 줄을 모르는 것이다. 모든 언행을 삼가고 구차함이 없이 지성으로 일관하여 시종 착하고 아름답게 하는 것이 영달의 기인인 것이다. 이러한 기인이 있으면 출세는 저절로 이루어진다. 또 그런 사람이라야 후세에 이르기까지 굳건히 영광스런 사업을 지켜 갈 것이다. 33의 임심이박(臨深履薄)하는 근신(謹愼)과 35의 천류불식(川流不息)하는 끈기와, 36의 사려 깊은 행동과 안정된 언사, 그리고 37에서와 같이 모든 일의 처음과 끝을 성신(誠信)하게 하면 그 사람은 '자심무경(籍甚無竟)'즉 명성이 자자하게 된다는 것이다.

영업소기(榮業所基, 영광과 공적을 쌓은 일의 기초)는 31의 자부사군 왈엄여경(資父事君 日嚴與敬)부터 37의 독초성미 신종의령(篤初誠美 愼終宜令)까지를 말한다. 이처럼 열심히 노력하고 자신을 닦는 것이 공적을 쌓는 길

이다. 자심무경(籍甚無竟)은 27에 나오는 덕건명립(德建名立, 덕이 세워지면 이름이 서게 된다)과 관련이 있다. 덕이 세워지면 이름이 서게 되듯이, 『천자문(千字文)』의 가르침대로 열심히 노력하고 자신을 닦는다면 명성을 얻는 것은 물론 그 명성은 끝이 없을 것이라는 내용이다. 결국 부모에게 효도(孝道)하고 임금에게 충성(忠誠)하며 군자의 도(道)를 실천하면, 가만히 앉아 있어도 명성이 널리 퍼져 영원히 남을 것이라는 말이다.

39 학우등사 섭직종정

學優登仕 攝職從政

배울 학 넉넉할 우 오를 등 벼슬 사 잡을 섭 직분 직 좇을 종 정사 정

☞ 배우면서도 여력이 있으면 벼슬에 오를 수 있고, 직분을 맡아 정사(를 좇으니, 국가정사)에 참여한다.

* 우(優)는 여유(여력)가 있음을 뜻함.

39-1. 학문과 벼슬

배우고 여유가 있으면 벼슬길에 올라, 직책을 갖고 정치에 종사할 수 있다. 『논어(論語)』 자장(子張)편에 보면 자하왈 사이우즉학 학이우즉사(子夏曰 仕而優則學 學而優則仕/자하가 말하기를, 벼슬을 하면서도 여유가 있으면 학문을 할 수 있고, 학문을 하면서도 여유가 있으면 벼슬을 할 수 있다)라는 말이 있다. 그러나 아무리 잘 배워서 실력이 뛰어나다 하더라도 덕행이 따르지 않으면 아니 된다. 덕이 없으면 사리사욕을 채우는 데 재주를 쓰기 때문에 우리 사회에 보탬이 되지 않는다. 재주 많고 많이 배운 사람이 못된 짓을 하고 벌을 받는 경우가 얼마나 많은가! 『논어(論語)』 옹야(雍也)편에서 "유(由)는 너무 과단성이 있구나! 그러고서 정치를 하면 무슨 소용이 있겠느냐."고 했다. 유(由)라는 제자가 성질이 급하기만 할 뿐 덕이 결핍됨을 지적한 말이다. 유는 나중에 성질이 급하고 덕이 없어서 비극적인 최후를 맞이하게 된다. 또한 사람이 배운 바가 없거나 무능한데도 중책을 맡으면 일은 일대로 망치고 그 사람도 상하게 된다.

39-2. 자하와 자유

공자의 제자들 중 시문(詩文)과 정확한 학문으로 이름을 얻은 사람으로는 자유(子游)와 자하(子夏)를 들 수 있고, 정치적 능력을 발휘한 인물로는 자유(子有)와 자로(子路)를 꼽을 수 있다. 자하(子夏)는 학문에 뛰어난 재주를 지니고 있는 사람답게, "배우면서 남은 힘이 있다면 벼슬에 나가고, 벼슬을 하면서도 남은 힘이 있다면 배운다"고 했다. 따라서 학우등사(學優登仕)라는 말은 자하에게서 비롯된 것이라고 할 수 있겠다. 공자 생존 당시 노(魯)나라는 계손씨·숙손씨·맹손씨의 소위 '삼환씨(三桓氏, 노나라 제16대 제후인 환공의 후손들 중 세 가문)'가 권력을 독점하고 전횡하였다. 그 중 세력이 가장 큰 가문은 계손씨(季孫氏)였다. 이 계손씨 가문의 실권자인 계강자(季康子)가 어느 날 공자에게 제자들 중 자로·자공·자유(子路·子貢·子有)의 정치적 능력과 수완에 대해 물었다. 아마도 공자의 제자 가운데 자신의 가신(家臣)을 뽑으려고 했던 듯하다. 계강자는 먼저 자로에 대해 물었다. 공자는 "자로는 결단성이 있다"고 하며 정치에 종사할 수 있다고 했다. 다음으로 계강자는 자공에 대해 물었다. 공자는 "자공은 모든 사물의 이치에 통달하고 있다"면서 역시 정치에 종사할 수 있다고 했다. 계강자는 마지막으로 자유에 대해 물었다. 공자는 "자유는 재주와 능력이 뛰어나다"고 하며 마땅히 정치에 종사할 수 있다고 했다. 제자들의 특징과 장점을 꿰뚫고 이를 충분히 살려주는 교육을 했던 공자의 철학을 엿볼 수 있는 대목이다. 이들 세 제자 중 계씨 가문의 가신이 된 사람은 자유였다. 그는 계씨의 가신이 된 후, 그 가문의 일을 처리하고 와서는 공자에게 가르침을 받았다고 한다. 공자가 항상 "너무 뒤로 물러나기만 하지 말고 앞으로 좀 나가 보라"고 할 정도로 워낙 겸손한 성품을 가지고 있었다고 한다. 자하가 "배우면서 남은 힘이 있다면 벼슬에 오른다"는 말을 몸소 실천한 사람이라면(그는 공자 사후 황하 서쪽 지방에서 선생 노릇을 하면서 위(魏) 나라 문후(文侯)에게 국정 자문을 했음), 자유는 "벼슬을 하면서도 남은 힘이 있다면 배운다"는 말을 몸소 실천한 인물이라고 하겠다. 공자의 언행록인 『논어』「자장」편과「옹야」편에 나오는 이야기다.

40 존이감당 거이익영

存以甘棠 去而益詠

있을 존 써 이 달 감 아가위 당 갈 거 말이을 이 더할 익 읊을 영

☞ 생전에는 감당수를 보존하여, 떠난 뒤에는 시를 지어 더욱 기렸다.

40-1. 주나라 소공의 덕을 기림

주나라 소공이 남국의 아가위나무[19] 아래서 백성을 교화 하였고, 소공이 죽은 후 남국의 백성이 그의 덕을 추모하여 감당시(甘棠詩)를 읊었다. 영(詠)은 길게 노래한다는 뜻이다.

이 문장은 『시경(詩經)』 감당(甘棠)편을 다시 쓴 것이다. 주(周)나라 소공 석(召公, 奭)이 남순(南巡)할 때 민폐(民弊)를 염려한 나머지 감당수(甘棠樹) 아래 머물며 백성들 아픈 곳을 잘 어루만져 주었으니, 그가 죽은 다음 백성들이 감당편(甘棠篇)이라는 추모시를 지어 덕을 기렸다. 백성들은 그가 살아 있을 때는 감당수(甘棠樹)를 보존하여 기념하였고, 그가 세상을 떠난 후에는 그의 선정(善政)을 찬미하여 시(詩)로 더욱 읊었다. 소공 석은 학문이 뛰어나 벼슬길에 오르고 높은 덕을 지녀서 빛나는 이름을 영원히 남기게 되었다.

---

19) 감당나무를 말하며 요즘에는 산사나무라고 한다.

40-2. 주나라 건국 3대 공신

무왕(武王)을 도와 은/상(殷/商)나라 주왕(紂王)을 주살하고 주(周)나라를 세우는 데 큰 역할을 한 3대 공신이 있다. 태공망 여상(呂尙, 강태공), 주공 단(周公, 旦), 소공 석(召公, 奭)이 그들이다. 이들은 뛰어난 정치적 수완과 능력을 지녔음은 물론 인(仁)과 덕(德)으로 백성들을 다스린 인물로 기록되어 있다. 소공 석은 산동 반도 등 중국 대륙의 동쪽을 정복하여 주나라의 기초를 닦았으며, 제2대 성왕(成王)이 어린 나이에 왕위에 오르자 주공 단과 함께 충성을 다해 보좌했다. 또한 그는 주나라의 동쪽 도읍지인 낙읍(洛邑) 건설을 실질적으로 지휘한 인물이기도 하다. '존이감당 거이익영(存以甘棠 去而益詠)'은 바로 소공 석에 관한 이야기다. 이 문장은 고사 성어인 '감당지애(甘棠之愛, 백성을 아끼는 벼슬아치를 사모하는 간절한 정)'와 관련이 있는 이야기이기도 하다. 소공 석이 중국 대륙의 남쪽 제후국들을 찾아 주나라의 정책을 펴고 다니면서 잠깐 감당수(甘棠樹, 팥배나무) 아래 머무르며, 백성들에게 선정(善政)과 덕행(德行)을 베풀었다. 당시 소공 석이 다스린 곳은 위로는 제후로부터 아래로는 일반 백성에 이르기까지 각각 그 삶의 터전을 얻어 놀거나 굶주린 자가 하나도 없었다고 한다. 그후 소공 석이 떠나자, 남쪽 여러 제후국의 백성들이 그의 덕을 사모하여 '감당(甘棠)'이라는 시를 지어 노래했다고 하며, 현재까지 『시경(詩經)』에 남겨져 전해오고 있다.

감당(甘棠): 팥배나무

蔽芾**甘棠** 勿翦勿伐 召伯所茇	무성한 감당나무를 자르거나 치지 마라. 소공께서 머무시던 곳이다.
蔽芾**甘棠** 勿翦勿敗 召伯所憩	무성한 감당나무를 자르거나 꺾지 마라. 소공께서 쉬시던 곳이다.
蔽芾**甘棠** 勿翦勿拜 召伯所說	무성한 감당나무를 자르거나 휘지 마라. 소공께서 휴식 취하시던 곳이다.

41 악수귀천 예별존비

樂殊貴賤 禮別尊卑

풍류 악 다를 수 귀할 귀 천할 천 예도 례 다를 별 높을 존 낮을 비

☞ 음악은 귀천에 따라 (수준을) 달리하고, 예절도 존비에 따라 엄격히 구분했다.

41-1. 신분에 따른 질서

풍류도 귀천에 따라 정도를 달리했고, 예의도 역시 높고 낮음을 구별하도록 했다. 옛날에는 나라의 질서를 세우는 데 귀천의 구별을 엄히 했고, 심지어 음악이나 묘(廟)에까지도 제도가 분명하였다. 신분과 질서를 엄하게 하는 것이 봉건제도의 특징인 것이다. 우리나라 문묘제례악이나 종묘제례악에 팔일무가 있었다. 팔일(八佾)은 무악으로 행하여졌는데 황제의 궁에서만 거행될 수 있었다. 일무(佾舞)이란 가로줄과 세로줄의 인원이 같은 춤을 말한다. 따라서 천자의 경우 8일이므로 팔렬 팔행이 나오고 64명이 춤을 추는 것이다. 천자는 8일, 제후는 6일, 대부는 4일, 선비는 2일로 되어 있었다. 조선왕조의 경우 문묘(文廟, 문선왕묘로 문선왕은 바로 공자를 나타낸다) 및 종묘의 제의에서 행하여졌는데 황제일 때는 팔일이지만 왕일 때에는 육일의 무(舞)가 쓰이는데, 이조(李朝)의 경우 거의 모두 왕이라고 칭했기 때문에 6일이 행해졌다. 그러나 이태왕(李太王)이 한국 황제라고 칭했을 때는 8일(八佾)을 했지만 이내 6일로 돌아왔다. 그때가 고종황제 때의 일이다. 이렇듯 악(樂)도 귀천에 따라 달리했다. 묘제는 더 심했다.

41-2. 고대 중국사회 지배계급의 신분차이

고대 중국 사회의 계층은 귀족과 사농공상(士農工商)으로 이루어져 있었다. 또 계층별 신분의 높고 낮은 순서를 따져보면, 천자/왕(天子/王) → 제후(諸侯) → 대부(大夫, 고관대작) → 사(士, 일반 관리, 선비) → 농민(農民) → 상공인(商工人) → 노예(奴隷)로 태어날 때부터 그 귀하고 천함이 정해져 있었다. 여기에서는 고대 중국 사회의 지배계급을 구성하고 있던 천자, 제후, 대부 간의 신분 차이에 대해 살펴보자. 천자와 제후의 신분 차이에 따라 소유하는 영토와 군사력의 범위가 크게 달랐고, 제후는 매년 천자(天子)를 알현하고 조공을 바쳐야 했다. 천자로부터 제후국을 분봉 받아 각각 독립적으로 나라를 다스렸던 제후들은 공작, 후작, 백작, 자작, 남작(公爵, 侯爵, 伯爵, 子爵, 男爵)의 다섯 등급으로 나누어졌다. 대부는 각 나라의 제후들로부터 벼슬과 식읍(食邑)을 받은 대가로 제후들을 섬기고 보좌했다. 이들 역시 제후들이 천자로부터 분봉 받은 제후국에 대해 독립적인 권력을 갖고 있었던 것처럼, 제후들로부터 분봉 받은 식읍에 대해서는 독립적인 통치를 행하고 또 사병(私兵)들을 보유하고 있었다. 천자와 제후, 대부는 각종 의례와 일상생활에서도 엄격한 차별을 두었다. 주(周)나라의 천자는 하늘과 땅에 제사를 지낼 수 있었으나, 제후는 자신이 다스리는 제후국의 영토 내에 있는 산천에만 제사를 지낼 수 있었다. 또 천자가 죽으면 7일상을 치르고 7개월 후에 묘에 묻었으나, 제후는 5일상에 5개월 후에 안장할 수 있었다. 또 각종 의례와 행사에서 천자는 8줄에 8명씩 총 64명의 무용수가 8일무(八佾舞)를 출 수 있었으나, 제후는 6줄에 6명씩 총 36명의 무용수가 추는 6일무만 시행할 수 있었다. 대부는 4줄에 4명씩 총 16명의 무용수가 추는 4일무, 사(士)는 2줄에 2명씩 총 4명의 무용수가 추는 2일무만 시행할 수 있었다. '음악은 신분의 높고 낮음에 따라 다르다'는 말은, 바로 이를 밝힌 것이다. 분봉제후제가 제대로 운영되었던 주(周)나라 초기에는 천자와 제후 그리고 대부의 등급과 신분에 따른 각종 규제와 제도들이 잘 지켜졌다. 그러나 주나라 동쪽의 낙읍(洛邑, 지금의 낙양)으로 도읍지를 옮기면서 시작된 춘추시대 이후에는, 제후국들 간의 침략과 정복 전쟁으로 천자와 제후국 간의 엄격한 신분 구별이나 영토와 군사력의 소유가 뒤죽박죽되어 버렸다. 예를 들어 남쪽의 초(楚)나라는 주나라의 천자로부터 고작 자작(子爵)의 작위를 받았을 뿐이었으나, 기원전 741년 즉위한 무왕(武王) 때부터 천자만이 사용할 수 있던 왕(王)이라는 호칭을 아무 거리낌 없이 사용했다. 대부들 역시 각자 독립적인 세력으로 크게 성장하여 자신들이 섬기던 제후들보다 더 큰 권력과 영향력을 행사하며 나라를 쥐고 흔들었다. 공자가 생존할 당시 노(魯)나라의 권력을 한 손에 장악하고 있었던 계손씨(季孫氏)가 좋은 사례다. '예별존비(禮別尊卑)'라는 말은 삼강오륜(三綱五倫) 중 오륜을 떠올리면 된다. 군신, 부자, 부부, 장유, 붕우(君臣, 夫子, 夫婦, 長幼, 朋友) 간에도 모두 윗사람과 아랫사람을 나누어 구별한 고대 중국 사회의 예법(禮法)이었다.

42 상화하목 부창부수

上和下睦 夫唱婦隨

위 상 화할 화 아래 하 화목할 목 지아비 부 부를 창 며느리 부 따를 수

☞ 위에서 온화해야 아래에서 화목하고, 지아비가 부르면 지어미는 따른다.

42-1. 상하관계와 부부관계

위에 있는 자가 사랑하여 가르쳐 주는 것을 화(和)라 하고, 아래에 있는 자가 공손하여 예를 다하는 것을 목(睦)이라 한다. 위에 있는 사람이 온화하게, 눈길을 부드럽게 하여 아랫사람을 대하면 아랫사람은 자연히 화목하게 되고 또한 윗사람을 공경하게 된다. 부부의 관계도 마찬가지이다. 남편이 의로써 선도하면 아내는 유순한 태도로 따르기 마련이다.

42-2. 인(사랑)을 통한 혼란과 분열의 치유

공자가 생존한 춘추시대 말기는 '혼란과 전쟁'의 소용돌이 한 복판에 위치해 있던 때였다. 주(周)나라의 천자와 다른 제후국들의 혼란 상황은 둘째 치고라도, 공자의 고향인 노(魯)나라에서조차 대부인 계손씨(季孫氏)가 제후를 대신하여 권력을 독점하고 전횡하는 형편이었다. 공자는 바로 이 '혼란과 도탄'에 빠져 있는 세상을 구하고자 자신의 학문을 일으켜 세웠던 것이다. 그는 천하를 구제하겠다는 자신의 정치적 이상을 실현하기 위해 무려 13년 동안이나 풍찬노숙(風餐露宿)하며 각국의 제후들을 찾아다

녔다. 물론 공자의 이상은 제후들에게 받아들여지지 않았고, 공자는 '상갓집 개' 혹은 '되지도 않는 일만 하고 다니는 이상한 사람'이라는 불명예스런(?) 별명만을 얻었다. 그렇다면 공자는 어떻게 세상을 구하고, 천하를 다스리고자 했던 것일까? 공자는 천하가 '혼란과 분열'을 거듭하고 있는 이유는 천자가 천자답지 못하고, 제후가 제후답지 못하고, 대부가 대부답지 못하며, 백성이 백성답지 못하기 때문이라고 생각했다. 즉, 천자가 할 수 있는 일을 제후들이 하고, 제후들이 할 수 있는 일을 대부들이 하며 또한 천자가 해야 할 일을 하지 않고, 제후들이 해야 할 일을 하지 않으며, 대부들이 해야 할 일을 하지 않기 때문에 천하가 혼란에 빠졌다고 본 것이다. 공자는 이와 같은 세상을 구하고 천하를 다스릴 수 있는 근본은 인(仁)뿐이라고 주장했다. 공자가 주장한 인(仁)은 '사랑'이다. 그 사랑은 천자는 천자다운 사랑을, 제후는 제후다운 사랑을, 대부는 대부다운 사랑을, 백성은 백성다운 사랑을 하는 것을 말한다. 그 신분의 순서에 따라 윗사람은 아랫사람을 자식처럼 아끼며 보호해주고, 아랫사람은 윗사람을 부모를 섬기듯 존경하고 복종하면 천하는 '혼란과 분열'에서 벗어날 수 있고, 세상은 잘 다스려져 태평성대를 누릴 수 있다는 것이다. '상하화목(上和下睦)'은 공자의 이러한 '사랑(仁)'과 관계가 있는 말이다. '부창부수(夫唱婦隨)'는 오륜 중 남편과 아내의 순서를 정한 것으로, 예로부터 유가(儒家)에서는 '시집가기 전에는 아버지를 따르고, 시집가서는 남편을 따르며, 남편이 죽고 난 후에는 아들을 따른다'고 했다. 가정에서부터 남성을 중심으로 한 권력 질서가 철저하게 세워져 있었던 것이다.

43 외수부훈 입봉모의

外受傅訓 入奉母儀

바깥 외 받을 수 스승 부 가르칠 훈 들 입 받들 봉 어미 모 거동 의

☞ 밖에 나가서는 스승의 가르침을 받고, 들어와서는 어미(가정)의 거동을 받든다.

43-1. 스승과 어머니의 가르침

자식은 성장하면 밖에서는 스승의 가르침을 받고, 집에 돌아와서는 어머니의 거동을 본받는다. 『후한서』 곽황후기(郭皇后記)에 보면 "광무(光武)의 이름은 성통(聖通)으로서 공왕의 딸과 혼인을 했는데, 그 여자를 곽주(郭主)라고 칭하였고 후일에 황후(皇后)가 되었으며 아들 황(況)을 낳았다. 곽주는 비록 왕가의 딸이나 예를 좋아하여 절약하고 검소하니 어머니로서 본받을 만한 덕이 있었다"라고 했다.

43-2. 남녀의 연령대별 임무

『예기(禮記)』는 고대 유가(儒家)들의 사상과 학설을 집대성해놓은 백과사전이었다. 이 책에 보면, 나이에 따라 남자와 여자가 해야 할 일을 자세하게 정해놓고 있다.

- 남자는 10세가 되면 밖으로 내보내 스승을 만나 기거하면서 글과 학문을 배운다. 13세가 되면 음악을 배우고 시와 노래를 읊고 주공 단이 만들었다고 전하는 춤을 배우게 된다. 15세가 되면 창과 방패를

들고 추는 상무(象舞)를 배우고 활쏘기와 말 다루는 방법을 배운다. 20세가 되면 성년식을 치른 후 비로소 예(禮)에 대해 배우며, 갖옷(짐승가죽으로 만든 옷)과 비단옷을 입을 수 있다. 폭넓게 배우고 식견을 넓히되 제자를 두지 않으며, 자신의 지식과 학문을 밖으로 드러내 자랑하지 않는다. 30세가 되면 아내를 맞아 가정을 다스리고, 폭넓게 배우고 식견을 넓히되 특별히 스승을 정하지 않으며, 친구와는 우애 있게 지내되 그가 뜻을 두고 있는 것이 무엇인가를 살핀다. 40세가 되면 비로소 벼슬길에 나아가는데, 모든 사물에 대해 계획과 대책을 제시하고 자신이 생각하는 것을 주장한다. 단 자신이 추구하는 목표가 임금의 뜻과 일치하면 복종하고 그렇지 않으면 벼슬을 버리고 물러난다. 50세가 되면 임금의 명(命)을 받아 고관대작인 대부(大夫)가 되어 나라와 관청의 정사(政事)를 담당한다. 70세가 되면 모든 관직에서 물러난다.

- 여사는 10세가 되면 밖에 나가지 않고, 보모가 가르치면 온순하게 듣고 따라야 한다. 13세가 되면 길쌈과 비단을 짜 의복을 만드는 일을 배우고, 집안의 제사(祭祀) 모시는 예절을 배워 어른들을 돕는다. 15세가 되면 비녀를 꽂는다. 20세가 되면 시집을 가는데, 특별한 사정이 있을 때는 23세에 가도 된다. 시집을 간 후 여자가 해야 할 일에 대해서는 나와 있지 않다. 그 이유는 아마도 남편이 살아 있을 때는 남편을 따르고, 남편이 죽으면 아들을 따르면 된다고 생각했기 때문인 것 같다.
- '외수부훈(外受傅訓)'은 사내아이가 10세가 되면 반드시 해야 할 일이고, '입봉모의(入奉母儀)'는 여자아이가 10세가 되면 반드시 해야 할 일이었다.

44 제고백숙 유자비아

諸姑伯叔 猶子比兒

모두 제 시어미 고 맏 백 아재비 숙 같을 유 아들 자 견줄 비 아이 아

☞ 모든 고모, 큰아버지, 삼촌들은 조카들도 자기 자식처럼 대해야 한다.

44-1. 근친의 의무

근친(近親)이란 고모와 백부, 숙부 등 가장 가까운 친척이다. 그래서 조카를 자기의 아들과 같이 취급한다는 것이다. 고모, 백부, 숙부는 모두 아버지의 형제자매이다. 또 조카는 형제의 자식이니 친자식같이 사랑하여야 한다. 『예기(禮記)』 단궁편(檀弓篇)에 보면 상복형제지자 유자야 개인이근지야(喪服兄弟之子 猶子也 蓋引而近之也, 상복에 형제의 아들을 자기의 자식과 같이 취급한 것은 대개 조카를 가장 가깝게 여겼기 때문이다.)라는 구절이 있다. 조카는 자기 자식과 같은 혈연(血緣)이다.

44-2. 오빠나 동생의 아들을 자식처럼

중국 한(漢)나라 시대에 활동했던 유향(劉向)이라는 유명한 역사가는 전국시대에 관한 역사서인 『전국책(戰國策)』을 지었다. 그가 남긴 수많은 저서들 중 특히 요순(堯舜)시대부터 춘추전국시대까지 유명 여성들의 전기(傳記)를 모아놓은 『열녀전(列女傳)』은 지금도 특별히 애독(愛讀)되고 있는 책이다. 이 책에는 현모양처(賢母良妻)부터 망국(亡國)의 요부(妖婦)에 이르

기까지 다양한 유형의 고대 중국 사회의 여성들이 소개되어 있다. 여기에 오빠의 아들을 구하지 못하자 목숨을 끊은 양(梁)나라의 의로운 고모(姑母)에 관한 이야기가 나온다. 어느 날 불 단속을 잘못하여 불이 났는데, 집안에는 그 여인의 아들과 오빠의 아들이 함께 있었다. 당황한 여인은 아이들을 구하려 했으나 불길이 워낙 거세 두 아이 모두를 구해낼 방법이 없었다. 그래서 자신의 아들을 포기하고 오빠의 아들을 구해내기로 결심하고 집안에 뛰어 들어가 한 아이를 구해냈다. 그런데 정신없이 불길 속에서 한 아이를 데리고 나온 후 정신을 차리고 살펴보니 – 모성 본능은 어쩔 수 없었던지 – 그 애는 자신의 아들이었다. 그 여인은 다급하게 다시 불길 속으로 뛰어들어 조카를 구하고자 했으나, 이미 불길 속에서 조카는 죽은 후였다. 낙심한 여인은 조카와 함께 죽고자 불길 속으로 뛰어 들었는데, 이것을 보고 놀란 그녀의 남편이 팔을 낚아채 붙잡았다. 남편은 오빠의 아이를 구하려고 했다가 당황한 나머지 잘못되어 손에 잡히는 아이를 업고 나온 것일 뿐인데, 왜 목숨까지 버리려 하느냐며 만류하였다. 이에 대해 그 여인은 의롭지 못한 인간이란 말을 들으면서 사람들을 대할 수 없고, 그렇다고 자신의 아이를 도로 불 속에 던지는 것은 어미의 정을 버리는 것이니 자신이 죽을 수밖에 없다며 마침내 불 속으로 뛰어들어 죽고 말았다. 이 이야기와 비슷한 백부(伯父, 큰 아버지)에 관한 이야기도 『소학(小學)』에 나온다. 중국의 위진남북조 시대에 진(晋)나라에서 고위 관리를 지낸 등유(鄧攸)라는 사람은 난리를 당해 반란군에게 붙잡혀 포로가 되었다가, 사수(泗水)라는 강을 지날 때 소와 말에 처자를 싣고 도망쳤다. 그러나 도중에 도적들을 만나 소와 말을 빼앗기고 달아나게 되었다. 이때 등유 부부는 자기의 아들과 함께 동생의 아들을 데리고 있었다. 아이들 둘을 모두 구할 수 없는 상황이 되자, 등유는 아내에게 일찍 죽은 아우의 아들을 죽이게 되면 아우의 핏줄이 끊어지게 된다면서 자신의 아들을 버리라고 하였다. 다행히 자신과 아내가 살아나면 다시 자식을 가질 수도 있다는 말까지 덧붙여 아내를 설득했다. 결국 등유의 아내는 자신의 아들을 버렸고, 이 때문에 그들은 조카와 자신들의 목숨을 부지할 수 있었다. 그러나 그 후 등유 부부는 자식을 갖지 못하고 죽었는데, 그때 목숨을 건진 동생의 아들은 3년 상을 치러 등유의 은혜에 보답했다고 한다.

45 공회형제 동기연지

孔懷兄弟 同氣連枝

구멍 공 품을 회 맏 형 아우 제 한가지 동 기운 기 이을 연 가지 지

☞ 몹시 그리워 형제를 잊지 못하니, (형제는) 같은 (부모의) 기운을 받아 이어진 가지와 같기 때문이다.

* 공(孔): '구멍, 깊다, 매우'란 뜻이 있으며, 여기서는 '매우'라는 뜻으로 사용되었다.

* 회(懷): 여기서는 '그리워하다'의 뜻으로 사용되었다.

45-1. 형제의 의미

형제는 서로 사랑하여 의좋게 지내야 한다. 공회형제(孔懷兄弟)라 하면 어머님의 배속공간을 거점으로, 열 달 동안 자라난 연후에 같은 통로를 통해 우주공간에 위치한 지구표면에 나타나게 되는데 형제는 태어나 자라는 거점과 같은 통로를 거쳐 태양의 빛과 공기와 물을 접하게 된다. 동기연지(同氣連枝)는 부모님의 기(氣)를 같이 이어받아 타고난다는 뜻이며 그래서 형제간을 동기간(同氣間)이라 한다. 마치 한 줄기의 나무에서 가지가 나는 것과 같은 이치로 부모로 하여금 동기(同氣, 같은 유전자)를 이어받은 것으로 나무 가지와도 같다는 뜻이다. 친동기간(親同氣間)이란 친형제간(親兄弟間)이란 뜻이다. 깊이 생각해 주는 형제는 기운이 같고 가지가 이어졌다. 가장 가깝게 사랑하여 잊지 못하는 것은 형제간이니, 동기란 원래 한 나무에서 가지가 나누어진 것이다.

45-2. 안성강왕의 우애: 정성을 다하는 마음

형제란 부모로부터 같은 기운을 나누어 받은 관계다. 이 관계를 나무에 비유한다면, 부모는 나무의 뿌리이고 형제는 한 뿌리에서 뻗어 나온 가지와 같다. 따라서 하나의 기운을 받고 하나의 뿌리에서 나온 형제는 당연히 그리워할 수밖에 없다고 한 것이다. 그러나 형제 관계의 이치가 이렇지만, 현실 세계에서는 우애 있는 형제보다는 사소한 감정과 이해관계 때문에 형제간에 다툼과 분쟁이 일어나는 경우가 훨씬 많다. 고대 중국 사람들이 우애 있는 형제와 집안을 기록하고 후대에 모범으로 삼고자 했던 이유 역시 여기에 있다고 하겠다. 중국 남송(南宋) 시대의 유명한 정치가 사마광(司馬光)은 신종(神宗) 때 왕안석의 변법 개혁운동을 좌절시킨 구법당(舊法黨)의 수장으로 이름을 날린 보수정치가이기도 했지만, 『자치통감(資治通鑑)』과 같은 훌륭한 역사서를 남긴 학자이자 역사가이기도 했다. 그는 보수 정치가답게 유학의 기본 이념인 충효(忠孝)를 특히 강조했던 듯하다. 이와 같은 생각은 사마광의 또 다른 저서인 『가범(家範, 가정의 모범)』에 잘 나타나 있다. 여기에 실려 있는 이야기 중 형제(兄弟)의 우애에 대해서는 위진남북조 시대 '양나라의 안성강왕'에 대한 내용이 특히 눈에 들어온다. 안성강왕(安成康王)은 양(梁)나라 무제(武帝)[20]와 형제 사이였다. 안성강왕은 무제가 황제의 자리에 오르자, 대단히 조심하고 공경하기를 마치 멀고 천한 사람이 황제를 대하는 것처럼 행동했다고 한다. 이 때문에 무제는 안성강왕을 더욱 어진 사람으로 대접했다. 사마광은 안성강왕과 무제의 행동을 두고, '마땅히 공경한 것'이라고 말했다. 형제간의 우애를 유지하기 위해서는 반드시 서로 '공경하는 마음'이 있어야 한다는 이

20) 주흥사에게 『千字文』을 지으라고 명령한 황제

야기다. 안성강왕과 관련한 또 다른 이야기도 있다. 안성강왕에게는 시흥왕 담(始興王 憺)이라는 동생이 있었다. 시흥왕은 오랫동안 형주자사(荊州刺史)라는 직책에 있었는데, 언제나 자신이 얻은 것 중 절반을 떼어 안성강왕에게 보냈다고 한다. 그때마다 안성강왕은 마음에 든다고 하며 받았고, 비록 보낸 물건이 많더라도 사양하지 않았다고 한다. 사마광은 안성강왕과 시흥왕의 행동을 두고, '마땅히 정성을 다한 것'이라고 했다. 형제간의 우애를 위해서는 반드시 서로 '정성을 다하는 마음'이 있어야 한다는 이야기다.

46 교우투분 절마잠규

交友投分 切磨箴規

사귈 교　벗 우　던질 투　나눌 분　　끊을 절　갈 마　지킬 잠　법 규

☞ 벗을 사귀되 제 몫을 던질 수 있어야 하며, 절차탁마하고 바른말로 잡아 줘야 한다.

46-1. 교우의 진수

벗을 사귀는 데는 분수를 지켜 의기(義氣)가 투합(投合)하여야 하고, 벗은 의리(義理)로 합하였으므로 붕우 간에는 정분을 의탁한다. 아울러 학문과 덕행을 함께 갈고닦으며, 또 서로서로 경계하고 간한다. 교우의 진수(眞髓)는 따뜻한 애정을 갖는 동시에 서로 경계하여 바로잡아 주는 붕우지도(朋友之道)를 지키는 것이다.

46-2. 공양고의 마땅한 친구

사귀기에 마땅한 친구란 어떤 사람일까? 공자의 제자인 자하(子夏)의 문하에서 유학을 공부한 전국시대 제(齊)나라 학자 공양고(公羊高)가 남긴 재미있는 말을 보면서 '어떤 사람이 과연 마땅한 친구인가'에 대해서 한 번 생각해보자. "어렸을 때 물이나 불과 같은 재앙을 당한 것은 어머니의 잘못이고, 15세가 되었는데도 스승을 만나지 못해 글과 학문을 배우지 않았다면 아버지의 잘못이다. 스승을 만났는데도 학문에 뜻을 두지 못하고 방향을 정하지 못했다면 자신의 잘못이고, 이미 학문의 방향을 잡고 뜻을

얻었음에도 그 이름이 세상에 알려지지 않았다면 친구의 잘못이다. 그 이름이 이미 세상에 알려졌는데도 임금에게 추천하지 않았다면 벼슬하는 관리의 잘못이며, 관리가 이미 추천했는데도 나라의 부름을 받지 못했다면 임금의 잘못이다." 공양고(公羊高)는 철부지 어린아이를 보호하는 것은 온전히 어머니의 몫이고, 좋은 스승을 만나 글과 학문을 깨우치는 것은 온전히 아버지의 몫이며, 학문의 방향을 잡고 큰 뜻을 세우는 것은 온전히 자신의 몫이고, 세상 여러 사람에게 그 학문적 재주와 능력을 알리는 것은 온전히 친구의 몫이며, 훌륭한 사람을 임금에게 추천하는 것은 온전히 관리들의 몫이고, 인재를 나라의 동량이 되게끔 등용하는 것은 온전히 임금의 몫이라고 생각한 것이다. 따라서 사귀기에 마땅한 친구란, 친구의 재주와 능력을 자신의 일처럼 기뻐하며 세상 모든 사람들이 알도록 힘써 주는 사람이다.

46-3. 공자의 친구분류

공자가 생각한 '유익한 친구'와 '해로운 친구'에 대해서도 한 번 살펴보자. 공자는 세 가지 부류의 유익한 친구와 세 가지 부류의 해로운 친구가 있다고 했다. 정직하고, 믿음이 있으며, 보고 들은 것이 많은 친구는 유익한 세 가지 부류의 친구이고; 겉치레를 잘하고, 아첨을 잘하고, 보고 들은 것은 적으면서 말만 잘하는 친구는 해로운 세 가지 부류의 친구라고 했다.

공양고와 공자의 말을 종합해보면, '교우투분 절마잠규(交友投分 切磨箴規)'에서 말하는 사귀기에 마땅한 친구란 상대방을 진정으로 알아주고 서로 잘될 수 있도록 잡아주고 이끌어주는 사람을 말하는 것이라고 하겠다.

47 인자은측 조차불리

仁慈隱惻 造次弗離

어질 인 사랑 자 숨을 은 슬플 측 지을 조 다음 차 아니 불 떠날 리

☞ 어질고 사랑하며 측은하게 여기는 마음은 잠깐이라도 떠나보내서는 아니 된다.

47-1. 인자함과 동정심

인자(仁慈)는 마음이 어질고 아랫사람에게 베푸는 두터운 사랑이고, 은측(隱惻)은 숨겨진 슬픔을 불쌍히 여기는 것이니, 인자은측(仁慈隱惻)이란 외롭고 슬프고 괴로운 사연이 숨어 있는 이에게 달래어 주는 사랑이다. 조차(造次)는 다급한 때(창졸), 불리(弗離)는 떨어질 수 없다는 것으로, 조차불리(造次弗離)는 잠시라도 잊을 수 없다는 뜻. 즉 조차불리(造次弗離)란 길흉(吉凶)을 막론하고 아주 갑작스러운 일을 당하면 특히 흉사(凶事)에는 동정심을 잠시라도 잊지 말고 위로하고 협력을 아끼지 말라는 뜻이다.

『논어(論語)』〈이인(里仁)〉편에 나오는 군자무종식지간위인 조차필어시 전패필어시(君子無終食之間違仁 造次必於是 顚沛必於是, 군자는 밥 먹기를 끝내는 동안에라도 인자함을 어기는 일이 없어야 할 것이니, 아주 급한 때라도 꿋꿋이 인자해야 하고, 엎어지고 자빠지더라도 또한 그래야 한다)"를 원용한 말이다. 인(仁)이란 '사람다운 심성'을 가리키고, 이는 남을 측은히 여기고 그의 인격을 존중하여 자신의 욕망과 충동을 자연스럽게 억제하는 착한 마음씨이다. 인은 유교에서 말하는 인간의 이상적 본질과 속성으로, 인간에게 가장 중요한 덕목이며 근본적인 가치이다. 그리고 인은 사람에게만 적

용되는 것이 아니고 자연의 모든 생명체에 적용된다. 인이라는 심성을 가장 잘 나타내는 예가 "조이불망 익불사숙(釣而不網 弋不射宿, 낚시질은 하되 그물질은 안 하고, 주살을 쏘되 잠든 새는 잡지 않는다)에 나타난다.

47-2. 공자의 철학: 인

공자의 철학을 한 마디로 요약하면 인(仁)이다. 인은 '어질다' 혹은 '사랑하다'로 해석할 수 있다. 공자는 인 즉 어짊과 사랑이야말로 사람과 천하를 다스릴 수 있는 근본적인 이치라고 생각했다. 그래서 인을 붙들고 인에 의지하면 태평성내를 누리지만, 인을 잠시라도 떠나면 '혼란과 분열'로 세상은 어지러워진다고 여겼다. 공자는 자신이 생존한 춘추시대 말기를 사람들과 세상이 인을 떠나보낸 시대라고 보았다. 그래서 인(仁)과 덕(德)으로 백성과 천하를 다스렸던 요(堯)임금과 순(舜)임금 그리고 고대 3왕조(夏·殷·周)를 창업한 3왕(우왕(禹王), 탕왕(湯王), 문·무왕(文·武王))의 시대로 돌아가야 한다고 주장했던 것이다. 공자가 돌아가자고 한 요·순(堯·舜)과 삼왕(三王)의 시대란 '천자는 천자답고, 제후는 제후답고, 대부는 대부답고, 백성은 백성답게' 처신하고 행동하는 예악(禮樂)의 질서를 다시 세우는 것이라고 할 수 있다. 이것이 윗사람은 아랫사람을 자식처럼 아끼고 보살펴주며, 아랫사람은 윗사람을 부모를 섬기듯 공경과 복종하는 질서를 다시 세우자는 뜻이다. 공자의 철학과 개혁노선이 '복고주의'라고 불리는 것은 바로 요·순임금과 삼왕의 시대로 돌아가자고 주장하기 때문이고, '보수주의'라고 불리는 것은 바로 기존의 사회 신분 질서를 유지하고자 하기 때문이다. 이렇듯 공자가 말한 인(仁)을 춘추전국시대의 상황 속에서 이해해야, 공자가 인의 철학을 통해 무엇을 하고

자 했는가를 제대로 알 수 있을 것이다. 공자의 언행록(言行錄)인 『논어(論語)』에는, 인에 대한 공자의 강력한 실천 의지가 명백하게 드러나 있는 기록이 있음은 위의 〈이인〉편 내용 소개에서 보는 바와 같다. '인자은측 조차불리(仁慈隱惻 造次弗離)'는 바로 이와 같은 공자의 인에 대한 실천 의지를 간략하게 표현한 말이라고 할 수 있겠다.

48 절의염퇴 전패비휴

節義廉退 顚沛匪虧

마디 절 옳을 의 청렴 렴 물러갈 퇴 기울어질 전 자빠질 패 아닐 비 이지러질 휴

☞ 절의(節義)와 청렴겸퇴(淸廉謙退)는 엎어지고 자빠지는 순간에도 이지러질 수 없는 것이다.

48-1. 절의와 청렴겸퇴

풍류와 가락을 절제하고, 성품과 행실은 청백해야 하며, 재물을 탐내지 말고 올바른 뜻으로 살아가며, 공익을 위해서는 양보도 할 줄 알아야 한다. 전패비휴(顚沛匪虧)가 성립되는 것은 절의염퇴(節義廉退)의 뜻을 바로 익힌 자에게 해당되는 것이다. 절의(節義)는 절개와 의리이다. 청렴겸퇴(淸廉謙退)는 청렴하게 생활하고 물러날 때가 되면 과감히 물러나는 일이다. 전패비휴(顚沛匪虧)는 『논어(論語)』〈이인(里仁)〉편에 나오는 군자무종식지간위인 조차필어시 전패필어시(君子無終食之間違仁 造次必於是 顚沛必於是 – 47에서 이미 설명)를 다시 쓴 말이다. 이 절의와 청렴겸퇴는 어떤 일이 있더라도 잠시라도 잊어서는 안 된다는 점을 역설하고 있다. 뜻이 있는 선비는 절개를 지키고 의리를 좇으며 청렴결백하여 이익을 멀리하고 물러날 때가 되면 미련 없이 떠나야 한다는 말이다.

48-2. 절의를 지킨 예양과 청평

춘추시대와 전국시대를 구분하는 기준은 무엇일까? 중국사에서는 춘추시대의 제후국 중 가장 넓은 영토와 강한 국력을 과시했던 진(晋)나라가 세 귀족 가문인 한씨·위씨·조씨(韓氏·魏氏·趙氏)에 의해 삼등분되어 망한 기원전 453년부터 전국시대가 시작되었다고 본다. 역사학자에 따라서는 이들 세 가문이 주(周)나라 천자에게 정식 제후국의 승인을 받은 기원전 403년을 전국시대가 시작되는 해로 보기도 한다. 이들은 각각 한(韓)나라·위(魏)나라·조(趙)나라를 세워, 진(秦)나라·초(楚)나라·제(齊)나라·연(燕)나라와 함께 전국시대의 칠웅(七雄, 일곱 개의 강한 나라)을 형성한다. 어쨌든 이들 세 유력 귀족 가문은 진(晋)나라의 권력을 완전 장악하기까지 험난한 권력 투쟁을 겪어야 했다. 특히 당시 진나라의 최대 권력 가문이었던 지씨(智氏) 가문의 수장인 지백(智伯)과 목숨을 건 전쟁을 벌여야 했다. 이 싸움에서 승리하고 지백을 살해한 후에야 비로소 세 가문은 진나라를 자신들의 수중에 넣을 수 있었다. 이 지백이라는 사람의 식객(食客) 중에 예양(豫讓)이라는 선비가 있었다. 지백이 살해되고 세 가문이 진나라의 권력을 장악하자, 평소 지백을 따르던 수많은 식객과 아첨꾼들은 지씨 가문을 버리고 권력과 출세를 좇아 세 가문에 몰려갔다. 이때 오직 예양만이 지백과 맺은 의리를 지키고자, 지백 살해의 선봉장이었던 조씨 가문의 수장(首長) 조양자(趙襄子)를 살해할 계획을 세웠다. 예양은 온 몸에 옻칠을 하고 숯을 먹어 목소리를 다르게 하여 자신의 신분이 드러나지 않도록 했다. 그리고 조양자가 다니는 다리 밑에 거짓으로 죽은 체하고 있었다. 조양자가 다리를 건너는 순간, 그를 덮쳐 죽이려고 했던 것이다. 하지만 조양자의 마차를 끄는 말들이 다리를 건너지 않고 자꾸 뒷걸음을 치자, 이것을 수상하게 여긴 조양자가 측근인 청평이라는 사람을 시켜 다리

밑을 조사하게 하였다. 그런데 공교롭게도 청평은 예양과 매우 절친한 친구 사이였다. 다리 밑을 살피러 온 청평을 본 예양은, 자신은 조양자를 살해하기로 결심했으니 물러나라고 이야기한다. 그러자 청평은 예양을 조양자에게 밀고하는 행동은 친구간의 의리를 저버리는 것이 되고, 조양자를 살해하려는 예양을 잡지 않는 행동은 군신(君臣)간의 의리를 저버리는 것이라면서 스스로 목숨을 끊는다. 친구에 대한 의리와 임금에 대한 의리를 모두 지키는 것은 자결밖에 없다고 생각했던 것이다. 권력과 사사로운 이익보다는 군신간의 의리를 지키고자 한 예양과 군신간의 의리뿐만 아니라 친구간의 의리까지도 함께 지키고자 한 청평 모두 진실로 절의(節義)를 지킨 '의로운 선비(지사, 志士)'라고 부를 만하다.

49 성정정일 심동신피

性靜情逸 心動神疲

성품 성　고요 정　뜻 정　편안할 일　　마음 심　움직일 동　귀신 신　피곤할 피

☞ 마음 바탕이 고요하면 정서가 푸근하고, 마음이 흔들리면 정신이 고달파진다.

49-1. 성품의 유지와 안정

사람의 성품이 고요하면 느낌이 편안하고, 마음이 동요하면 정신이 지쳐 버린다. ≪중용(中庸)≫에 이르기를 천명위성(天命謂性, 천명을 성품이라 한다)이라 하였으니, 사람마다 태어날 때부터 지니게 된 마음바탕인 성품(性品)을 잘 지켜 흔들림이 없도록 하라는 말이다. 인간은 성품이 변질되지 않았을 때 자연히 마음도 편안함을 느끼게 된다. 『예기(禮記)』에 인생이정 천지성야 감어물이동성지욕야(人生而靜 天之性也 感於物而動性之欲也, 사람이 나서 고요해지는 것은 하늘의 성품이요, 사물에 감동되어 움직이는 것은 성품의 욕심이다)라는 구절이 있다. 사람이 태어나 고요할 때는 본성이 그대로 살고 사물에 감동되어 움직이게 되면 정이 생긴다. 마음은 사물을 만날 때마다 흔들리기 쉽다. 마음이 사물에 따라 동요하여 못 속에 빠지기도 하고 하늘 위로 날기도 한다면 그 성품을 온전히 보전하지 못하여 정신이 피곤해진다. 요컨대 타고난 성품을 유지하면서 마음이 꿋꿋하면 안정을 얻는다.

49-2. 성선설과 성악설

정통 유가(儒家)에서 '성(性)'은 인간이 태어날 때부터 간직하고 있는 착한 본성을 말하고, '정(情)'은 외부의 사물로부터 자극을 받아 형성되는 욕망을 말한다. 따라서 성은 그 착한 본성을 다치지 않고 그대로 유지해야 하는 긍정적인 이미지를 갖고 있는 반면, 정은 마땅히 교육과 교화로써 억제되고 통제되어야 할 부정적인 이미지를 갖게 된다. 이러한 정통 유가(儒家)의 인간관(人間觀)을 대표하고 있는 것이 맹자의 성선설(性善說)이라고 하겠다. 맹자가 주장한 성선설의 요지는 인간의 본성은 본래부터 선(善)하므로, 그 선한 본성을 바탕삼아 행동한다면 누구나 성인(聖人)이 될 수 있다. 그 선한 본성이란, 인간이면 누구나 간직하고 있는 네 가지 마음으로 증명할 수 있다. 네 가지 마음이란, 첫째로 다른 사람을 불쌍히 여기는 마음(측은지심, 惻隱之心), 둘째로 자신의 잘못을 부끄러워하고 다른 사람의 옳지 않은 행동을 미워하는 마음(수오지심, 羞惡之心), 셋째로 다른 사람에게 양보하고 사양하는 마음(사양지심, 辭讓之心), 넷째로 옳고 그른 것을 가려내는 마음(시비지심, 是非之心) 등이다. 이 선한 본성을 지키고 유지해나가기 위해서는, 외부 사물의 자극으로 인해 발생하는 욕망(정, 情)을 다스려야 한다. 그런데 또 다른 유가의 대학자인 순자(荀子)는 맹자의 이와 같은 인간 본성론을 정면으로 반박했다. 순자는 맹자보다 60여 년 후에 태어난 인물이다. 맹자가 세상을 떠났을 때, 순자는 20대 초반의 젊은이였다. 어쨌든 순자는 맹자의 '성선설'에 대해 극히 비판적인 시각을 갖고 있었다. 전국시대를 휩쓴 침략과 정복 전쟁, 사회적 분열과 혼란을 제거하는 것을 철학의 실천적 과제로 삼고자 한 순자에게 맹자의 성선설은 지독히도 관념적인 주장이었던 듯하다. 그래서 순자는 '인간의 본성은 악(惡)하고, 선(善)은 인위적인 것'이라고 했다. 선이란 태어날 때부터 인간이 지니고 있는 것이 아니라 오직 교육과 교화에 의해서 가질 수 있음을 강조한 것이다. 인간의 본성이 악하다면, 전국시대를 휩쓸고 있는 침략과 정복 전쟁, 사회적 쟁탈과 혼란은 피할 수 없다. 그 전쟁과 혼란을 피하기 위해서는 오로지 교육이라는 인위적 훈련과 예(禮)라는 사회 제도에 따라 인간의 악한 본성을 교정·교화해야 한다. 순자의 성악설(性惡說)은 법가의 인간관에 직접적인 영향을 미쳤다. 순자의 제자였던 한비자는, 순자가 주장한 예(禮)란 곧 법(法)을 말하는 것이라면서 법치(法治)를 통한 인간 본성의 개혁을 추구했다. 여하튼 '성정정일 심동신피(性靜情逸 心動神疲)'는 맹자와 같은 정통 유가들의 인간 본성론 혹은 심성론이라고 할 수 있겠다.

50 수진지만 축물의이

守眞志滿 逐物意移

지킬 수 참 진 뜻 지 찰 만 쫓을 축 만물 물 뜻 의 옮길 이

☞ 진실함을 지키면 뜻이 가득해지고, 물욕을 좇아가면 생각이 이리저리 움직이게 된다.

50-1. 군자는 의리, 소인은 이익

사람의 도리를 지키면 뜻이 차고 군자의 도를 지키면 뜻이 편안하다. 내가 지켜야 할 뜻이 참 뜻으로 꽉 차면 그 행함이란 군자의 도가 될 것이며 나아가 편안하다. 예를 들면 가세(家勢)가 기울어져 어려운 아버지가 연명(連命)하기에 급급하여 자식들은 하나도 학업에 진출을 시킬 수 없었다. 그 중에도 큰아들은 결의를 한다. 나는 일터에 나가 노동을 하되 노동 기술을 배우며 지킬 뜻을 거짓 없는 참(眞)으로 꽉 채우고 충실할 것을 다짐한다. 어려운 가정살이를 하는 한 아버지의 큰아들 결의는 결코 성공적이며 가세는 호전(好轉)되어 저축(貯畜)을 하게 되고 20년이 되자 부자가 되었다. 그 아들은 만학(晩學)을 하게 되고 어려운 길을 걸어온 아버지의 손자대(孫子代)에 와서는 모두 대학을 마치고 석박사의 학위를 받은 생생한 사례가 얼마든지 있다. 참뜻이 찬 군자의 도를 지킨 결과 온 집안에 영화와 부귀가 함께 하는 편안함을 보여 주는 대목이다

마음이 불안함은 욕심이 있어서 그렇다. 너무 욕심내면 마음도 변한다. 남의 물건을 훔치는 도적은 잡히면 큰 봉변(棒變)을 당하니 불안함과 쫓기는 마음으로 물건을 옮긴다.

진실함을 지키면 의지가 충만해지고, 물욕에 따르면 마음은 이리저리로 옮겨 정착할 줄 모른다. 참된 것은 도이니 마음이 도를 지키면 마음과 몸이 깨끗하고 밝아서 집착이 사라진다. 그러나 마음이 도를 지키지 못하는 사람들은 성색(聲色) 즉 여색(女色)이나 재리(財利) 같은 여러 가지 욕심에 마음이 움직여서 자기의 타고난 성품을 잃게 된다. 결국 마음은 정착할 줄 모르고 방황하게 되는 것이다. 마음이 허랑방탕(虛浪放蕩)하게 놀다가 기진(氣盡)하면 자신도 모르는 사이에 정신적, 육체적인 병(病)이 찾아올 수도 있다.

공자는 "군자는 의리(義理)를 좇지만, 소인은 이익(利益)을 좇는다"고 했다. 또 동중서(董仲舒)라는 중국 한(漢)나라 시대의 유학자는 "사람의 성품은 의로운 것을 좋아하지만, 의로운 것을 따르지 못하는 것은 이익 앞에서 무너지기 때문이다"고 했다. 사람이 이익을 좇게 되면, 진실과 의리란 시시각각 변할 수밖에 없게 된다. 그러나 사람이 진실을 좇게 되면, 비록 손해를 보더라도 자신의 뜻과 자존심만큼은 크게 만족해한다.

50-2. 공손굉의 기개와 의리

전국시대 말기에 크게 이름을 날린 사군자(四君子) 중 맹상군(孟嘗君)이라는 사람이 있었다. 그는 제(齊)나라의 왕족이었는데, 제나라로부터 설(薛)이라는 땅을 분봉 받아 다스렸다. 당시는 진(秦)나라의 국력이 강성해질대로 강성해져, 모든 제후국들이 진나라의 위협에 크게 두려워하고 있었다. 맹상군이 다스리는 설나라 역시 예외는 아니었다. 그래서 맹상군은 자신의 식객(食客) 중 의리가 깊고 현명한 사람으로 이름을 얻은 공손굉을 진나라에 사신으로 보내, 진나라와 친선 우호관계를 맺고자 했다. 그런데 진나라의 소왕(昭王)은 수 천리에 이르는 영토와 강력한 군사력을 갖춘 자신에게 고작 백 리의 작은 영토와 미약한 국력밖에 지니지 못한 설나라가 대등한 관계에서 우호관계를 맺자고 하는 것을 무척 가소롭게 생각했다. 그래서 사신으로 온 공손굉을 진나라의 국력과 자신의 권력으로 위협해 제압하고자 했다. 그러나 공손굉은 소왕의 위협에 결코 굴하지 않고 오히려 당당하게 "맹상군은 지사(志士)를 좋아하는데, 소왕은 지사를 좋아하지 않는다"고 말했다. 이에 소왕이 공손굉에게 그렇게 말하는 이유를 물었다. 그러자 공손굉은 "진나라와 같은 강대국의 무서운 임금이라도 지사를 욕되게 하면, 그 사람은 스스로 물러나 목을 쳐서 반드시 자신을 욕보인 임금의 몸과 옷을 피투성이로 되게 한다"면서 자신과 같은 사람이 그와 같다고 했다. 다시 말한다면, 맹상군은 의로운 선비를 알아보고 대우할 줄 아는데, 소왕이 의로운 선비를 알아보지 못하고 욕보인다면 아무리 강대국의 임금이라 할지라도 그 명성을 더럽히게 될 것이라는 협박(?)이었다고 할 수 있다. 공손굉은 이렇듯 강대국의 임금 앞에서도 자신의 뜻과 자존심을 세울 줄 아는 사람이었다. 소왕은 결국 공손굉의 기개와 의리를 보고 맹상군의 설나라를 우습게 볼 수 없다고 판단해, 친선 우호관계를 맺자는 제안을 수락하게 된다. 만약 공손굉이 진나라의 국력과 소왕의 권력에 자신의 뜻을 잃어버렸다면 어찌할 줄을 몰라 우왕좌왕하게 되었을 것이고, 이것을 지켜본 소왕은 설나라를 손쉽게 자신의 수중에 넣을 수 있다고 생각했을 것이다. '수진지만(守眞志滿)하고 축물의이(逐物意移)'라는 말은 설나라를 진나라의 위협으로부터 지킨 공손굉에게 딱 어울리는 문장이라고 하겠다.

51 견지아조 호작자미

堅持雅操 好爵自縻

굳을 견　가질 지　바를 아　잡을 조　　좋을 호　벼슬 작　스스로 자　얽을 미

☞ 바른 지조를 굳게 지니고 있으면, 좋은 벼슬이 저절로 따른다.

51-1. 바른 지조가 좋은 벼슬

'돈을 벌려면 돈을 좇지 말라'는 말이 있다. 옛 중국인들도 '좋은 벼슬을 얻으려면 결코 벼슬을 좇지 말라'고 했다. 돈을 좇지 말고 자신이 하는 일에 최선을 다하다보면 저절로 돈이 따라오게 되어 있고, 벼슬을 좇지 말고 선비로서 학문을 닦고 올바른 절개와 의리를 지키다 보면 저절로 좋은 벼슬이 따라오게 되어 있다는 뜻이다. 그러므로 선비의 길이란, 세상이 자신을 알아주지 않는다고 실망하거나 원망하지 않고, 스스로 학문을 닦고 식견을 넓히며, 올바른 절개와 의리를 세워 세상이 자신을 알아볼 때까지 기다리는 것이다. 그러면 비록 늦게 찾아오더라도 좋은 벼슬이 스스로 자신을 찾아온다는 것이 옛 중국 지식인들의 철학이었다.

51-2. 하늘이 준 벼슬(본성)과 인간이 준 벼슬

좋은 벼슬이란 무엇인가? 맹자는 "수기천작이 인작자지야(修其天爵而人爵自至也, 천작(天爵)을 잘 닦으면 인작(人爵)은 저절로 따라 온다)"고 말했다. 천작이란 하늘이 인간에게 준 본성(本性)을 말한다. 맹자는 인간의 본

성은 선(善)하다고 본 사람이다. 인간이 태어나면서부터 지니도록 하늘이 준 본성(천작) 또한 선(善)한 것이다. 천작은 인의예지신(仁義禮智信)과 충효(忠孝)이다. 어질고, 올바르고, 예의를 갖추고, 지혜롭고, 믿음이 있으면서 부모에 효도하고 나라와 임금에게 충성하는 삶을 실천한다면, 인작은 저절로 그 사람을 찾아온다고 맹자는 주장한 것이다. 인작은 인간이 준 벼슬이다. 이때 벼슬을 주는 사람은 천자(天子)와 제후(諸侯) 혹은 경대부(卿大夫)와 같은 고대 중국 사회의 지배계급이라고 할 수 있겠다. 천자는 제후와 경·대부에게 벼슬과 녹봉을 주고, 제후는 경·대부와 사(士, 일반 관리, 선비)에게 벼슬과 녹봉을 줄 수 있으며, 대부는 가신(家臣, 가문의 신하)에게 벼슬과 녹봉을 줄 수 있을 것이다. 인의예지신과 충효의 덕목 모두를 갖춘 사람을 찾기란 매우 어려운 일이기 때문이다. 맹자는 유가(儒家)의 덕목과 하늘이 준 본성을 갈고 닦는다면, 천자와 공경대부들이 나서서 자신을 찾아온다고 생각한 것이다.

Ⅲ. 세상 살아가는 이치

52 도읍화하 동서이경

都邑華夏 東西二京

도읍 도 고을 읍 빛날 화 여름 하 동녘 동 서녘 서 두 이 서울 경

☞ 화하(중국)의 도읍에는 동경과 서경이 있다

* 화하(華夏)는 옛 중국을 지칭한 말이니, 자신들을 세계의 중심으로 생각한 고대 중국인들의 관념이 잘 나타나 있는 단어이다.

* 서진시대(西晉時代의) 동경은 낙양(洛陽), 서경은 장안(長安)이다. 도읍을 남경(南京)으로 옮긴 뒤부터는 동진(東晋)이며 남북조시대가 된다.

52-1. 중국의 도읍지

황제의 도읍지가 광대한 규모를 갖추어 화하의 도읍에는 동서로 이경(二京)이 있다. 동쪽에는 주(周)나라 성왕(成王)이 비로소 도읍을 정하여 이곳을 동도(東都)라고 했고 성주(成周)라고 불렀다. 그 후 후한 때 광무(光武)가 역시 그곳에 도읍을 정한 뒤로부터 낙양(洛陽) 또는 동경(東京)이라고 불렀다. 또 서쪽의 장안(長安)은 전한(前漢) 때 고조(高祖) 유방(劉邦)이 도읍을 정하고 서경(西京)이라고 불렀다. 수도는 일국 문화의 연원(淵源)이다. 또 예로부터 중국은 자기 나라의 국명을 중국, 중화, 화하(中國, 中華, 華夏)라고 부르며 세계의 대국이자 이 세상의 중심임을 자랑했으며, 정제된 제도와 웅대한 규모를 갖추고 있었다.

52-2. 화하

화하(華夏)는 자신들을 세계의 중심으로 생각한 고대 중국인들의 관념이 잘 나타나 있는 단어다. 화하란 천하의 중심을 차지하고 변방의 오랑캐들에게 섬김을 받으며 사는 나라 곧 중국을 의미한다. 여기에서 동경이란 중국 고대 3왕조 중 주(周)나라가 제2대 성왕(成王) 때 건설한 낙읍(洛邑) 곧 지금의 낙양(洛陽)을 말한다. 원래 주나라의 수도는 호경(鎬京)이었는데, 제13대 천자인 평왕(平王) 때 북서쪽의 유목민족의 침입에 위협을 느껴 수도를 동쪽의 낙읍(洛邑)으로 옮겼다. 이때부터를 중국사에서는 동주(東周) 혹은 춘추시대(春秋時代)라고 부른다. 주나라의 천도(遷都) 이후 낙양은 고대 중국의 중심지가 된다. 이곳은 후한(後漢)과 위진남북조 시대의 위·진·후조·후위(魏·晉·後趙·後魏)의 도읍지로 계속해서 번영을 누렸으나, 원·명·청(元·明·淸)나라가 연이어 북경(北京)을 수도로 삼자 지방 도시로 전락하는 수난을 겪게 되었다. 서경(西京)은 장안(長安, 지금의 西安)이다. 장안은 주나라의 원래 도읍지였던 호경(鎬京)에서 비롯되었다. 춘추전국시대와 진시황의 시대를 거쳐 탄생한 유방의 한(漢)나라가 다시 도읍지로 정한 후, 위진남북조 시대의 후진·서위·후주(後秦·西魏·後周)와 통일 왕조인 수(隋), 당(唐)나라가 도읍지로 삼았던 곳이다. 특히 당나라 때 최고의 번영을 누렸는데, 당시 장안은 국제적인 도시로서의 면모를 갖추고 있었다.

53 배망면락 부위거경

背邙面洛 浮渭據涇

등 배 산이름 망 낯 면 물 락 뜰 부 물이름 위 웅거할 거 경수 경

☞ (동경인 낙양은) 북망산을 등 뒤로 하여 낙수를 바라보고 있으며, (서경인 장안은) 위수를 위에 두고 경수를 의지하는 듯하구나.

* 도읍지가 마치 떠(浮)서 웅거(雄據)하는 것으로 보이게 하는 위수(渭水)와 경수(涇水)의 운치(韻致)로운 기상을 읊은 글이다.

53-1. 동서 양경의 운치

북망산(北邙山)은 곧 저승으로 가는 길이다. 북망산은 동경(東京)인 낙양(洛陽)의 북녘에 위치하고 있던 산으로, 왕후공경(王侯公卿)과 같은 신분 높은 사람들이 묻혔던 곳이다. 왕후공경이 묻혔던 곳이라면, 아마도 일반 백성들 사이에서도 가장 선망하는 묏자리였을 것이다. 북망산에 묻히는 것은 개인의 출세와 가문의 영광을 상징했기 때문이다. 북망산에 대해 가진 고대 중국인들의 선망이, 북망산을 죽으면 꼭 가게 되는 저승길로 일반화시켰던 것이다. 낙수(洛水)는 낙양 남쪽에서 가로질러 황하(黃河)로 흘러 들어가는 강 이름이다. 북망산(北邙山)을 뒤로 두고 앞으로는 낙수(洛水)를 바라본다는 것은, 고대 중국인들이 길지(吉地)로 여겼던 배산임수(背山臨水, 북으로는 산을 등지고 남으로는 강을 바라보는)를 말하는 것이다. '배망면락(背邙面洛)'이 동경인 낙양의 지리적 모양을 말한 것이라면, '부위거경(浮渭據涇)'은 서경인 장안의 지리적 형세를 말한 것이다. 위수(渭水)는 황하(黃河)로 흘러드는 수많은 지류(支流) 가운데 최대 규모를 자랑하는 강

이다. 경수(涇水)는 감숙성에서 시작하여 남과 북의 두 갈래 물길이 합쳐져 동남쪽으로 흐르다가 위수(渭水)에 합류하는 황하의 지류다. 위수는 맑은 물을 자랑하는 반면 경수는 황토 고원을 지나오는 만큼 물 빛깔이 매우 탁하다고 한다. 이 경수와 위수가 서경인 장안을 둘러싸고 흐르는 모양새를 '부위거경(浮渭據涇)'이라고 표현한 것이다.

54 궁전반울 누관비경

宮殿盤鬱 樓觀飛驚

집 궁　대궐 전　쟁반 반　빽빽할 울　다락 루　볼 관　날 비　놀랄 경

☞ 궁전이 이어져 빽빽하고, 누각과 관대가 새가 나는 듯 놀랍구나.

54-1. 궁전의 웅장한 외모

칭공(蒼空)을 빈틈없이 뒤덮고 있는 전각(殿閣)이 웅장하고 빽빽이 들어차 있는 장관을 말한 것이다. 궁과 전은 고대(高大)한데 빽빽하게 들어찼고, 고루(高樓)와 관대(觀臺)는 새가 하늘을 나는 듯 솟아 놀라울 정도로 변화하다는 말이다. 궁·전·누·관은 모두 규모가 크고 장엄한 건조물을 의미한다.

54-2. 아방궁

'화려한 궁궐'하면 가장 먼저 떠오르는 곳이 어디인가? 진시황의 아방궁이 떠오른다. 진시황이 세운 통일 제국 진(秦)나라의 수도는 함양(咸陽)이다. 이곳은 장안(長安, 현재의 서안(西安)) 부근에 위치하고 있다. 중국을 통일한 후, 진시황은 각지의 부자(富者)들 중 12만 호를 함양으로 이주하여 살게 했다. 함양을 통일 제국의 정치·경제·문화 중심지로 만들고자 한 야심찬 시도였다. 그러나 함양의 인구가 지나치게 많아지자, 그에 따른 불편이 늘어났다. 그래서 진시황은 함양 인근에 새로운 궁궐을 짓기로

결심했다. 진시황은 통일전쟁 중 제후국들을 하나씩 멸망시킬 때마다, 그 제후국의 궁궐들을 그대로 본떠 만든 궁전을 함양 북쪽의 언덕 위에 지었다고 한다. 그리고 모든 궁전을 구름다리와 누각으로 서로 연결하고, 멸망한 제후국의 제후들에게서 빼앗은 미녀들과 악기로 그곳을 가득 채웠다고 한다. 멸망한 여섯 나라 제후들의 궁궐을 그대로 모방해 만들었다고 하니까, 그 규모가 얼마나 큰지는 짐작할 만하다. 그러나 그 엄청난 규모의 궁궐도 중국 최초의 통일제국을 세운 자신의 업적이 고대의 제왕들을 모두 합친 것보다 더 위대하다는 자부심을 갖고 있던 진시황을 만족시키기에는 부족하여 진시황은 위수(渭水)의 남쪽에 궁궐을 건설하기 시작했는데, 가장 먼저 지은 것이 바로 아방궁(阿房宮)이다. 아방궁의 규모는 동서 700m, 남북 120m에 이르고, 그 위에 1만 명이 앉을 수 있는 규모였다고 한다. 그리고 아방궁에서 위수를 가로 질러 함양으로 곧바로 통하는 고가도로를 만들었다. 이 궁에 대한 애착이 무척 컸던 진시황은, 그 궁이 완성되기도 전에 이름부터 짓고자 했다. 그러나 진시황이 죽기 전에 이 궁은 완성되지 못했고, 제2세 황제인 진시황의 막내아들 호해 역시 궁을 완성하지 못했다. 따라서 당연히 궁의 이름 또한 짓지 못했다. 아방궁이라는 이름은 이 궁이 지어진 곳의 지명이 아방(阿房)이어서 사람들이 '아방에 짓던 궁'이라는 뜻으로 아방궁이라 한 것이다. 어쨌든 진시황과 그 후손들 중 어느 누구도 이곳 아방궁에서 단 하루도 살아보지 못했다. 그리고 진나라에 반기를 든 항우가 함양을 점령한 후, 아방궁에 불을 질렀는데 무려 석 달 동안이나 탔다고 한다. 그런데 아방궁이 실제 존재했느냐에 대해서는 여러 설이 있다. 후대 사람들이 진나라의 멸망이 정당했다는 것을 강조하기 위해 진시황의 폭정과 호화로운 생활을 부풀리게 되었고, 그 과정에서 실제로 존재하는 것처럼 꾸며진 것이 아방궁이라는 주장도 있다. 또 아방궁이 석 달 동안이나 불에 탔다는 이야기도 지어낸 것에 불과하다는 주장이다. 여하튼 전각들이 빽빽하게 들어차 있고, 나는 새와 달리는 말이 놀랄 정도로 높이 솟구쳐 있는 누각은 궁궐의 풍경을 묘사한 전형적인 표현이라고 할 수 있겠다. 또한 그것은 제왕이 지닌 부(富)와 권력의 위엄을 상징하는 말이라고 할 수 있다.

55 도사금수 화채선령

圖寫禽獸 畵彩仙靈

그림 도 베낄 사 날짐승 금 짐승 수 그림 화 채색 채 신선 선 신령 령

☞ 새와 짐승을 그렸으며, 신선과 신령을 그려 곱게 채색하였다.

* 사(寫)는 '베끼다'라는 뜻이다.

55-1. 궁전의 내부 단장

도사금수(圖寫禽獸)는 누각에 상서로운 새와 짐승을 그려 놓았다는 뜻이다. 고대인들은 용, 기린, 봉황, 거북을 사령(四靈)이라며 상서롭게 여겼다고 한다. 화채선령(畵彩仙靈)은 궁전에 신성과 신령한 그림을 그려서 아름답게 채색하였다는 뜻이다. 또 고대 성현의 그림을 그리고 채색하였는데, 임금이 이런 신령한 그림을 보고 그 덕을 본받아 나라를 태평하게 이끌기를 염원한 것이다. 신선들은 맑고 청정하며 장생불사(長生不死)와 신이(神異)한 변화를 일으키는 존재로 받아들여지고 있다. 전각에 이런 신선들의 모습을 그려서 장수와 복록(福祿)을 기원했던 것이다. 이와 같이 임금이 살고 있는 누각과 궁전에는 군주의 권위를 기원하는 사령을 그렸고, 신선과 성현의 그림을 그리고 아름답게 채색하였다. 그리하여 군주의 장수와 복록을 기원하였으며, 덕으로써 나라를 다스리는 성군(聖君)이 되기를 염원했던 것이다.

56 병사방계 갑장대영

丙舍傍啓 甲帳對楹

남녘 병 집 사 곁 방 열 계 갑옷 갑 휘장 장 대할 대 기둥 영

☞ 병사(丙舍, 신하들이 머무는 집)는 궁전 곁에 양옆으로 나란히 열려 있고, 갑장(甲帳, 눈부신 휘장)은 두 기둥 사이에 드리워 있다.

56-1. 궁궐의 구조

신하들이 거처하는 병사(丙舍)는 좌우 양 옆으로 나란히 열려 있고, 병사 곁에 통로를 열어 궁전을 출입하는 사람들의 편리를 도모하였다. 궁궐 안에는 정전(正殿)을 중심으로 많은 관사가 있는데, 목적지를 가려면 돌고 돌아서 가야하는 단점을 보완하여 지름길로 갈 수 있는 문을 상시로 열어 놓아 불편을 덜어 주었다. 제왕들은 궁궐을 지을 때, 궁궐의 중심부인 정전(正殿)의 좌우에 신하들이 머무는 전각(丙舍)을 짓는다.

정전(正殿)을 중심으로 궁중을 수호(守護)하는 관사(官舍)가 세워져 있고 그곳으로 통하는 문이 옆으로 열려 있는데, 갑장도 기둥 사이에 마주 하고 있다는 말이다. 한(漢)나라 때 골계왕(滑稽王)이자 대신(大臣)이었던 동방삭이 갑을장을 만들었으니 임금이 잠시 머무는 곳이 기둥 사이에 마주하고 있다는 말이다. 제왕들은 궁궐을 지을 때, 궁궐의 중심부라고 할 수 있는 정전(正殿)의 오른쪽과 왼쪽 양옆으로 신하들이 머무는 전각을 짓는데, 그 전각은 양쪽에서 마주보게 되어 있다. 오른쪽과 왼쪽 양옆에 짓는 전각을 바로 '병사(丙舍)'라고 부른다. 이렇듯 고대 중국에서는 궁궐의 배

치와 그 짓는 순서까지 정해 놓고 지켰다. 예를 들자면, 임금이 궁궐을 짓는 순서는 제일 먼저 종묘(宗廟)를 세우고, 마구간과 창고를 그 다음으로 세우고, 자신이 거처할 전각을 가장 나중에 세워야 한다고 했다.

56-2. 갑장과 동방삭

고대 중국 사회의 관습법이었던 『예기』「곡례」편에 나오는 이야기다. 온갖 진주로 장식한 장막가림막을 뜻하는 '갑장(甲帳)'은 삼천갑자(三千甲子, 즉 18,000년)를 살았다고 전해오는 동방삭(東方朔)과 관련이 있는 이야기다. 동방삭은 탁월한 말솜씨, 뛰어난 해학과 재치로 한(漢)나라 제7대 황제인 무제(武帝)[21]의 사랑을 독차지했다고 한다. 동방삭이 보여준 해학과 재치와 관련한 재미있는 일화가 한(漢)나라 때의 역사가인 반고가 쓴 『한서열전(漢書列傳)』 중 「동방삭전(東方朔傳)」에 나온다. 어느 해 삼복더위에 무제는 신하들에게 고기를 하사하였다. 그런데 이 고기를 나누어 주어야 할 관리가 오지 않았다. 모두들 이제나저제나 관리가 오기만을 기다리고 있는데, 동방삭만이 고기를 베어서 집으로 가버렸다. 이 사실을 듣게 된 무제가 동방삭을 불러 왜 황제의 명령도 기다리지 않고 고기를 베어 갔느냐고 물었다. 사마천의 경우를 보더라도, 무제는 황제의 권위에 도전하거나 황제의 뜻을 거스르는 신하들에 대해서는 매우 잔인한 인물이었던 것으로 보인다. 당시 상황은 동방삭도 자칫 황제의 권위에 도전한 신하로 찍힐 수 있는 경우였다. 그런데 동방삭은 무제의 명령을 기다리지 않고 고기를 베어간 행동은 잘못이지만, 고기를 한 점밖에 베어가지 않았고 또 그 고기는 자신의 아내에게 주었으니 인정 넘친 처

21) 사마천에게 궁형(宮刑)을 가한 사람

사가 아니겠느냐는 재치 있는 답변을 해 위기를 넘겼다고 한다. 어쨌든 무제가 동방삭을 총애한 만큼, 동방삭은 자신의 뛰어난 재치와 재주를 십분 발휘해 무제를 기쁘게 했다. 그 중 한 가지가 바로 여기에서 말하고 있는 '갑장(甲帳)'을 만들어준 것이다. 갑장이란 본래 '갑을장(甲乙帳)'을 줄여서 한 말이다. 이것은 동방삭이 천하의 온갖 진귀한 진주로 장식하여 무제에게 만들어 준 최고급 침실용 장막커튼이었다. 동방삭은 두 개의 장막을 만들어, 그 중 칠보의 구슬로 장식하고 보옥(명월주, 야광주 등)으로 꾸민 갑장은 신을 모시는 신전(神殿)에 치고, 나머지 을장은 무제의 침실에 드리웠다고 한다. 진귀한 보옥으로 장식한 갑장과 을장이 있는데, 정전 양 기둥 사이에 설치되었다고 한다. 갑장은 한(漢) 나라 무제(武帝) 때 연회석 장막을 말한다.

57 사연설석 고슬취생

肆筵設席 鼓瑟吹笙

베풀 사 자리 연 베풀 설 자리 석 북 고 비파 슬 불 취 저 생

☞ 돗자리를 펴고 방석을 깔고, 거문고를 타고 생황 저를 분다.

57-1. 태평성대(太平聖代)에 제왕이 베푸는 궁궐의 잔치

귀빈을 접대하기 위해 돗자리를 펴서 좌위를 정한 후 비파를 뜯고 생황을 불어 흥을 돋운다는 말이다. 『시경(詩經)』 대아 행위(大雅 行葦)에 보면 '사연설석(肆筵設席)'이라 했다. 또 『시경(詩經)』 소아 녹명(小雅 鹿鳴)에는 "아유가빈고슬취생(我有嘉賓鼓瑟吹笙)"이라 했는데, 이 절은 여기서 인용한 것으로 보인다. 이 구절은 장엄한 궁전 안에서 공적, 사적인 의식(儀式)이 있을 때에 제후(諸侯) 및 군신(君臣)을 회합(會合)하여 연회(宴會)를 베풀고 음악을 연주(演奏)하는 모습을 나타낸 것이다.

이 문장은 제왕이 궁궐에서 잔치를 베풀어 왕족(王族)과 신하, 나라의 원로(元老)와 일반 백성 중 나이 많은 노인들을 위로하는 것을 표현한 것이다. 효(孝)와 충(忠)을 왕권과 나라를 지탱하는 기둥으로 삼았던 고대 중국의 제왕들은 연례행사처럼 이와 같은 잔치를 열었는데, 이 행사는 중요한 국가 의례 중 하나였다. 연회를 베풀 때에는 돗자리와 방석을 배열해 신분 질서에 따른 자리 배치를 했다. 즉, 돗자리(筵)와 방석(席)을 구분하여, 신분이 낮은 사람들은 돗자리에 아무렇게나 자리를 마련했지만, 왕족과 신하 그리고 원로들에 대해서는 방석을 마련해 신분과 작위에 맞는 대

접을 해 준 것이다. '사연설석(肆筵設席)'이라는 말은 고대 중국의 『시경』에 실려 있는 「행위(行葦: 길가의 갈대)」라는 시에 잘 표현되어 있다.

敦彼行葦 牛羊勿踐履 方苞方體 維葉泥泥
戚戚兄弟 莫遠具爾 或肆之筵 或授之几
肆筵設席 授几有緝御 或獻或酢 洗爵尊斝
醓醢以薦 或燔或炙 嘉殽脾臄 或歌或咢

빽빽하게 자란 길가의 갈대를 소나 양이 밟지 못하게 하면
단단히 자라고 나름의 모습을 갖춰 그 잎새 부드럽고 빛이 나네.
정답고 가까운 우리 형제 멀리 하지 않고 가깝게 지내면
어떤 사람은 돗자리를 펴고 어떤 이는 방석을 진열하네.
돗자리 펴고 또 펴고 방석을 진열하며 계속 모시네.
권하고 받으며 술잔 씻어 또 권하네.
온갖 절인 고기 권하며 고기 굽고 간을 지지네.
지라와 머리고기 아름다운 안주에 노래하고 북 두드리네.

57-2. 비파와 생황

이 연회의 흥(興)을 돋우는 역할은 비파(瑟)와 생황(笙)이 하게 된다. 고대 중국인들은 귀한 손님이나 반가운 손님을 맞이하는 즐거움을 이 두 악기를 빌어 표현했다. 그 좋은 예가 『시경』에 실려 있는 「녹명(鹿鳴, 사슴 울음)」이라는 시이다.

呦呦鹿鳴 食野之苹 **我有嘉賓 鼓瑟吹笙**
吹笙鼓簧 承筐是將 人之好我 示我周行

사슴이 우네. 들에서 쑥을 뜯고 있네.

반가운 손님 나를 찾아오니 즐거운 마음에 비파 뜯고 생황부네.

피리 불고 생황 불며 폐백 든 광주리 바치니

손님이 나를 좋아하여 큰 길을 보여주네.

58 승계납폐 변전의성

陞階納陛 弁轉疑星

오를 승 뜰 계 바칠 납 섬돌 폐 고깔 변 구를 전 의심할 의 별 성

☞ 섬돌을 올라 궁전에 들어가니, 고깔을 장식한 보석이 하늘거려 별인가 의심이 든다(어리둥절하다).

58-1. 궁전의 계단과 고관대작의 외관

계단은 당 밖에 있으니 여러 신하들이 오르는 곳이고, 폐는 당 안에 있으니 높은 사람이 오르내리는 계단이다. 납폐는 궁전의 터를 파서 섬돌을 만들어 용마루 아래로 들어가 겉으로 드러나지 않고 오르게 하는 것이다. 고깔에는 삼량, 오량, 칠량이 있는데 모두 구슬이 달려 있으며 계급에 따라 량을 달리한다. 이 구절은 조정(朝廷) 고관대작들이 외관(外觀)을 정제(整齊)하고 층계(層階)를 오르내리면서 궁중에 들어가 옥좌(玉座) 앞에 이를 때, 그들의 품계(品階)에 따라 관에 붙인 휘황찬란(輝煌燦爛)한 주옥들이 출렁거리며 번쩍이는 모양이 마치 밤하늘의 별처럼 화려하다는 것을 나타낸다.

궁궐 안에서는 제왕과 신하들이 다니는 길이 달랐다. '계(階)'는 궁전 앞뜰에서 제왕이 있는 궁전으로 올라가는 섬돌로 신하들이 이용하는 곳이고, '폐(陛)'는 궁전 안에 있는 계단으로 제왕만이 오를 수 있는 곳을 말한다. '변(弁)'은 신하들이 쓰는 구슬이 달려 있는 관을 말한다. '승계납폐 변전의성(陞階納陛 弁轉疑星)'은 제왕을 만나러 계단을 오르는 수많은 신하

들의 관에 달린 구슬이 움직이는 모양이 마치 하늘에 떠 반짝반짝 빛나는 별과 같다고 한 것이다.

58-2. 폐하와 전하

이 문장은 황제만이 사용할 수 있었던 호칭인 '폐하(陛下)'라는 말이 어떻게 생겨났는가에 대한 수수께끼를 풀 수 있는 단서가 된다. 위에서 '폐(陛)'는 궁전 안에 있는 계단으로 황제만이 오를 수 있는 곳인데, 그 계단 아래에는 당연히 신하들이 있다. '폐하(陛下)'란 말은 바로 '폐(陛)아래'에 있는 신하들을 뜻하는 것으로, 황제를 감히 대놓고 부를 수 없었던 신하들이 자신들을 '폐(陛) 아래에서 황제를 모시는 아랫사람'이라고 부른데서 생겨나게 된 것이다. 황제가 아닌 뭇 왕(王)이나 제후를 부르는 호칭이었던 '전하(殿下)'도 마찬가지다. '전하(殿下)'란 신하들이 자신들을 왕이 기거하거나 정사를 보는 '궁전 아래에서 왕을 모시는 아랫사람'이라는 뜻으로 사용한 것이다. 폐하나 전하나 뭐 별반 다르지 않게 보이겠지만, 고대 중국에서는 황제나 천자만이 폐하라는 호칭을 사용할 수 있어서, 혹시 왕이나 제후 중에 누군가 전하라는 호칭 대신 폐하라는 호칭을 사용할 경우 대역죄(大逆罪)로 처벌받았다. 신분 차별이 명백했던 고대 중국 사회에서는 자신에게 어울리지 않는 호칭을 사용한 사람은 누구를 막론하고 잔인하리만큼 혹독한 처벌을 당해야 했다.

59 우통광내 좌달승명

右通廣內 左達承明

오른쪽 우 통할 통 넓을 광 안 내 　 왼 좌 통달할 달 이을 승 밝을 명

☞ 오른쪽은 광내(廣內)와 통하고, 왼쪽은 승명(承明)으로 이어진다.

* 한나라 정전의 오른쪽에 있는 연각과 광내는 비서(궁중의 도서)를 보관하는 집이고, 금마문 왼쪽에 있는 승명려[22]와 석거각은 서적과 사서를 교열(교정, 검열)하는 집이다.

59-1. 궁궐의 서적과 기록을 다루는 곳(Think Tank)

'광내전'은 한(漢)나라 때 고전(古典)을 우러러 인문(人文) 정치를 펴고자 궁궐 안에 두었던 서적 창고, '승명려'는 온갖 고전과 기록물을 학자들이 교열(校閱)하던 곳이었다. 황제가 일 보는 정전(正殿) 오른쪽에 '광내전', 왼쪽에 '승명려'가 있었다고 한다. 광내전(廣內殿)과 승명전(承明殿)은 한나라 시대 궁궐의 전각으로서, 모두 서적과 기록을 다루는 곳이었다. 광내전(廣內殿)은 황제의 서적 창고였다. 한나라 황실은 이곳 말고도 연각(延閣)과 비실(秘室)이라는 서고를 두고서, 고적과 문서·기록 등을 보관했다. 이곳에 보관한 서적들은 외부로 유출되는 것을 철저하게 금지시켰다. 정보와 지식의 소유와 독점은 예나 지금이나 권력을 강화하고 백성들을 다스리는 주요한 수단이었다. 그래서 고대 중국의 황제들은 학문서적에서부터 병법서 그리고 실용서적에 이르기까지 천하의 모든 서적과 기록들을 모아 관리하는 일에 매달렸다. 승명전(承明殿)은 학자들이 저술 활동과 기

22) 승명려(承明廬)는 학자들이 당직과 숙직을 하는 장소였다.

록 작업을 하던 집필 방 같은 곳이었다. 특히 종이와 인쇄술이 보급되기 이전에는 저술 활동은 물론이고 서적 편찬 역시 대나무와 나무에 학자들이 한자 한자 필사할 수밖에 없었기 때문에, 승명전은 대단히 중요한 장소였다. 정보와 지식을 모아 보관하는 것도 중요하지만, 그 정보와 지식을 유용하고 효과적으로 사용하려면 정리하는 작업과 함께 그것을 토대로 한 새로운 서적들이 많이 나와야 한다. 승명전은 바로 그런 역할과 작업을 하던 곳이었다. 광내전과 승명전은 한나라 황실이 천하의 모든 지식과 정보는 물론 학자들까지 독점 소유한 곳으로, 황제 권력의 강화와 유지에 중요한 기능을 했다. 요즘 식으로 표현하면 이 두 곳은 한(漢)나라 황제의 '싱크 탱크(Think Tank: 최고의 두뇌 집단)'였던 것이다.

59-2. 통달

우통광내 좌달승명(右通廣內 左達承明)에서 통달(通達)이란 단어가 나온다. 광내전의 수많은 서적을 관리하고 승명전에서 서적을 편찬하고 출판하려면 그 학문에 정통해야 한다는 의미를 담고 있다. 87-2에서는 명성과 구분하여 통달의 진정한 의미를 설파한 공자의 가르침에 대하여 기술하고 있다.

60 기집분전 역취군영

旣集墳典 亦聚群英

이미 기 모을 집 무덤 분 법 전 또 역 걷을 취 무리 군 꽃부리 영

☞ 이미 삼분(三墳)과 오전(五典)을 모으고, 또한 수많은 인재들도 모았다.

* 삼분(三墳)은 삼황(三皇)[23]이 지었다고 전해오는 서적을 총망라하여 말하는 것이고, 오전(五典)은 오제(五帝)[24]가 다스리던 시대의 풍속과 문물, 제왕들의 업적과 백성들을 교화한 내용과 관련된 서적을 총망라하여 말하는 것이다.

* 군영(群英)은 수많은 인재와 현사(賢士)를 말하는 것으로, 옛 기록과 문헌, 서적들을 정리하고 연구할 학자 집단을 이르는 것이다.

60-1. 고전과 인재의 확보

고대 중국의 제왕들은 치국의 기본 재료로 고전(古典 즉 3분(三墳), 5전(五典)과 같은 옛 기록과 문헌)과 인재(人才 즉 현명한 선비들(群英))를 꼽았다. 고전과 인재들이야말로 제왕들에게 왕권강화(王權强化)와 부국강병(富國强兵)의 방법은 물론 효율적인 통치이념과 정책을 만들어주는 기본 재료였기 때문이다.

60-2. 치국의 기본요소들: 고전, 인재

59의 우통광내 좌달승명(右通廣內 左達承明)과 60의 기집분전 역취군영

23) 동양철학의 근본을 이루는 팔괘(八卦)의 창조자 복희(伏羲), 농사기술과 경작방법을 창조한 농업의 신 신농(神農), 중국 문명과 문화의 창조자 황제(黃帝)를 지칭함.

24) 고대 중국의 성군인 소호(小昊), 전욱(顓頊), 제곡(帝嚳), 요(堯)임금, 순(舜)임금을 지칭함.

(旣集墳典 亦聚群英)은 연결되어 있다. 즉 광내전(廣內殿, 궁중의 도서관)과 승명전(承明殿, 서적과 사서 교열관)을 짓고, 이곳에 분전(墳典 즉 3분(三墳)·5전(五典)과 같은 서적들)을 모아놓고 군영(群英, 연구할 학자들)까지 갖췄으니, 이제 나라와 백성을 다스릴 수 있는 근본이 마련되었다는 것이다.

61 두고종예 칠서벽경

杜槁種隸 漆書壁經

막을 두 마를 고 술잔 종 예서 예 옷 칠 글 서 바람 벽 글 경

☞ (글씨로는) 두도(杜度)[25]의 초서(草書)와 종요(鍾繇)[26]의 隸書(種隸)도 비치하였으며, (대나무 쪽에) 옷 칠을 해서 쓴 옛 글과 벽 속에서 발견된 경서들도 있었다.

61-1. 초서와 예서에 뛰어난 사람

두(杜)는 두도(杜度)를 뜻하고, 고(槁)는 초서(草書)를 뜻하므로, 두고(杜槁)는 두도(杜度)가 쓴 초서(草書)를 말한다. 두도는 초서에 능했다고 한다. 종예(種隸)는 위나라 명필이요 대문장가인 종요(鍾繇)의 예서를 말한다. 진시황이 천하를 통일하고 이체문자(異體文字, 표준글자 이외의 글자)는 폐지하고 전서(篆書)를 제정하였는데, 한대(漢代)는 간략한 예서(隸書)가 전성을 누렸고 더 간략한 초서(草書), 해서(楷書), 행서(行書)가 발달하였다.

61-2. 칠서와 벽경

칠서(漆書)는 글씨를 죽간(竹簡)에다 썼던 것으로, 옻나무의 진액(칠액, 漆液)을 채취하여 갈대를 잘라 그 끝에 이 칠액을 묻혀서 썼으니 그것이 칠서다. 벽경(壁經)이란 노공왕(魯恭王)이 공자의 사당을 수리하기 위하여 벽을 허물자, 벽 속에서 나온 칠서 46권이 나왔는데, 벽 속에서 나왔다고 벽경이라 하며, 예기, 논어, 효경 등 수십 편의 경서가 나왔다고 한다.

---

25) 후한(後漢) 때 초서의 명필, 자는 백도(伯度)

26) 위(魏)나라의 명필. 자(字)는 원상(元常). 상국(相國), 태부(太傅) 등 최고의 관직 역임.

62 부라장상 노협괴경

府羅將相 路俠槐卿

마을 부 벌일 라 장수 장 정승 상 길 로 낄 협 홰나무 괴 벼슬 경

☞ 관부에는 장수와 정승이 늘어서고, 길 양옆으로는 고관 저택들이 늘어서있다.

부(府)는 관부(官府)를 뜻하므로 부라장상(府羅將相)은 관부에 기라성 같은 장상들이 늘어섰다는 뜻이다. 이는 조정에 임금을 보좌하는 문무백관이 엄숙하게 도열해 있는 모습을 묘사한 것이다. 주대(周代)에는 조정 안에 홰나무를 세 그루 심어서 삼공(三公)의 좌석의 표지로 삼았으므로 삼괴(三槐)를 삼공의 위계의 뜻으로 썼다. 경(卿)은 대신이다. 그래서 노협괴경(路俠槐卿)은 괴경(槐卿, 즉 3공구경(三公九卿))의 저택이 길을 사이에 두고 즐비하게 늘어섰다는 뜻이다.

63 호봉팔현 가급천병

戶封八縣 家給千兵

집 호　봉할 봉　여덟 팔　고을 현　　집 가　줄 급　일천 천　군사 병

☞ (한 나라가 천하를 통일하고 공신에게는) 8현(八縣,[27] 여덟 고을)의 호(戶, 민가)를 봉(하여 다스리게) 하고, 공신의 가(家, 집)에는 (그 집을 호위하도록) 일천 명의 병사를 주었다.

63-1. 한의 공신들에 대한 영지분봉

한나라를 세운 고조(高祖) 유방(劉邦)은 중국 최초의 평민 출신 황제였다. 유방 외에 평민 출신에서 황제가 된 사람은 명나라를 세운 주원장이 유일하다. 평민 출신인 유방이나 주원장이 숱한 왕족과 명문 귀족 출신의 인재들을 물리치고 황제가 될 수 있었던 것은, 충성을 바치고 열과 성을 다해 그들을 보좌한 공신(功臣)들이 있었기 때문이다. 유방은 한(漢)나라를 개국한 초기, 이들 중 일등 공신들에게 영지(領地)를 분봉해주어 제후왕(諸侯王)으로 삼았다. 여덟 고을과 군사 1천 명을 주었다는 말은 넓은 영지와 수많은 군사를 하사했다는 말이지, 꼭 여덟 개의 고을과 병사 1천 명을 주었다는 뜻은 아니다. 그 당시 한나라의 황족(皇族)이 아닌 사람으로 제후왕이 된 사람은 모두 일곱 명이었다. 그들은 초왕(楚王) 한신(韓信), 양왕(梁王) 팽월(彭越), 회남왕(淮南王) 경포(黥布), 조왕(趙王) 장오(張敖), 한왕(韓王) 한신(韓信), 장사왕(長沙王) 오예(吳芮), 연왕(燕王) 장도(臧

---

27) 1개 현(縣)에는 만호가 있었다.

荼) 등이었다. 초왕 한신과 한왕 한신은 동명이인(同名異人)인데, 우리가 잘 알고 있는 '천하의 명장 한신'은 바로 초왕 한신이다. 아직 권력 기반이 불안정하고 공신인 제후왕들의 세력이 컸던 한나라 개국 초기, 유방은 이들이 안심하도록 합당한 대우를 해주었다. 그러나 권력 안정과 자신이 지닌 군사력에 대한 확신이 서게 된 이후부터, 유방은 이들을 하나하나 제거해나가기 시작한다. 결국 초왕(楚王) 한신을 비롯한 여섯 제후왕들은 모두 반란죄로 몰려 유방과 그의 아내 여후(呂后)의 손에 참살을 당하고 만다. 오직 장사왕(長沙王) 오예만이 살아남을 수 있었는데, 그 이유는 그의 세력이 매우 미약해 그대로 두어도 한나라 황실에 크게 위협이 되지 않았기 때문이다. 유방은 이들 제후왕을 제거한 다음, 그 자리에 모두 자신의 아들들을 갖다 앉혔다. 초왕(楚王) 유교, 제왕(齊王) 유비, 조왕(趙王) 유의, 양왕(梁王) 유회, 회남왕(淮南王) 유장, 오왕(吳王) 유비 등이 그들이다. 그리고 제후왕과 그 다음 등급인 후작(侯爵)의 신분을 정해놓고, 황족(皇族)과 모든 공신들을 불러 모아 놓고 충성맹약(忠誠盟約)을 하게 했다. 그 맹약이란, '황족인 유씨가 아니면 제후왕이 될 수 없고, 공신이 아니면 후작에 봉할 수 없다'는 것이었다. '화장실 들어갈 때 마음 하고, 화장실 나올 때 마음이 다르다'는 것은 유방의 행동에 딱 들어맞는 말이라고 할 것이다. 결국 유방의 손에 처참하게 살해당한 한신을 비롯한 공신 제후왕들은 권력과 영화를 누리기는커녕, 토사구팽(兎死狗烹)이라는 고사만을 남기게 된 셈이다.

63-2. 토사구팽(兎死狗烹)

① 토사구팽은 교활한 토끼가 잡히고 나면 충실했던 사냥개도 쓸모

가 없어져 잡아먹게 된다는 뜻으로, 중국 춘추시대 월(越)나라 재상 범려(范蠡)의 말에서 유래된 고사성어이다. 춘추시대 범려(范蠡)는 월(越)나라 왕 구천(句踐)이 오(吳)나라와의 전쟁에서 이길 수 있도록 보좌한 덕망 높은 신하다. 범려는 미인 서시(西施)를 통해 미인계로 오나라 왕 부차(夫差)를 타락시켜 오나라를 망하게 한 월나라의 충신이다. 월나라 왕 구천은 와신상담(臥薪嘗膽) 끝에 오나라를 패망시키는 데 가장 큰 공을 세운 범려와 문종(文種)을 각각 상장군과 승상으로 중용했다. 그러나 범려는 구천의 성격, 즉 고생할 때는 고락을 함께 하지만 부귀해지면 교만해 모든 공을 자신의 것으로 생각하고 고생한 사람들의 공신을 인정하지 않는 인물임을 잘 알고 있었다. 그러기에 그는 상장군 직위에 안주하지 않고 몰래 월나라를 탈출해 제나라로 피신했다. 제나라에 숨어 살지만 마음만은 평안을 누리며 사는 범려는 승상이자 친구인 문종의 앞날이 염려되어 "비조진이양궁장 교토사이주구팽(蜚鳥盡而良弓藏 狡兎死而走狗烹 새가 없어지면 활이 소용없게 되므로 활집에 넣어 두고 날랜 토끼가 죽으면 사냥개는 솥에 삶게 된다.)"라는 내용의 편지를 몰래 보내, 구천으로부터 화를 당하기 전 빨리 피신하도록 했다. 그럼에도 문종은 월나라 떠나기를 주저하다가 월왕 구천에게 반역의 의심을 받은 끝에 결국 자결하고 말았다. '토사구팽(兎死狗烹)'이란 사냥하러 가서 토끼를 잡고나면, 사냥하던 개는 쓸모가 없게 되어 삶아 먹는다는 뜻으로, 필요할 때 요긴하게 써 먹고 쓸모가 없어지면 가혹하게 버린다는 의미다. 이 고사에서 '토사구팽'이 유래 되었다.

② 초(楚)나라 항우와 한(漢)나라 유방과의 전투에서 항우를 멸하는 데 일등공신의 역할을 한 한신(韓信)을 한 고조가 된 유방은 초왕으로 봉했다. 그런데 이듬해, 항우의 맹장 종리매(鐘離昧)가 한신에게 몸을 의탁하고 있다는 사실을 안 고조(高祖)는 화가 나서 당장 종리매를 잡아 장안(오

늘날 서안)으로 압송하라고 명령했다. 그러나 종리매와 오랜 친구인 한신은 오히려 그를 숨겨주었다. 진노한 고조는 한신을 의심했다. 한신 역시 이 일이 예삿일이 아님을 알고 걱정하자 한신의 가신들은 종리매의 목을 고조에게 가져가서 오해를 풀라고 충고했다. 이런 사실을 안 종리매는 결국 자결하고 한신은 그 목을 가지고 고조를 배알했다. 그러나 그토록 서로 믿어왔던 유방은 한신을 오해하고 역적으로 포박하자 한신은 분개하여 말했다. "토끼를 사냥하고 나면 사냥개는 삶아 먹히고, 적국을 멸하고 나면 충신조차 버림을 받는다고 하더니, 한나라를 세우기 위해 분골쇄신한 내가, 고조에게 죽게 되었구나." 그러자 고조는 한신을 죽이지 않았고, 그 대신 초왕의 지위에서 회음후(淮陰侯)로 좌천시킨 뒤 주거를 장안으로 제한하고 그의 세력을 빼앗아 버렸다. 그 후 고조가 죽고 난 후 그의 부인 여태후에 의해 한신은 참살 당하고 말았다. 실제 유방이 천하제패를 하는데 한신의 역할은 절대적이었다. 만약 한신이 원했다면 스스로 천하를 차지할 수 있는 능력도 있었고, 실제 그의 참모들 중에는 그렇게 하도록 부추기기도 했다. 하지만 그는 끝내 유방에 대한 의리와 충성심을 지켰지만 그는 토사구팽을 당했다. 권력은 2인자를 인정하지 않는다는 그 속성을 무인(武人)인 그는 몰랐던 것이 잘못이라면 잘못이었다. 일찍이 그것을 깨달은 장량(張良)과는 달리 한신은 한 고조 유방으로부터 '토사구팽'을 당해 비참한 최후를 맞았다.

63-3. 범려와 문종

월나라의 명재상 범려(范蠡)는 춘추시대에 월(越)나라의 왕 구천(勾踐: 재위 BC 497 ~ BC 465)을 섬긴 유명한 정치가이자 사상가이며 정략가이다.

월나라 대부로서 월나라가 오(吳)나라[28]에게 패하였을 때 오나라에 3년간

---

28) 지금의 절강(浙江) 지역에 오나라와 월나라가 대치하고 있었는데, 춘추시대 후기에 이르러 이 두 나라는 세력을 크게 떨치기 시작하여 상호간에 전쟁이 잦았다. 도읍을 고소(姑蘇: 지금의 강소성 소주시〈蘇州市〉)에 정한 오나라의 국력이 먼저 도읍을 회계(會稽: 지금의 절강성 소흥시〈紹興市〉)에 정한 월나라를 앞섰고, 월나라는 오나라에 대항하지 못하고 해마다 조공을 바쳐야만 했다. 그러나 월왕 구천이 즉위하면서 국력이 점점 강성해지면서 서서히 오나라의 위세에서 벗어나고자 했다. BC 494년에 구천은 오나라 왕 부차(夫差)가 절치부심하며 군대를 양성하여 월나라를 칠 기회를 호시탐탐 노리고 있다는 정보를 듣고 매우 불안해하였다. 구천은 앉아서 오나라의 공격을 당하기보다는 오나라의 공격 준비가 끝나기 전에 오나라를 선제공격하는 것이 좋겠다는 생각을 하고 중신회의를 소집하였다. 이렇게 초조해하는 구천의 마음을 알아차린 대부 범려는 무모한 공격을 하지 말고 자중할 것을 건의하였지만 구천은 그의 말에 한마디도 대꾸를 하지 않았다. (범려는 어릴 때부터 총명하고 풍부한 학식과 경륜을 쌓아 성인의 자질을 가지고 있었지만 세상 사람들은 그의 재능을 알아보지 못했다. 그는 세상을 원망하면서 미련을 버리고 미치광이처럼 강호를 떠돌아 다녔다. 월나라의 대부 문종(文種)은 마침 명사(名士)를 찾아 다니다가 범려에 대한 소문을 듣고 직접 찾아가기로 했다. 범려는 문종의 마음을 시험해보기 위해 처음에는 일부러 그를 회피했지만, 재차 문종이 그를 찾아오자 의관을 갖추고 정성껏 맞았다. 두 사람은 만나자마자 서로 의기투합하여 천하의 대사와 부국강병책을 논하였다. 문종은 범려가 역시 비범한 인물이라는 것을 확인하고 구천에게 그를 천거하였다. 구천도 그러한 범려를 매우 중시하여 곧바로 그를 대부에 임명했던 것이다.) 그러한 범려가 갑자기 오나라에 대한 공격을 반대하고 나오자 구천으로서는 도무지 이해할 수 없었던 것이다. 범려는 구천이 아무런 대답을 하지 않자 오나라와 월나라의 형세에 대해서 더욱 자세하게 분석하였다. “오나라 왕 부차는 그의 아버지 합려(闔閭)가 우리에게 피살되자 치욕과 원한 속에 3년간 복수의 칼날을 갈면서 전쟁을 준비해 왔기 때문에 병사들은 용맹하고 세력이 막강합니다. 그런데 만약 우리가 무리하게 공격한다면 틀림없이 힘을 다하지 못할 것입니다. 지금 가장 현명한 선택은 잠시 피하여 방어를 견고히 하면서 때를 기다리는 것입니다.” 그러나 구천은 범려의 말을 듣지 않고 정예병 3만명을 선발하여 오나라를 공격, 부초(夫椒: 태호〈太湖〉에 있는 산 이름)에서 오나라 군대와 마주쳤다. 그 결과 구천은 대패하여 단지 5000여명의 군사와 함께 회계산(會稽山: 지금의 절강성 중부)으로 퇴각하였으나 다시 오나라 군대에 포위당하고 말았다. 절망에 빠진 구천은 힘없이 범려를 바라보고 그의 말을 듣지 않은 것을 후회하면서 대책을 강구했다. 이러한 상황에서 범려는 치욕을 감수해서라도 최대한 자신을 낮추고 오나라 왕과 신하들에게 예를 갖추어 뇌물을 바친 다음 천천히 기회를 보아야 한다고 권하였다. 구천은 어쩔 수 없이 문종을 파견하여 오나라에 화의를 청했다. 그러나 문종이 오나라 진영에 갔을 때 오나라의 상국(相國) 오자서(伍子胥)의 강력한 반대에 부딪혀 화의를 성사시키지 못했다. 이를 보고받은 구천은 죽음을 각오하고 오나라와의 마지막 결전을 불사하고자 했지만, 범려와 문종은 그러한 구천을 계속 만류했다. 범려와 문종은 정세를 냉정하게 분석하면서 다른 방법을 보색했나. 결국 그들은 오나라 왕 부차에게 많은 미녀들을 바치고 오나라의 태재(太宰) 백비(伯嚭)에게 무수한 금은보화를 바쳐 화의

를 끌어내는데 성공하였다. 구천은 회계산 포위에서 풀려나 월나라 도읍으로 돌아간 후 범려에게 모든 국정을 맡기고 자신은 직접 오나라로 가서 부차를 섬기려고 했다. 그러나 범려는 국정을 문종에게 맡기고 자신도 함께 오나라에 따라가겠다고 나섰다. 구천은 범려의 제안을 받아들이고, 부차와 백비에게 바칠 미녀 330명과 금은보화를 수레에 가득 싣고 범려와 함께 오나라로 떠났다. BC 493년 구천과 범려는 부차를 만나 미녀와 보물을 바치고 신하의 예를 갖추었다. 부차는 그들을 석실(石室)에 가두고 말을 기르는 노역을 시켰고, 부차가 사냥을 떠날 때마다 구천은 채찍을 들고 부차의 마차를 호위하며 따라다녀야만 했다. 어느 날 부차가 구천과 범려에게, "현명한 여인은 몰락한 집에 시집가지 않고, 뛰어난 선비는 멸망한 나라에 벼슬하지 않는다. 지금 구천은 나라를 잃고 노예가 되었는데 그대는 치욕스럽지도 않은가? 그대가 만약 개과천선하여 월나라를 버리고 오나라를 섬긴다면 과인은 그대의 죄를 사면하고 중임을 맡기겠노라."고 하였다. 구천은 그 말을 듣고 범려가 변절할까 염려하면서 땅에 엎드려 몰래 눈물을 흘렸다. 이때 범려는 완곡하게 사양하면서, "망국의 임금은 정사를 말하지 않고 패전의 장수는 용맹을 말하지 않습니다. 신이 월나라에서 구천을 잘 보좌하지 못하여 대왕께 큰 죄를 지었습니다. 지금 요행히 죽지 않고 오나라에서 말을 기르고 마당을 쓸고 있으니, 신은 이것만으로도 대단히 만족합니다. 어찌 감히 부귀를 넘보겠습니까?"라고 하였다. 부차는 더 이상 강요하지 않고 구천과 범려를 석실로 돌려보내고 부하를 보내어 그들을 감시하게 하였다. 그러나 그들은 오로지 말을 기르고 마당을 쓰는 일에만 열중할 뿐 어떠한 원망이나 불만도 나타내지 않았다. 부차는 그들이 진심으로 항복한 것에 만족하고 그들을 월나라로 돌려보내도 좋겠다는 생각을 했다. 한번은 부차가 병에 걸렸다. 범려는 그 병이 평범한 질병으로 조금 지나면 바로 낫는다는 것을 알고는 구천과 상의하여 부차의 환심을 사기 위한 계책을 하나 준비하였다. 구천은 부차를 만나 그의 병세를 살폈다. 구천은 손가락으로 부차의 대변을 찍어 입에 넣고 맛을 본 다음 큰 소리로 축하한다는 말을 하면서, "대왕의 병은 금방 나을 수 있습니다."라고 하였다. 부차가 의아하게 여기고 그 이유를 물었다. 구천은 범려가 부탁한 그대로 말하였다. "신은 일찍이 의술을 배운 적이 있는데, 환자의 대변만 맛보아도 그 병세를 알아낼 수 있습니다. 대왕의 대변은 맛이 마치 곡식의 맛처럼 시큼하면서도 씁니다. 이로써 대왕의 병세는 염려할 필요가 없다는 것을 알 수 있었습니다." 부차는 그 말을 듣고 매우 기뻐하면서 구천과 범려를 석실에서 나와 근처의 민가에 살면서 말을 기르도록 하였다. 얼마 지나지 않아 부차의 병이 다 나았다. 범려가 예상했던 대로 부차는 구천을 월나라로 돌려보낼 결정을 하였다. 오자서가 극구 반대하였지만 부차는 듣지 않았다. BC 490년 구천은 오나라에서 3년간 구금되었다가 풀려나 월나라로 돌아갔다. 구천은 회계산에서 당한 치욕을 한시도 잊지 않고 복수를 향한 집념을 불태웠다. 구천은 도읍을 제기(諸暨)에서 회계로 옮기기로 하고 범려에게 새로운 도읍의 건설을 명했다. 범려는 천문과 지형을 살핀 다음 신성을 축조하였다. 밖에 성벽과 성문을 만들면서 서북쪽에 특별히 성문을 하나 더 만들고 오나라에는 조공을 바칠 길을 닦는다고 소문을 내었다. 부차는 그 말을 듣고 대단히 기뻐하였지만, 실제로 그것은 오나라를 신속히 공격하기 위한 군사도로였던 것이다. 구천이 범려에게 월나라를 발전시킬 방법을 묻자 범려는 예리한 주장을 펼쳤다. "하늘의 운행과 사람의 일은 부단히 변화하기 때문에 방침과 정책을 세워 미리 대처해야 합니다. 만물은 땅에서 소생하고 땅은 모든 것을 받아들입니다. 그것은 만물과 하나가 되어 기르고 있기 때문에 금수와 농작물 등은 대지를 떠날 수 없는 것입니다. 어떠한 만물이라도 땅은 차별 없이 그것들을 자라나게 하고 있으며, 사람들도 그러한 대지에 의존하여 살아가고 있습니다. 그러나 만물의 생장에는 각기 정해진 때가 있는지라, 때가 되지 않았는데 억지로 생장할 수는 없습니다. 사람의 일에 대한 변화도 마찬가지여서 최후의 전환점이 되지 않았는데 억지로 성공할 수는 없는 것입니다. 따라서 자연의 순리에 따라 처세하면서 때가 오기를 기다렸다가 국면을 유리하게 전환시켜야 합니다." 범려는 계속하여 내정 방면에서 월나라를 부흥시킬 정책들을 건의하였다. 그는 백성들을 적극적으로 동원하고 보호하면서 생산력을 강화시켜 부국강병의 길로 나아갈 것을 강조하였다. 그는 구천에게 직접 들에 나가 백성들과 함께 농사를 짓도록 하고, 구천의 부인에게도 직접 베를 짜면서 백성들과 고통을 함께 나눌 것을 권하였다. 그 결과 월나라는 점점 국민생활이 안정되고 국력도 부강해졌다. 대외관계에 있어서 범려는 약소국에게는 친절하게 대하고 강대국에게는 표면적으로만 유순한 입장을 취할 것을 주장하였다. 그리고 오나라에 대해서도 그들의 힘이 쇠약해질 때를 기다렸다가 일거에 멸망시킨다는 계산을 하고 있었다. 구천은 범려의 제안을 그대로 받아들여 "와신상담(臥薪嘗膽)"하면서 인재를 등용하고 백성들을 보살피며 군대를 양성하는 일에 조금도 나태함을 보이지 않았다. 범려는 또 직접 민간에서 미녀 서시(西施)와 정단(鄭旦)을 찾아내어 그녀들을 금은보화와 함께 오나라 왕에게 헌상하는 한편, 부차에게 대규모 토목공사를 일으키도록 부추기고 주색에 빠지도록 유혹하였다. 그리고 초(楚)·제(齊)·진(晋)과 연합하여 오나라를 최대한 고립시켰다. BC 485년 구천이 월나라로 돌아온 지 5년째 되던 해에 월나라는 국고가 충실해지고 전국토가 개간되어 백성들은 풍요로운 생활을 누릴 수 있게 되었다. 이에 구천은 오나라에 대한 원한을 갚고 "회계의 치욕"을 씻고자 하였다. 그러나 범려는 아직 때가 무르익지 않았다고 판단하고 좀더 기다릴 것을 간청하였다. 1년 후에 오나라 왕 부차는 제나라를 공격할 준비를 하였다. 월왕 구천은 여기에서 오나라가 많은 국력을 소모할 수 있기를 기대하면서 직접 많은 예물을 가지고 오나라를 방문하였다. 오나라의 왕과 신하들은 온갖 허세를 부리면서 즐거워하였으나 오자서만은 사태의 심각성을 인식하고 매우 근심스러워하면서 부차에게 제나라 공격을 포기하고 월나라를 칠 것을 건의했다. 부차는 오자서의 건의를 뿌리치고 마침내 제나라 공격을 감행하여 애릉(艾陵)에서 제나라 군대를 격파하고 기세등등하게 개선하였다. 그는 오자서를 보고 크게 나무랐지만 오자서는 자기 말을 듣지 않으면 3년내에 오나라가 월나라에게 멸망당할 것이라고 경고하였다. 크게 노한 부차는 오자서에게 보검을 내려 자결을 명하였다. 오자서가 죽은 후 부차는 태재 백비를 더욱 총애하여 오나라 조정은 더욱 부패해졌다. 마침내 17년간 와신상담을 통한 각고의 노력 끝에 구천은 오나라를 공격하여 지난날의 원한과 치욕을 갚고 부차를 고소산(姑蘇山)에서 자결토록 했다. BC 473년 구천은 여세를 몰고 북상하여 산동의 서주(徐州)에서 제후를 회맹케 하여 장강(長江), 회하(淮河) 유역 일대까지 세력권을 확대하고 자칭 "패왕(霸王)"으로 일컫기에 이르렀으나, 그 공적은 명신 범려의 보좌에 힘입은 바가 컸다. 범려는 그 공에 의해 상장군(上將軍)에 임명되었다. 그러나 범려는 구천의 인간됨이 환난은 함께 할 수 있으나 즐거움은 함께 누릴 수 없는 인물이라는 것을 알고 관직을 버리고 제나라로 갔다. 범려는 성과 이름을 바꾸고 자호를 치이자피(鴟夷子皮)라 하여 해안가에서 초막을 짓고 살인질로 잡혀있었다. 그 후 석방되어 월나라로 돌아가서 월나라 왕 구천을 도와 각고의 노력으로 부국강병을 시행하여 결국 오나라를 멸망시켰다. 만년에는 제(齊)나라로 가서 농사를 짓다가 마지막에는 도(陶: 지금의 산동성 정도현(定陶縣))에 은거하여 이름을 도주공(陶朱公)으로 바꾸고 장사를 하였다. 범려는 지략이 뛰어나고 처세에 능하였으며, 정치와 군사는 물론 상업에 이르기까지 통달한 보기 드문 인재였다. 특히 범려와 서시(西施)의 사랑 이야기는 지금까지도 사람들의 입에 오르내릴 정도로 유명하다.

았다. 범려는 두 아들과 함께 황무지를 개간하여 농사를 짓고 가축을 기르면서 농한기에는 장사도 하였다. 그는 열심히 집안일을 돌본 결과 몇 년 사이에 수천금의 부를 쌓았다. 그리고는 자신의 재물을 가난한 사람들을 위해서 사용하여 그 명성을 드높였다. 얼마후 제나라 왕이 그 명성을 듣고 그를 도성 임치(臨淄)로 초빙하여 상국(相國)에 임명하였다. 범려는 2~3년간 상국의 자리에 있은 후, "집에 있을 때는 천금의 재산을 쌓았고, 관직에 있을 때는 재상의 지위에까지 이르렀다. 자수성가한 평범한 백성에게 있어서 이것은 이미 갈 수 있는데까지 다 가본 것이다. 고귀한 자리에 너무 오래 머무는 것도 좋지 않은 징조이다."고 하면서, 관직을 반납하고 재물은 친구와 해안가의 농민들에게 전부 나누어준 다음, 아내 서시(西施)와 두 아들을 데리고 서쪽으로 가서 도(陶: 지금의 산동성 정도〈定陶〉 서북쪽)에 은거하였다. 도(陶)는 동으로는 제(齊)·노(魯), 서로는 진(秦)·정(鄭), 북으로는 진(晋)·연(燕), 남으로는 초(楚)·월(越)과 접경을 이루는 무역의 중심지였다. 그는 그곳에서 다시 도주공(陶朱公)이라는 이름으로 무역을 하여 거부가 되어 그 명성을 천하에 떨쳤다. 이후 "도주공"이라는 이름은 부호의 대명사로서 사용되었다.
범려의 선택은 뒷날 많은 사람들에게 귀감이 되었다. 월나라에 들어가 월왕 구천을 돕다가 전쟁에서 패하여 오나라에서 치욕의 3년 세월을 보내고 다시 돌아와 와신상담의 세월을 보내며 부국강병을 이룬 일이 첫 번째 그의 선택이라면, 두 번째는 권력과 권한과 부귀공명을 훌훌 벗어던지고 조용히 물러나서 농삿꾼을 선택하여 세상에 한점 흐트러짐 없이 청빈하고 무욕의 삶을 살아가다가, 제나라 평공의 천거를 받았지만 끝내 거절한채 가산(家産)을 친구들에게 나누어주고 그곳을 떠난 일도 보통사람은 할 수 없는 일이었다. 마지막으로 그는 스승 계연(計然)의 경제정책을 직접 실천에 옮겨 물류와 교통의 중심지인 도(陶)에서 상업을 일으켜서 당대의 거부로 명성을 날렸다. 그의 3차례 걸친 선택은 오늘날 군인의 길, 재상의 도(道), 상업의 이(理)를 일깨워주는 소중한 교훈인 셈이다.

64 고관배련 구곡진영

高冠陪輦 驅轂振纓

높을 고 갓 관 모실 배 손수레 련 몰 구 바퀴 곡 떨칠 진 갓끈 영

☞ 높은 갓을 쓴 벼슬아치들이 천자의 수레를 모시니, 말을 몰아 수레바퀴를 굴릴 때마다 끈과 술이 휘날린다.

* 련(輦): 천자가 타는 수레를 높여 부르는 말

이 글은 천자(天子)의 행차(行次)가 화려하고 성대함을 보여주는 글이다. 천자의 행차 모습은 우리의 상상을 초월할 정도로 장엄하고 화려하며 엄숙했을 것으로 추정된다. 군주가 옥련(玉輦)을 타고 가면 장상(將相)과 공경대부(公卿大夫)들도 수레나 말을 타고 뒤따르게 된다. 그리고 그 수레들의 전후 좌우에 기마병, 기수잔, 취타대를 비롯한 호위병사들이 무수히 뒤따랐을 것이다. 일종의 군사력 시위행렬의 의미도 있었을 것이기에 각종 병장기 소리 등도 어우러졌을 것이다.

65 세록치부 거가비경

世祿侈富 車駕肥輕[29)]

세상 세 녹 록 사치할 치 부자 부 수레 거 멍에 가 살찔 비 가벼울 경

☞ 대대로 녹을 받아 사치하고 부유해지니, 말은 살지고 수레는 가볍구나.

65-1. 공신들의 부귀영화

천자가 타는 가마를 봉련(鳳輦)이라고 한다. 이 봉련에 배종하는 군신과 측근들이 받는 봉록은 많고, 타고 다니는 말은 기름지고 옷은 사치스럽다는 말이다. 즉 천자의 행렬이 장대하고 화려하다는 것으로 태평하고 부유한 시대라는 것을 보여 주는 말이다. 국가에 공로가 있는 신하에게는 많은 봉록을 주었으며 후손들에게도 봉록과 관직을 하사했다. 공로자의 후손은 대대로 우대를 받으며 부를 축적하고 가뿐한 수레와 살찐 말을 타고 다니며 부귀영화(富貴榮華)를 누렸다. 봉록이 최고임을 나타내는 말 중에 비이천석(比二千石), 중이천석(中二千石)이라는 말이 있다. 대신이 자신의 봉토나 관할지에서 봉록(俸祿)으로 일 년에 이천 석씩 거두어들인다는 말이다. 천자(天子)로부터 작위(爵位)와 봉록(俸祿)을 받은 제후왕과 공신(功臣)의 집안은 작위와 봉록이 세습되었기 때문에 대를 이어 부귀영화와 권력을 누릴 수 있었다. '세록치부(世祿侈富)'는 세습을 통해 제후왕과 공신

29) 병법(兵法)에서 말하는 사경(四輕): 1번 경(도로를 정비하니 수레가 가볍다), 2번 경(수레를 정비하니 짐이 가볍다), 3번 경(짐이 가벼우니 말의 멍에가 가볍다), 4번 경(말이 가벼우니 사람 마음이 편안하고 가벼움을 느낀다)

의 자손들이 큰 권력과 부를 쌓는 것을 말하고, '거가비경(車駕肥輕)'은 가볍고 잘 나가는 고급 수레와 살찐 말을 타고 다니는 제후왕과 공신의 자손들의 과시욕과 위세를 보여주는 말이다.

65-2. 공신의 세력과 황제의 견제

이렇듯 작위와 봉록의 세습으로 제후왕과 공신의 가문은 황제의 중앙권력도 감히 어떻게 할 수 없는 막강한 힘을 갖출 수 있었던 것이다. 그래서 제후왕과 공신 중 자신들이 다스리는 영지(領地)에서 누린 권력과 힘을 지나치게 믿고 날뛰는 사례가 끊이지 않고 나왔던 것이다. 이 때문에 황제의 중앙권력과 제후왕과 공신들의 지역권력간에 갈등과 대립이 일어났고, 그 와중에 작위와 봉록을 잃은 이들도 허다하였다. 유방을 도와 한(漢)나라를 세운 공신들 중 가장 윗자리를 차지한 장량(張良, 장자방)의 가문(家門)도 그 아들 대(代)에서 작위와 봉록을 박탈당하게 된다. 장량은 책사(策士)로서, 그의 전략과 계책, 지략이 없었다면 유방은 항우와의 전쟁에서 승리하기 힘들었을 것이고 제후왕들을 제거하고 황제 권력을 강화하는 일도 이루지 못했을 것이다. 장량은 매우 현명하여 통일 후, 유방이 제(齊)나라 땅에 있는 3만 호(戶)를 봉지(封地)로 하사했으나 이를 거절하고 유후(留侯)의 작위와 봉록만을 챙겼다. 자신이 봉지를 받아 독립적인 세력을 이루게 되면, 유방으로부터 의심과 견제를 받을 수 있었기 때문에 이를 거절했던 것이다. 그러나 장량의 현명함도 그 아들 대에서 끝이 나고 만다. 장량이 죽은 후, 작위와 봉록은 그의 아들인 장불의(張不疑)에게 세습된다. 장불의는 아버지 장량의 지략과 현명함을 닮지 않았던지, 황제를 모독하는 불경죄를 범해 결국 작위와 봉록을 박탈당하는 패가망신의 길을 밟게 된다. 자신의 가문이 이룬 명성과 권력에 대한 지나친 마음이 불러 일으킨 참화였다. 중앙의 황제 권력을 무시하고 자신의 사욕을 채우기 위해 잔혹무도하게 권력을 휘두른 제후왕도 적지 않았다. 한나라 제7대 황제인 무제(武帝)의 동생인 교서왕 유단은 중앙의 법률을 예사로 어기고, 신하들을 제멋대로 죽였다. 이에 무제가 분봉한 영지를 절반으로 줄이자, 아예 정사를 돌보지 않고 궁문(宮門)을 폐쇄해 나라 살림을 거덜나게 하였다. 제6대 황제인 경제(景帝)가 '오초칠국의 반란사건'을 평정한 후, 조왕(趙王)으로 봉한 유팽조는 중앙의 법률을 무시하고 독단적으로 나라를 다스렸으며, 자신의 첩과 자식들에게 재산을 불려주기 위해 신하와 백성들을 갈취했다. 조왕 유팽조의 태자였던 유단은 자신의 누이들과 성관계를 가질 만큼 문란하고 방탕했다. 제후왕들이 자신이 다스린 영지 내에서 행한 포악무도하고 잔인한 행위에 대해, 중앙의 황제권력도 제대로 손을 쓸 수 없었던 것이 당시의 상황이었다.

66 책공무실 늑비각명

策功茂實 勒碑刻銘

꾀 책　공 공　무성할 무　열매 실　굴레 륵　비석 비　새길 각　새길 명

☞ 공적을 기록하여 실적에 힘쓰게 하고, 공적을 비석에 새긴다.
* 륵(勒)은 여기서는 '새기다' 라는 의미로 사용되었다.

비명(碑銘)[30)]에 찬미하는 내용을 새겨 그 공을 후세에 전한다. 굴레의 유래는 어린아이 머리에 씌우는 수놓은 모자로 알려지고 있으며 그것이 사치로 발전하여 여름 것은 오색의 실로 얽어서 만들어 구슬도 달고 금자(金字)도 박았으며, 겨울 것은 검은 비단에 솜을 두어서 얼굴만 내어 놓게 지었다. 륵(勒)을 새길 륵으로도 부르는 것은 비(碑)의 머리에 올리는 것으로 모자와 같은 의미를 갖는다. 륵비(勒碑)는 비석을 새긴다는 것으로 비석을 세운다는 뜻이다. 조상 중에서 높이 이름을 떨친 조상을 두겁조상이라 하여 두겁 비를 세웠다. 비의 굴레는 용과 또 다른 여러 문양들이 있다. 이것을 근래에 와서는 비의 두겁이라 한다. 일반평민의 묘소 비(碑)는 두겁을 씌우지 못하게 했다고 전한다.

30) 비면(碑面)에 새기는 글을 말한다. 중국에서 사람의 행적과 발자취를 돌에 새겨 기리게 된 것은 중국 최초의 통일왕국을 세운 진시황 때부터 시작되었다고 한다. 현재까지 전해오는 진시황의 비석은 중국사 최초의 비석이라고 하고 있다.

67 반계이윤 좌시아형

磻溪伊尹 佐時阿衡

돌 반 시내 계 저 이 맏 윤 도울 좌 때 시 언덕 아 저울대 형

☞ 반계[31]에서 강태공을, 신야(莘野)에서 이윤을 맞아 들였고, 좌시[32](강태공)와 아형[33](이윤)은 시대를 도와 재상이 되었다.

주 문왕(周 文王)은 반계(磻溪)에서 강태공(姜太公)을 얻었고, 은 탕왕(殷湯王)은 신야(莘野)에서 이윤(伊尹)을 맞아 재상으로 삼음으로써 시국의 위기를 구하고 아형(阿衡)이라는 칭호를 내렸다. 좌시는 강태공 여상이고,

---

31) 반계는 위수(渭水)로 흘러 들어가는 섬서성(陝西省)에 있는 강인데 강태공(姜太公)이 이곳에서 낚시질을 했다 한다.

32) 좌시는 강태공이 낚시를 하다가 얻은 옥에 "희수명 여좌시(姬受命 呂佐時, 희씨가 천명을 받는데 여씨가 돕는다)"라는 구절에서 유래된 것으로 강태공(姜太公)을 지칭한다. 그와 관련된 고사성어로는 궁팔십 달팔십, 복수불반분(窮八十 達八十, 覆水不返盆)이 전해진다.

※ 궁팔십 달팔십(초반 80년은 낚시로 세월을 낚으며 초야에 묻혀 가난하게 살았고, 후반 80년은 세상에 뜻을 펼치며 영광스럽게 살았다.)

※ 복수불반분(한번 쏟아진 물은 다시 담을 수 없다. 독서와 낚시로 세월만 낚는 강태공 때문에 가난에 찌들려 부인이 떠났는데, 강태공이 때를 만나 재상이 되고난 뒤 부인이 다시 함께 살기를 원했으나 강태공이 거절하면서 이 말을 하였다.)

33) 아형은 이윤(伊尹)의 이름이다. 그는 요리사 출신의 재상으로 유명하다. 그는 혼란스러운 세상을 피해 세월을 낚던 강태공과는 달리, 하(夏)나라의 마지막 왕인 폭군 걸왕(桀王)의 잔혹한 정치를 고치기 위해 요리사가 되어 궁궐로 들어갔다. 그러나 수차례의 간언(諫言)에도 불구하고 걸왕이 잔혹 무도한 정치를 고치지 않자, 탕왕에게 귀순한 사람이다. 이윤은 요리사답게 솥과 도마를 짊어지고 나타나, 요리하는 방법에 비유하여 나라를 다스리는 방법을 탕왕에게 가르쳤다고 한다. 이윤의 유세(遊說)에 감동받은 탕왕은, 그를 재상으로 삼았다. 이윤(伊尹)은 선(善)과 덕(德)으로 나라를 다스려 천하의 민심이 탕왕에게 기울도록 했고, 이에 때가 무르익자 군사를 일으켜 하(夏)나라를 멸망시키고 은(殷)나라를 세우는 데 앞장섰던 것이다.

아형은 이윤을 지칭한다. 때(등극, 登極)를 도운 재상들이다.

중국 고대 3왕조를 세운 성왕(聖王)은 하(夏)나라의 우왕(禹王), 은/상(殷/商)나라의 탕왕(湯王), 주(周)나라의 문·무왕(文·武王)이다. 이들을 보좌하여 나라를 세우는 데 일등 공신 역할을 한 사람들은 누구인가? 우왕은 순(舜)임금으로부터 평화적으로 왕위를 물려받았으니까 예외로 하더라도, 탕왕은 이윤(伊尹) 그리고 문·무왕은 강태공의 도움을 받지 못했다면 왕좌(王座)를 차지하기 어려웠을 것이다. 여기에서 '반계이윤(磻溪伊尹)'은 강태공(여상)과 이윤을 뜻한다. 이윤은 이름을 썼는데, 강태공 여상은 주나라 문왕이 그를 처음 만난 지명을 사용했다. 여상(呂尚)은 강태공이라는 별호답게 은나라 말기 폭군 주왕(紂王)이 다스리는 혼란스러운 세상을 피해 강에서 '미끼도 없이 세월을 낚는 일'을 벗 삼아 지낸 사람이다. 문왕이 그를 찾아갔을 때에도, 여상은 낚시질을 하고 있었는데 그곳이 바로 반계(磻溪)다. 여상은 당시 서백(西伯, 서쪽 제후들의 우두머리)이었던 문왕(文王)을 도와 주(周)나라 개국의 기반을 만들었고 또 문왕이 죽고 난 후 무왕(武王)을 도와 은(殷)나라를 멸망시키고 주 나라를 세우는 데 일등 공신의 역할을 했다. 이 공로로 여상은 중국 대륙의 가장 동쪽에 위치하고 있는 제(齊)나라를 분봉 받아 제나라의 시조가 되었다.

68 엄택곡부[34] 미단숙영

奄宅曲阜 微旦孰營

문득 엄 집 택 굽을 곡 언덕 부 작을 미 아침 단 누구 숙 경영 영

☞ 곡부 땅을 어루만져 다스리니, 주공 단이 아니면 누가 다스리겠는가?

68-1. 주공 단의 업적

무왕(武王)이 주(周)나라를 세운 후, 천하는 제후들에게 나누어져 다스려졌다. 이때 제후들은 공작·후작·백작·자작·남작(公爵·侯爵·伯爵·子爵·男爵)의 5등급으로 분류되었고, 제후에게 분봉된 제후국이 수 백여 개에 달했으며, 그 가운데 큰 제후국이 55개나 되었다. 특히 주요 제후국 중 10여 개는 주나라 왕실의 친형제들이 차지했다. 봉건제의 시작이 고대 중국의 주나라로부터 시작되었는데, 이 분봉제후제의 기틀을 짠 사람이 주공(周公) 단(旦)이었다. 당시 가장 규모가 큰 제후국은 노(魯)나라와 위(衛)나라였는데, 주공은 이 중 노나라를 분봉 받았다. 이렇게 해서 주공은 공자의 출생지인 노나라의 시조(始祖)가 되었던 것이다. 이 노나라의 도읍지가 바로 곡부(曲阜)이다. 그러나 주공은 개국 초기에 형인 무왕을 도와 천하를 안정시켜야 했고, 더욱이 무왕이 죽고 난 후에는 어린 성왕(成王)을 대신하여 주나라를 다스리는 섭정(攝政)을 맡아야 했다. 그래서 자신의 제

34) 곡부는 공자의 출생지로 우리나라 사람들이 많이 찾는 관광지로 유명하지만, 고대 중국 사람들에게 곡부(曲阜)는 사실 주(周)나라 무왕의 동생으로 어린 조카인 성왕(成王)을 도와 주(周)나라의 정치적 기틀을 짠 주공 단(周公 旦) 때문에 명성을 얻은 고장이다.

후국인 노나라로 떠나지 못하고, 계속해서 주나라의 도읍지인 호경(鎬京)에 머물 수밖에 없었다. 대신 주공은 자신의 아들인 백금(伯禽)을 노공(魯公)으로 삼아 노나라에 보냈다. 이때 주공이 백금에게 남긴 유명한 말이 있다. "나는 주나라 문왕의 아들이요, 무왕의 동생이며 성왕의 숙부로서 신분과 직위와 권위로 말하자면 세상에서 둘째가라면 서러운 사람이다. 그렇지만 나는 머리를 감다가도 손님이 오시면 머리채를 양손으로 감싸고 맞이하기를 하루에도 세 번씩, 밥을 먹다가도 손님이 오시면 바로 뱉어내기를 하루에 세 번씩, 이렇게까지 하면서 열성을 다했다. 그러면서도 현인을 모시지 못할까 항상 전전긍긍했다. 네가 노나라에 가면 제후랍시고 함부로 사람을 대해서는 안 되느니라." 섭정을 맡아 주나라를 다스린 지 7년이 지나 성왕이 장성하자 주공은 성왕에게 권력을 넘겨주고 신하의 위치로 돌아갔다. 그 7년 동안 주공은 주나라의 국가체제인 분봉제후제와 종법제를 완성시켰고, 왕실에 반란을 꾀했던 세력들을 평정하여 주나라를 반석 위에 올려놓았다. 이 기반 위에서 제2대 성왕과 제3대 강왕(康王)은 태평성대를 누렸는데, 이것은 주공의 충성어린 노력이 있었기 때문이다. 그래서 주나라의 천자들은 주공에게 생전에 천자에 버금가는 대우를 해주었을 뿐만 아니라 사후에도 천자의 신분에 맞추어 제사와 각종 의례를 지낼 수 있게 해주었다. 주공의 노력이 없었다면 주나라가 개국 초기의 정치적 불안정과 반란 세력의 위험으로부터 왕실을 보존할 수 없었을 것이라고 생각했기 때문이다. 그래서 주공 단의 공로가 아니면 누가 이 큰 기업을 경영하겠는가? 라고 말한 것은 욕심을 버리고 왕을 끝까지 보좌한 주공 단을 찬양한 구절이다.

69 환공광합 제약부경

桓公匡合 濟弱扶傾

굳셀 환 귀 공 바를 광 합할 합 구할 제 약할 약 도울 부 기울 경

☞ 환공은 천하를 바로잡고 제후들을 끌어 모아, 약한 자를 구제하고 기우는 나라를 붙들어 주었다.

69-1. 제나라 환공의 업적

중국사에서 주(周)나라가 기원전 770년(13대 임금인 평왕(平王) 시대에 중국 대륙의 북서쪽에 자리한 유목민족의 침입을 피해 동쪽으로 수도를 옮긴 때) ~ 기원전 453년(제후국인 진(晋)나라가 한 · 위 · 조(韓·魏·趙) 세 나라로 나누어지는 시기) 사이를 춘추시대(春秋時代)라고 부른다. 춘추(春秋)란 뜻은 세월의 바뀜과 흐름을 뜻하며, 인류 사회가 오랜 세월에 걸쳐 겪어 온 정치·사회·문화적 변천이나 흥망의 과정 또는 그 기록을 뜻하기도 한다. 그래서 춘추시대란 여러 나라들의 흥망성쇠가 거듭된 혼란의 시대란 의미가 있다. 『춘추』란 역사책을 공자가 편찬했다. 공자는 늘 주나라 시절의 예법과 질서가 복원되길 바라고 평생을 주유천하하며 정치적으로 민생이 안정되길 바라며 뜻을 펼치고자 했으나 무도한 시대에 현명한 주인을 만나지 못하여 그 뜻을 이루지 못했다. 이 춘추시대에 주(周)나라 왕(王)은 실권(實權) 없는 허울뿐인 천자였다. 이 때문에 중국 대륙은 '혼란과 분열', '침략과 정복'이 판치는 무법천지가 되었고, 제후들은 언제 주변 강국(强國)의 침략으로 나라를 잃을지 몰라 전전긍긍해야 했다. 이것은 모두 제후

국 간의 평화와 질서를 잡아주던 주나라 천자의 권력이 쇠약해졌기 때문이다. 이와 같은 혼란 상황에서 천자의 권력을 대신하여 등장한 사람들이 바로 힘과 무력을 앞세워 수많은 제후국들을 제압한 소위 패자(霸者, 제후들의 우두머리)이다. 이 중 특히 막강한 권력과 뛰어난 능력을 보인 춘추오패(春秋五霸) 중 가장 윗자리를 차지하고 있는 사람이 바로 제(齊)나라 환공(桓公)이었다. 그 뒤를 이어 진(晋)나라 문공(文公), 진(秦)나라 목공(穆公), 초(楚)나라 장왕(莊王), 월(越)나라 구천(勾踐)이 차례로 등장했다. 환공은 형제간의 피비린내 나는 살육전을 통해 제후가 된 사람이다. 그의 형인 제나라 제14대 제후 양공(襄公)은 잔인무도한 사람이어서, 여러 형제들은 목숨을 구하기 위해 이웃 제후국으로 도망쳐야 했다. 그 후 양공은 동생인 무지(無知)에게 살해되었고, 무지 역시 신하들에게 살해되는 등 제후의 자리를 둘러싼 혼란이 끊이질 않았다. 이 상황을 수습하기 위해 제나라의 중신(重臣)들은 당시 거(莒)나라에 피신해 있던 환공을 불러들였고, 이에 마침내 환공은 제나라의 제16대 제후가 될 수 있었다. 제후가 된 후, 환공은 '관포지교(管鮑之交)'의 고사로 유명한 재상 관중(管仲)의 보좌를 받아, 정치적 안정을 되찾아 내치(內治)에 성공하는 한편 주변 이민족의 침입으로 위협을 받고 있던 연(燕)나라를 구하고 형(邢)나라와 위(衛)나라를 부흥시키고 노(魯)나라의 내란을 평정해 외교적으로도 탁월한 역량을 보여주었다. 더욱이 왕권(王權)을 둘러싸고 내란(內亂)에 빠진 주(周)나라 왕실을 바로잡아 혜왕(惠王)으로부터 제후의 우두머리라는 '백(伯)'의 칭호를 얻는 영광을 누리게 된다. 또한 규구(葵丘)에서의 회맹(會盟)을 통해 각국의 제후들에게 '패자(霸者, 제후들의 우두머리)'의 지위를 인정받음으로써, 주나라의 천자를 대신하여 중국 대륙을 호령하는 권력을 얻게 된다. 환공은 이렇듯 막강한 권력과 위엄을 누렸지만, 그 최후는 매우 비참

했다. 명재상 관중은 죽으면서, 환공에게 간신인 수조와 역아 그리고 위나라의 공자(公子)인 개방을 죽이거나 멀리하라고 충고하나, 자신이 가진 권력의 힘에 취해 있던 환공은 관중의 충언을 대수롭지 않게 여겨 무시했다. 결국 이들 세 사람은 관중이 염려했던 대로 반란을 일으켰고, 환공은 방에 갇힌 채 굶어 죽었는데 7일이 지나도록 시체를 수습하지 못해, 시체에서 나온 구더기가 방 바깥으로 기어 나올 정도였다고 한다. 그가 죽은 후 제(齊)나라는 패자(霸者)의 지위를 잃게 되었고, 제나라는 다시는 환공 시대에 누렸던 강대국으로서의 위용을 갖지 못했다.

69-2. 환공의 즉위와 관포지교(管鮑之交)

제(齊)나라는 본래 주(周)나라 창건의 일등 공신 태공망(太公望) 여상(呂尚)에게 봉해진 나라로, 그의 자손들이 대를 이어 왔다. 희공(僖公, 재위 BC731~BC698)은 태공망 여상으로부터 13대째인데, 그에게는 제아(諸兒), 규(糾), 소백(小白) 등 세 아들이 있었다. 태자인 큰아들 제아가 왕위 계승자였는데 제아는 자기 친누이인 문강(文姜)과 근친상간하고 있었고, 이 사실을 우연한 기회에 소백이 알게 되었다. 이때부터 소백은 패륜적인 형 제아를 제거하고 자기가 왕위를 차지해야겠다고 결심하였다. 이즈음 둘째 아들인 규의 스승이 은퇴하자 포숙이 규에게 관중을 추천했고, 관중은 규를 섬기게 되었다. 이로써 관중과 포숙은 각각 규와 소백을 섬기게 되었다. 희공이 죽고 제아가 아버지의 뒤를 이었으니 바로 양공(襄公, 재위 BC698~BC686)이다. 양공 즉위 4년에 노(魯)나라로 시집갔던 문강이 남편과 함께 제나라로 근친(覲親)을 왔다. 15년 만에 만난 두 사람은 다시 사련을 불태웠다. 그런데 문강의 남편이 이를 눈치 채고 뒷조사를 하여 그들의 불륜 관계가 백일하에 드러나게 되었다. 문강의 남편은 화가 머리끝까지 치솟아 문강을 죽이려고 했다. 문강은 오빠에게 달려가 살려 달라고 애원했다. 양공은 완력이 뛰어난 그의 아들 팽생(彭生)을 시켜 문강의 남편을 죽이도록 했다. 팽생은 문강의 남편을 끌어안는 척하면서 늑골을 부러뜨려 죽이고, 노나라 사람들에게는 급질로 죽었다고 통보했다. 하지만 노나라에서는 주군의 사인이 늑골 골절에 있음을 확인했고, 범인 팽생의 처벌을 요구해 왔다. 양공은 팽생에게 죄를 뒤집어씌워 죽여 버리고 말았다. 양공은 누이동생 문강을 제나라에 머물게 하고 불륜을 계속했다. 사생활이 문란해지니 정치도 그에 따라 문란해졌다. 왕은 포악무도했으며, 법령이 제대로 서지 않고 간사한 무리가 판을 쳤다. 이렇게 되자 공자 규와 소백도 자신들의 안전을 염려하지 않을 수가 없었다. 그래서 규는 관중과 함께 노나라로 피했고, 소백은 포숙과 더불어 거(莒)나라로 망명했다.

양공을 원망하는 신하들이 자꾸 늘어났다. 그중에서도 양공을 가장 원망한 사람은 양공의 사촌 동생 무지(無知)였다. 희공이 살아 있을 때 희공은 동생 이중년(夷中年)을 아주 아꼈는데, 이중년이 일찍 죽자 그의 아들 무지를 태자와 똑같이 대우하라는 명령을 내렸었다. 물론 규와 소백은 아버지의 이런 처사를 매우 못마땅하게 여겼었다. 그런데 제아가 즉위하면서 가장 먼저 한 일이 바로 사촌 동생 무지에 대한 대우를 폐지한 것이었다. 이로 인해 무지는 사촌 형 양공에 대해 매우 깊은 원한을 가지게 되었다. 무지는 비밀리에 불평분자들을 모았다. 마침 교체를 해 주지 않는 것에 불만을 품고 반란을 계획하던 국경 수비대장들이 양공의 정치가 날로 포악해지자 급기야는 반란을 일으켰다. 그들은 무지를 앞세워 궁중에 침입하여 다락방 속에 숨어있는 양공을 찾아내어 죽여 버렸나. 생각지도 않게 무지가 제나라의 왕이 되었다. 하지만 그는 나라를 경영할 만한 능력이 없는 사람이었다. 그 역시 양공처럼 포악무도하게 정치를 하다가 많은 사람에게 원한을 샀고 왕이 된 지 수개월 만에 살해되고 말았다. 제나라에는 권력의 공백 상태가 찾아왔다. 이로부터 제나라 주인의 자리를 놓고 규와 소백 사이에 피비린내 나는 골육상쟁이 시작되었다. 노나라에 있던 규는 관중을 군사(軍師)로 삼아 귀국을 서둘렀고, 거나라에 있던 소백은 포숙을 군사로 삼아 귀국을 서둘렀다. 소백이 망명해 있던 거나라는 제나라의 국경에서 가까운 곳이었으므로 규보다 소백이 먼저 제나라에 당도하리라는 것을 계산에 넣고 있었던 관중은 별동대를 이끌고 소백이 귀국하는 길목에 미리 가 매복을 했다. 소백이 눈에 들어오자 관중은 활시위를 당겼고, 시위를 떠난 화살은 소백의 배에 명중했다. 소백은 외마디 비명을 지르며 말에서 굴러 떨어졌다. 관중은 이 사실을 노나라에 있는 규에게 보고했고, 규는 제나라의 주인이 다 된 기분으로 느긋하게 귀국했다. 그런데 관중의 활에 죽은 줄로만 알았던 소백은 다행히도 화살이 허리띠의 쇠고리에 맞는 바람에 죽지 않았다. 그는 그 순간 기지를 발휘하여 말에서 떨어져 죽은 척함으로써 목숨을 건졌다. 그러고는 곧바로 제나라에 귀국하여 권좌를 차지하고 왕이 되었는데, 그가 바로 제 환공(齊 桓公)이다. 환공은 왕위에 오르자마자 군사를 풀어 규와 관중 일당을 소탕하고, 규와 관중을 수배했다. 그러자 규가 망명해 있던 노나라도 대군을 일으켜 제나라를 공격했지만 전쟁의 결과는 노나라의 패배로 끝나고 말았다. 노나라가 제나라에 화의를 청하자 제나라에서는 사신을 파견하여 화의의 조건으로 규를 잡아 죽이도록 요청했다. 노나라는 할 수 없이 규를 죽이고, 관중까지 죽이려고 했다. 그러자 제나라 사신이 관중은 자기 나라 임금을 사살하려고 한 사람이므로 자기 임금께서 직접 처단할 것이라고 하면서 관중을 죽이지 못하게 했다. 관중은 죄수를 압송하는 함거에 실려 제나라로 압송되었는데, 관중은 이것이 자기를 살려 주기 위한 포숙의 계책일 것이라고 생각했다. 관중이 제나라에 도착하자 포숙이 직접 나와서 맞이하는 것이 과연 관중이 예상했던 것과 다름이 없었다. 그뿐만이 아니었다. 포숙은 환공에게 정권을 잡은 현재 상태에 만족한다면 자기로 족하지만, 중원의 패자가 될 생각이 있다면 자기만으로는 부족하다며 관중을 강력 추천했다. 환공은 포숙의 추천을 받아들여 자신을 죽이려 했던 관중을 등용하여 재상으로 삼았다. 포숙은 기꺼이 관중의 아랫자리로 들어갔다. 환공은 관중을 임용한 이후 패자의 지위를 확보하였고, 제후들과 9회에 걸쳐 회맹함으로서 천하를 바꿀 수 있었다. 관중이 제나라의 재상이 되어 국정을 맡자 변변치 못했던 제나라는 크게 바뀌게 되었다. 관중은 바다를 낀 지리적 이로움을 살려 해산물을 팔아서 나라를 부하게 하여 군비를 튼튼히 하였음은 물론, 항상 민중과 고락을 같이하였다. 그리하여 영을 내리면 물이 낮은 곳으로 흐르듯이 민심이 잘 순응했다. 나라에서 의논한 정책은 백성들이 쉽게 행할 수 있었고, 백성이 바라는 것을 나라에서 잘 들어주었으며, 싫어하는 것은 제거하여 백성들의 불편을 덜어 주었다. 이 이야기는 『좌전(左傳) 〈장공(莊公) 8년·9년〉』에 나온다.

후에 관중은 포숙을 회상하면서 다음과 같이 말했다. "내가 일찍이 곤궁할 적에 포숙과 함께 장사를 하였는데, 이익을 나눌 때마다 내가 몫을 더 많이 가지곤 하였으나 포숙은 나를 욕심 많은 사람이라고 말하지 않았다. 내가 가난한 것을 알았기 때문이다. 일찍이 나는 포숙을 위해 일을 꾀하다가 실패하여 더 곤궁한 지경에 이르렀는데 포숙은 나를 우매하다고 하지 않았다. 시운에 따라 이롭고 이롭지 않은 것이 있는 줄을 알았기 때문이다. 일찍이 나는 여러 차례 벼슬길에 나갔다가 매번 임금에게 쫓겨났지만 포숙은 나를 무능하다고 하지 않았다. 내가 시운을 만나지 못한 줄을 알았기 때문이다. 일찍이 나는 여러 차례 싸웠다가 모두 패해서 달아났지만 포숙은 나를 겁쟁이라고 하지 않았다. 나에게 늙은 어머니가 있다는 것을 알았기 때문이다. 공자 규가 패하였을 때 동료이던 소홀은 죽고 나는 잡히어 욕된 몸이 되었지만 포숙은 나를 부끄러움을 모르는 자라고 하지 않았다. 내가 작은 일에 부끄러워하지 않고 공명을 천하에 드러내지 못하는 것을 부끄러워하는 줄을 알았기 때문이다. 나를 낳은 이는 부모지만 나를 알아준 이는 포숙이다." 포숙은 관중을 천거한 후 자신은 늘 관중의 아랫자리에 들어가서 일을 하였다. 포숙의 자손은 대대로 제나라의 녹을 받고 봉읍을 가지기를 십여 대나 하였는데, 항상 이름 있는 대부로 세상에 알려졌다. 세상 사람들은 관중의 현명함을 칭찬하기보다 오히려 포숙의 사람을 알아보는 능력을 더 칭찬하였다. 이 이야기는 『사기(史記) 〈관안열전(管晏列傳)〉』에서 찾아볼 수 있는데, 여기에서 유래하여 사람들은 절친한 친구 사이를 가리켜 '관중과 포숙의 사귐' 즉 '관포지교'라고 하게 되었다.

70 기회한혜 열감무정

綺回漢惠 說感武丁

비단 기　돌아올 회　한수 한　은혜 혜　　기꺼울 열　느낄 감　호반 무　고무래 정

☞ (한나라 네 현인의 한 사람인) 기리계(綺里季)는 한(漢)나라 (제2대 황제인) 혜제(惠帝)를 회복시켰고, 부열(傅說)은 상(은)나라 임금 무정(武丁)을 감동시켰다.

70-1. 기리계와 혜제

현인(賢人) 기리계(綺里季)로 인해 혜제(惠帝)가 황제(皇帝)의 자리를 지킬 수 있었다. 혜제는 한(漢)나라를 세운 유방(한 고조)의 큰 아들로서 여후(呂后)의 몸에서 태어났는데, 유방은 혜제가 태자시절에 그의 성품이 어질고 나약하다는 이유로 태자의 자리를 박탈하고자 했다. 그러나 태자의 성품을 문제 삼은 것은 핑계일 뿐, 유방은 자신이 총애하는 척부인과의 사이에서 낳은 아들(如意)에게 황제의 자리를 물려주고 싶었던 것이다. 이 때문에 혜제는 수차례 태자의 직위를 잃을 뻔한 위기 상황을 맞았다. 이때 태자를 폐위시키려는 유방의 마음을 결정적으로 돌려놓은 사람이 바로 기리계이다. 기리계는 소위 상산사호(商山四皓)[35] 중 한 사람이다.

35) 한나라가 개국하기 전 진시황 때 혼란스러운 세상을 피해 섬서성 상산(商山)에 은둔해 산 네 사람의 현인(賢人) 즉 동원공, 기리계, 하황공, 녹리선생(東園公, 綺里季, 夏黃公, 角里先生)의 네 은사(隱士)를 말하는데, 이 네 사람이 모두 눈썹과 수염이 흰 노인들이어서 사호(四皓)라 하였다.

70-2. 부열[36]과 무정

상/은(商/殷)나라 제22대 임금인 무정(武丁)이 부열(傅說)을 만난 일은 한 편의 드라마와 같다. 무정 임금은 즉위하면서부터, 쇠약해진 상(은)왕조를 부흥시킬 생각에 밤잠을 이루지 못했으나 자신을 도울 현신을 얻지 못해, 그 뜻을 이룰 수 없었다. 무정 임금의 소망이 얼마나 간절했던지 매일 밤마다 꿈속에서 자신을 보좌할 현인을 만났는데, 꿈속에 나타난 이는 열(說)이라는 사람이었다. 무정 임금은 꿈속에서 만난 현인을 찾고자, 모든 대신과 신하들을 유심히 살펴보았으나 허사였다. 그러던 어느 날 부험(傅險)이라는 곳을 찾게 되었는데, 그곳에서 길을 닦고 있던 죄수 신분의 열(說)이라는 사람을 찾게 되었다. 그를 본 무정 임금은 자신이 꿈속에서 본 바로 그 사람이라면서 얘기를 나누었고 그가 숨어 있는 현인이라는 것을 알게 되었으며, 즉시 자신의 재상으로 삼아[37] 상(은)나라를 다스리게 했다. 이때부터 상(은)나라는 태평성대의 치세(治世)를 맞게 되었다. 현신(賢臣) 부열(傅說)의 이름은 부험(傅險) 땅의 부(傅)를 성(姓)으로 삼았기 때문에 붙여지게 된 것이다.

36) 23-3 참조

37) 부열이 무정 왕의 부름에 응답했다는 다음 구절이 매우 유명하다. 목종승즉정 후종간즉성(木從繩則正, 后從諫則聖, 나무가 먹줄을 따르면 바르게 되고, 임금이 충신의 간언을 따르면 성군이 된다). 무정 임금은 부열의 간언을 진심으로 받아들여서 상나라를 중흥시켰던 바, 훗날 성천자(聖天子)로 불렸다.

71 준예밀물 다사식녕

俊乂密勿 多士寔寧

준걸 준 풀벨 예 빽빽할 밀 말 물 많을 다 선비 사 참으로 식 편안할 녕

☞ 준예(재주나 슬기가 매우 뛰어난 사람)가 밀물하니(경륜을 치밀하게 하니/ 부지런히 힘쓰니), 많은 인재들이 있어 참으로 푸근하다.

71-1. 뛰어난 인물들

준수하고 재주 있는 자들이 경륜을 치밀하게 하니 많은 선비들이 있어서 나라가 편안하다. 동서고금의 어느 나라를 막론하고 나라가 융성하려면 통치자를 잘 보필하는 현자(賢者), 준예다사(俊乂多士)가 있어야 한다. 준예다사 중에는 부열, 태공망(여상), 이윤, 주공, 환공, 상산사호[38] 등이 포함된다. 재주와 덕이 뛰어난 인물들은 조정에 모여 대신으로서 힘써 일했으므로 이로 인해 나라는 실로 편안했다.

이윤, 여상, 주공, 관중, 장량, 기리계, 부열(伊尹, 呂尙, 周公, 管仲, 張良, 綺里季, 傅說)과 같은 사람들을 얻은 임금은 반드시 왕업(王業)과 함께 그 이름을 역사에 남길 수 있었다. 그만큼 천하를 얻고 성군(聖君)의 영광을 누리는 데는 보좌하는 신하의 능력과 현명함이 중요했던 것이다. 그러나 원래 현사(賢士, 어진 선비)들은 아무나 섬기지 않는 자기 나름의 절개와 지조를 갖추고 있는 사람들이다. 그들은 언제나 '자신을 진정으로 알아주고, 자신을 진정으로 믿는' 임금을 찾았고 또한 '자신의 마음에서 진정으로 우러날 때'만 임금을 섬겼다. 그래서 한번 섬기기로 결심한 임금에

38) 기리계·동원공·하황공·녹리선생을 말한다. 70-1 참조.

대해서는 자신의 모든 재주와 능력을 총동원하여 충성을 다했던 것이다.

71-2. 현신, 간신과 군주의 운명

고대 중국인들은 임금을 가르쳐 큰 업적과 이름을 남기도록 노력한 현사들의 명단을 작성하여 후대에 기억하도록 했다. 예컨대, 묵자는 25의 '묵비사염(墨悲絲染, 묵자는 실이 물드는 것을 보고 슬퍼했다)'이라는 문장을 통해 사람이 누구에게 물드느냐(누구에게 가르침과 감화를 받느냐) 하는 것이 얼마나 중요한가를 보여주었다. 묵자는 역사 속의 인물들을 통해 그 구체적 사례까지 열거해놓았다. ① 먼저, 어진 신하를 만나 제대로 물든 군주들 사례를 들었다. 순임금은 허유(許由)와 백양(伯陽)에게, 하나라의 우왕은 고요(皐陶)와 백익(伯益)에게, 상나라의 탕왕은 이윤(伊尹)과 중훼(仲虺)에게, 주나라의 무왕은 여상(呂尙)과 주공 단(周公 旦)에게 물들었기 때문에 왕업(王業, 성왕(聖王)의 정치)을 이룰 수 있었다. 또 춘추오패 중 제(齊)나라 환공은 관중(管仲)과 포숙(鮑叔)에게, 진(晋)나라 문공은 구범(舅犯)과 곽언(郭偃)에게, 진(秦)나라의 목공은 백리해(百里奚)와 건숙(蹇叔)에게, 초(楚)나라의 장왕은 손숙오(孫叔敖)와 심윤(沈尹)에게, 월(越)나라의 구천은 범려(范蠡)와 대부 문종(大夫 文種)에게 물들었기 때문에 패업(霸業, 제후들의 우두머리)을 이룰 수 있었다. ② 묵자는 간악한 신하를 만나 자신과 나라를 망친 군주들의 사례도 열거했다. 하나라의 걸왕은 간신(干辛)과 추치(推哆)를 만났기 때문에 나라와 왕권을 잃었다. 은나라의 주왕은 숭후(崇侯)와 악래(惡來)를 만나 처참한 죽음을 당했고, 주나라의 여왕은 괵공장보(虢公長父)와 영이종(榮夷終)에게 물들었기 때문에 왕위에서 쫓겨났다. 주나라의 유왕은 부공이(傅公夷)와 채공곡(蔡公穀)을 만났기 때문에 이민족인 견융(犬戎)의 침입을 받아 살해당하는 운명을 맞게 되었다. 어떤 신하를 만나 어떻게 가르침과 보좌를 받느냐에 따라, 군주들의 운명은 이렇듯 엇갈렸던 것이다.

72 진초갱패 조위곤횡

晉楚更覇 趙魏困橫

나라 진 나라 초 번갈을 갱 우두머리 패 나라 조 나라 위 곤할 곤 가로 횡

☞ 진(晉)나라, 초(楚)나라는 번갈아 패권을 잡았고, 약소국인 조(趙)나라, 위(魏)나라는 연횡책 탓에 어려움을 겪었다.

72-1. 춘추전국시대

진 문공(晉 文公)과 초 장왕(楚 莊王)은 교대로 패자가 되었지만 조·위는 연횡론(連橫論) 때문에 곤란을 겪었다. 진·초·위는 모두 주대(周代)의 제후국이다. 제 환공(齊 桓公)이 죽은 다음 해에 진 문공과 초 장왕이 교대로 패자로 등장하여 제후를 견제했다. 그러나 제·초·연·조·한·위(齊·楚·燕·趙·韓·魏)의 6국은 진(秦)나라를 섬기자는 장의(張儀)의 연횡설(連橫說)[39]과 6국이 연합하여 진에 대항하자는 소진의 합종설(合從說)[40] 때문에 갈팡질팡하였다. 육국(六國) 중에서도 조나라와 위나라는 다른 어느 나라보다도 지리적인 면에서 진나라와 싸우면 불리했기 때문에 곤란을 겪었다.

주(周)나라 개국 초기에 제후국에 봉해진 나라만 해도 수백 개에 달하고, 이 중 큰 제후국이 55개국 정도 되었다. 주나라의 권력 기반이 튼튼

39) 6국이 관중(關中)의 진(秦)나라와 대치 할 때 지리적으로 가로로 연결된 데서 유래 한 것이며, 합종책에 의하여 6개국이 연합하여 진나라에 대항하려고 하자, 합종을 깨뜨리고 6개국과 각각 동맹을 맺음으로써 고립된 개개의 나라를 각개 격파하려는 것이며, 연형설(連衡說)이라고도 한다.

40) 관동의 6국을 합치고 보면 그 지세가 남북, 즉 세로로 길게 뻗게 된 데서 유래한 것이며, 종(從)은 종(縱)과 같은 뜻이다.

했던 초기에는 천자가 제후들의 영토 확장에 대한 욕망과 독립 경향을 통제할 수 있었으나 기원전 770년 주나라 제13대 천자인 평왕(平王)이 북서쪽의 유목민족에게 쫓겨 도읍지를 호경(鎬京)에서 동쪽의 낙읍/낙양(洛邑 / 洛陽)으로 옮긴 후부터,[41] 천자의 권력은 쇠약해질 대로 쇠약해져 더 이상 제후국을 통제할 능력이 없게 되었다. 이에 제후국들 간에 치열한 세력 다툼과 영토 확장을 위한 정복전쟁이 자주 일어나게 되었다. 중국 대륙은 이때부터 진시황의 진(秦)나라가 천하를 통일하기 전까지 550여 년 동안 '혼란과 분열', '침략과 정복전쟁'의 참화 속에 놓이게 된다. 비록 허울뿐인 소국(小國)의 지위로 전락했지만 천자국인 주(周)나라가 엄연히 존재하고 있었던 시대였기 때문에 '춘추전국시대'를 '동주(東周) 시대[42]'라고도 부른다. 주나라가 멸망하지 않고 천자국의 지위를 유지하고 있었기 때문에, 비록 제후가 천하의 권력을 장악했다 하더라도 그는 제왕이 아닌 패자(霸者, 제후들의 우두머리)의 지위만 가질 수 있었다. 패자의 자리는 춘추시대의 수많은 제후국들 중 소위 '강대국 그룹'을 형성하고 있던 진·제·진·초·오·월(晉, 齊, 秦, 楚, 吳, 越)나라 등이 번갈아 차지했다. 진초갱패(晉楚更霸)는 춘추시대의 '강대국 그룹'중에서도 특히 진(晉)나라와 초(楚)나라가 가장 막강한 국력과 권력을 가졌음을 언급한 것이다. 진(晉)나라는 중국 대륙의 북서쪽에 위치하고 있으면서, 서쪽으로는 진(秦)나라를 제압하고 동쪽으로는 중원의 여러 제후국들을 눌렀다. 특히 제24대 제후인 문공(文公, 재위 BC 636~628) 때 가장 왕성한 국력을 자랑했다. 반면 초(楚)나라는 중국 대륙의 남쪽에 자리하고 있던 제후국이다. 고대 중국인

---

41) BC770~403까지를 춘추시대, BC403~221(진(秦)나라가 중국 최초의 통일을 이룬 해)까지를 전국시대라 하는데, 춘추전국시대야말로 혼란과 분열, 침략과 정복전쟁이 빈번했던 시기다.

42) 춘추전국시대(동주시대) 이전 호경을 도읍지로 하던 주나라(BC1046~771)는 서주(西周)라고 부른다.

들은 황하를 중심으로 한 중원(中原) 지역만을 원래 중국(中國)이라고 여겼기 때문에 중원(中原)지역에 있던 제후국들(송·위·조·진·정·노·제·진(宋·衛·曹·陳·鄭·魯·齊·晉)나라 등)은 서쪽 변방의 진(秦)나라나 남쪽 변방의 초(楚)나라, 북쪽 변방의 연(燕)나라, 동남쪽 변방의 오(吳)나라와 월(越)나라를 오랑캐라고 하며 업신여겼다. 그 때문인지 초나라는 중원의 제후들이 아무리 막강한 세력을 지니더라도 감히 사용하지 못했던 왕(王)이라는 칭호를 버젓이 사용했다. 전통적인 중국, 즉 중원의 문화와 역사에 큰 영향을 받지 않았기 때문이다. 그러나 비록 오랑캐 취급을 받았더라도, 초나라 역시 주나라 천자로부터 작위를 받은 제후국임에는 틀림없다. 그 작위란 것이, 초나라의 국력과는 걸맞지 않는 자작(子爵)에 불과했지만……. 어쨌든 초나라는 남쪽의 강국으로서 중원의 제후국들을 두려움에 떨게 했다. 특히 제22대 제후인 장왕(莊王, 재위 BC 614~591) 때 가장 왕성한 국력을 과시했다. 당시 장왕은 패자가 되어 중원의 제후국은 물론 중국 대륙을 호령했다. 춘추시대가 끝나고 전국시대가 시작되는 이유는 48에서 언급한 바와 같이, 춘추시대의 최강대국이었던 진(晉)나라가 한씨·위씨·조씨(韓氏·魏氏·趙氏)라는 세도 가문에 의해 멸망하고, 이들 세 가문이 각각 한·위·조(韓·魏·趙)나라를 세운 기원전 403년이 전국시대가 시작되는 해이기 때문이다. 전국시대는 춘추시대와는 전혀 다른 '세력 판도'를 보인다. 춘추시대에서 전국시대로 넘어오는 동안 멸망한 제후국만도 52개국에 달했으며, 전국칠웅(戰國七雄)[43]이라고 불리는 7개 제후국을 제외하고는 모두 명맥만 유지하고 있는 소국(小國)으로 전락해버리게 된다. 특히 전국시대의 세력 판도에서 가장 두드러진 특징은, 서쪽 변방의 진(秦)나라

43) 전국 7웅은 제·초·연·진·한·위·조(齊·楚·燕·秦·韓·魏·趙)나라를 말한다.

가 제25대 제후인 효공(孝公, 재위 BC 362~338) 때 상앙(商鞅)이라는 사람을 등용하여 실시한 변법개혁(變法改革)의 성공을 시작으로 초강대국(超强大國)으로 급부상한 것이다. 이때부터 진나라의 영토 확장과 진나라의 침략을 저지하려는 여섯 제후국들 간에 치열한 외교 전쟁이 벌어지게 된다. 이러한 역사적 상황 속에서 등장하게 되는 외교전략이 바로 '합종책(合縱策)'과 '연횡책(連橫策)'이다. 이 합종책 때문에 진(秦)나라는 15년 동안 중국의 동쪽, 즉 중원으로 진출할 수 없었다. 반면 연횡책은 진(秦)나라는 6국과 개별적인 외교 관계를 맺어 침략하지 않는다는 조건으로 자신들을 섬기도록 했던 것이다. 이 연횡책이 성공함으로써, 진(秦)나라는 6국 동맹군의 위험에서 벗어날 수 있었던 반면 진나라와 동쪽으로 국경을 맞대고 있던조(趙)나라와 위(魏)나라 그리고 한(韓)나라는 진나라의 위세에 눌려 국가 존망을 걱정해야 하는 곤궁한 처지가 되었다. '조위곤횡(趙魏困橫)'이라는 말은, 이와 같은 상황을 지적한 것이다.

72-2. 합종연횡(合從連橫)

BC 4세기 말 여러 나라를 유세하고 있던 소진(蘇秦)은 먼저 연(燕)나라에게, 이어서 다른 5국에게 진(秦)나라 밑에서 쇠꼬리가 되기보다는 차라리 닭의 머리가 되자고 설득하여 6국을 종적으로 연합시켜 서쪽의 강대한 진나라와 대결할 공수동맹을 맺도록 하였으니, 이것을 합종(合從)이라 한다.

뒤에 위나라 장의(張儀)는 합종은 일시적 허식에 지나지 않으며 진(秦)을 섬겨야 한다고 6국을 돌며 연합할 것을 설득하여 진이 6국과 개별로 횡적동맹을 맺는데 성공하였으니 이것을 연형(連衡)이라고 한다. 그러나 진은 합종을 타파한 뒤 6국을 차례로 멸망시켜 중국을 통일하였다.

73 가도멸괵 천토회맹

假途滅虢 踐土會盟

빌 가 길 도 멸망할 멸 괵나라 괵 밟을 천 흙 토 모을 회 맹세 맹

☞ (진 헌공(晉 獻公)이) 길을 빌린다고 하여 괵(虢)나라를 없애고,[44] (진 문공(晉 文公)은) 천토[45]에서 제후를 모아 맹세하게 하였다.

73-1. 진 나라 헌공과 문공

진(晉)나라 헌공(獻公)은 괵(虢)을 치고자 하여 순식(筍息)의 모책(謀策)을 썼다. 즉 수극(垂棘)에서 나는 구슬과 굴(屈) 지방에서 산출되는 천하의 명마를 우(虞)나라 임금에게 보내며 길을 사용할 수 있도록 요청했다.

진 문공(晉 文公)은 성박(城濮)의 싸움에서 초(楚)나라 군사를 물리치고 제후를 천토대에 회합시켜 주(周)나라 양왕을 불러 조회하고 주나라에 맹세하게 했으니 이는 천자를 등에 업고 제후들에게 호령한 것이다. 진나라가 가장 융성했던 시기의 일이었다. 진 문공 같은 사람을 패자(覇者)라 하는 것이다.

가도멸괵 천토회맹(假途滅虢 踐土會盟)은 춘추시대 최강국 진(晉)나라의

---

44) 진 헌공(晉 獻公)이 순식(荀息)의 계책을 채용하여 우국 길을 빌려 괵(주대(周代)의 국명)을 멸하였다. 삼국지에 가도멸괵지계(假途滅虢之計, 길을 빌려 괵나라를 멸망하는 계책)가 나온다. 춘추시대 진나라는 우나라에게 괵나라를 치러 갈 수 있게 길을 빌려달라 하고 괵나라를 멸망시키고 우나라도 멸망시킨다. 정명가도(征明假道)는 1592년 임진왜란 당시 일본군이 '명(明)을 침략하고자 하니 (명(明)으로 가는) 길을 빌려 달라'고 조선 정부에 강요한 내용이다.

45) 황하의 남쪽에 있는 지명(춘추시대에 정(鄭)나라의 땅)

제19대 제후였던 헌공(獻公, 재위 BC 677~651)과 그의 아들인 제24대 제후 문공(文公, 재위 BC 636~628)에 관한 이야기다.

73-2. 순망치한

헌공(獻公)은 제후국인 괵(虢)나라를 정벌해 차지하고자 했는데 헌공의 군대가 괵나라로 가려면 또 다른 제후국인 우(虞)나라를 거쳐야 하는 어려움이 있었다. 우 나라가 헌공의 군대가 지나갈 길을 빌려주지 않는다면, 괵 나라를 정벌하는 것은 불가능한 일이었다. 이로 인해 헌공은 적지 않은 고민을 했다. 그런데 당시 진(晋)나라에서 명장(名將)으로 이름을 떨치고 있는 순식(荀息)이 묘책을 내놓았다. 그 묘책은 헌공이 아끼는 보물인 수극의 구슬(수극지벽, 垂棘之璧)과 굴산의 명마(굴산지승, 屈産之乘)를 우 나라의 제후에게 선물로 주어 환심을 산 뒤, 괵나라를 칠 길을 빌리자는 것이었다. 그러나 헌공은 보물과 명마가 아까웠던지, 순식의 요청을 거절했다. 그러자 순식은 그 보물과 명마는 잠시 우 나라 왕에게 빌려주는 것일 뿐이고, 괵 나라를 친 다음 다시 우 나라를 공격해 헌공의 보물과 명마를 되찾아주겠다고 했다. 이에 헌공이 승낙을 하자, 순식은 우 나라 제후에게 보물과 명마를 보냈다. 우 나라 제후는 순식의 예상대로 보물과 명마에 눈이 어두워 앞뒤 상황도 따져보지 않고 헌공의 군대에게 길을 빌려주고자 했다. 그런데 당시 우 나라에는 궁지기(宮之奇)라는 현명한 신하가 있었다. 그는 괵 나라와 우 나라의 관계는 순치(脣齒)의 관계와 같다면서, '입술이 없어지면 이가 시리다'며 헌공의 군대에게 길을 내주는 것을 반대했다. 순망치한(脣亡齒寒)이라는 고사 성어는 여기에서 비롯된 것이다. 그러나 보물과 명마에 이미 눈과 마음을 빼앗긴 우 나라 제후에게 궁지기의 충언이 들어올 리 만무했다. 결국 우 나라 제후는 헌공의 군대에게 길을 빌려주었고, 헌공의 군대를 지휘하여 괵 나라를 멸망시킨 순식은 돌아오는 길에 우 나라를 공격하여 큰 승리를 거두었다. 그리고 우 나라 제후에게 뇌물로 주었던 보물과 명마를 빼앗아 와서 헌공에게 바쳤다. 이로써 헌공은 괵 나라를 얻었음은 물론 우 나라를 약화시켰고 뇌물로 준 보물과 명마까지 되찾게 되었다. 가도멸괵(假途滅虢)은 이를 두고 한 말로서, 우 나라 제후처럼 '작은 이득을 얻으려다 정작 큰 손해를 보는 어리석은 사람'을 빗대는 의미도 갖고 있다.

73-3. 천토회맹을 통한 문공의 패권

헌공은 숱한 전쟁에서의 승리로 진나라를 강국으로 만들었으나 애첩 여희(驪姬)를 지나치게 총애한 나머지 '권력을 둘러싼 피비린내 나는 살육전'을 불러일으킨다. 헌공은 첫 부인으로부터 신생(申生), 또 나른 두 명의 부인에게서 중이(重耳)와 이오(夷吾) 그리고 여희에게서 해제(奚齊)와 탁자(卓子) 등의 아들이 있었다. 당시 태자는 신생이었는데, 여희는 해제를 태자로 삼고자 신생을 모함하여 죽여 버렸다. 그리고 중이와 이오마저 죽이려 했는데, 두 사람은 이미 낌새를 알아차리고 도망쳐버렸다. 헌공이 죽고 해제가 제후가 되었으나 신하의 손에 살해되어 다시 동생인 탁자가 제후가 되었다. 그러나 탁자 역시 여희와 함께 신하들에 의해 살해되었고 진나라의 신하들은 망명 중이던 이오를 데리고 와서 제후의 자리를 잇게 했다. 그러나 이오(혜공)가 재위 15년 만에 죽고, 그의 아들 어(圉: 회공)가 다음 자리를 물려받았으나 1년을 넘기지 못하고 살해당했다. 상황이 이렇게 되자, 진나라의 신하들은 마지막으로 남은 헌공의 아들인 중이를 데리고 와서 제후의 자리에 오르게 했으니 이 자가 바로 문공(文公)이다. 문공은 5대에 걸친 골육상쟁(骨肉相爭) 끝에 비로소 제후가 될 수 있었으나, 진나라의 제후가 된 후 빠르게 정치와 민심을 안정시켰다. 또한 밖으로는 주나라 왕실의 내란(內亂)으로 제후국인 정나라에 피신해 있던 주(周)나라의 천자 양왕(襄王)을 도와 천자의 자리를 찾아주었고, 남쪽 오랑캐인 초(楚)나라의 침입으로부터 중원의 제후국들을 지켜주었다. 문공은 기원전 632년 초나라를 '성복 전투'에서 크게 물리친 후, 각국의 제후들을 모이도록 하는 한편 양왕을 불러와 천토(踐土)에서 동맹을 맺었다. 천토회맹(踐土會盟)은 이를 두고 하는 말이다. 이 천토의 회맹을 통해 문공은 명실상부하게 중국 대륙을 호령하는 패자가 될 수 있었다. 이로써 문공은 역사상 제(齊)나라 환공에 이어 두 번째로 패자가 된 인물로 남게 되었으며, 진(晋)나라는 어느 누구도 넘볼 수 없는 국력과 위엄을 누리게 되었다.

74 하준약법 한폐번형

何遵約法 韓弊煩刑

어찌 하 좇을 준 맺을 약 법 법 나라 한 해질 폐 번거로울 번 법 형

☞ 소하(蕭何)[46]는 간소한 법으로 나라를 다스렸고, 한비자(韓非子)[47]는 번거로운 형법으로 피폐해졌다.
– 시간 순서로는 한폐번형(진나라), 하준약법(한나라)이 맞으나 운율상 도치된 것이다.

74-1. 한고조 유방의 약법삼장

승상인 소하(蕭何)는 한신(韓信), 장량(張良)과 함께 한(漢)나라 3대 개국 공신으로 불리던 사람이다. 그는 유방의 책사이자 후방 보급을 총지휘하는 책임을 맡아 항우와의 전쟁을 승리로 이끌었다. 또한 당시 유방 군대의 하급 장교에 불과했던 한신의 재능을 알아보고 유방에게 대장군으로 추천한 사람도 소하였다. 유방이 항우와의 전쟁에서 승리하고 천하를 통일한 후, 그는 명재상으로 변신한다. 특히 소하 같은 명신(名臣)들은 한나라를 오래도록 유지하기 위해 진시황이 천하를 통일한 후 16년 만에 진(秦)나라가 멸망한 이유를 많이 연구한 듯하다. 그들이 찾아낸 진나라 멸망의 중요한 이유 중의 하나가 바로 지나치게 엄격하고 가혹하며 까다로운 진나라의 법령이었다. 진나라는 상앙의 변법개혁 때부터 제자백가 중

46) 소하는 (한 고조 유방(劉邦)이 진(秦)나라 원로들에게 약속한) 약법삼장(約法三章)을 끝까지 준수하고 시행함으로써 한나라 덕치의 기틀을 마련하였다.

47) 한비자는 신왕(晋王)을 달래 형벌을 펴다가, 번거롭고 피곤하게 하는 형 제도 때문에 자승자박이 되어 그 형벌에 죽는다.

법가(法家)의 사상을 국가의 기본 이념으로 삼아 엄격하고 가혹한 법 적용을 통해 부국강병을 이룬 나라다. 분명 법가의 사상은 진나라가 천하를 통일할 수 있는 가장 큰 원동력을 제공했으나 천하를 통일한 후, 진나라의 국가이념이자 통치수단인 엄격하고 가혹한 법 적용은 민심과 정치를 불안정하게 하였고 끝내 전국 각지에서 반란이 일어나 제국을 무너뜨린 주요한 원인이 되어버렸다. 그래서 한(漢)나라 개국 후 소하(蕭何)는 진나라의 엄격하고 가혹하고 까다로운 법령을 모두 없애고 '약법삼장(約法三章)'만 적용해 나라를 다스렸다.

유방이 진(秦)나라의 옛 영역으로 진출하면서 공포하여 많은 지지세력을 모았다는 약법삼장은 ① 사람을 죽인 자는 사형에 처하고, ② 남을 상해하거나 남의 물건을 훔친 자는 엄벌에 처하며, ③ 백성들을 괴롭혀 온 모든 법령은 완전히 폐기해 버린다는 것이다. 법을 이렇게 간략하고 관대하게 적용하자, 동요하던 민심은 안정되고, 정치는 평안해졌다. 후대 사람들은 한나라 황실이 4백년을 지속하고 또한 공신과 그 자손들이 하나둘씩 멸문을 당하는 상황 속에서도 소하의 자손들이 오래도록 부귀영화를 누릴 수 있었던 것은, 모두가 소하의 관대하고 인정어린 정치의 혜택 때문이었다고 평가했다.

74-2. 소하와 한비자

소하가 법으로 다스리는 정치 즉 법치(法治)의 빛을 대표하는 인물이라면, 한비자는 법치의 그늘을 대표하는 인물로 묘사되고 있다. 한비자는 전국시대 한(韓)나라의 왕족 출신이었다. 그는 전국칠웅(戰國七雄) 중 가장 약소국인 한(韓)나라를 부국강병한 나라로 변화시키려고 '법치와 정치 개혁'을 주장한, 10여 만 자(字)에 달하는 방대한 글을 썼는데, 그 책이 바로 『한비자(韓非子)』이다. 그러나 한나라의 제후왕은 한비자의 진언(眞言)을 받아들일 만한 그릇을 갖추지 못한 사람이었고, 오히려 당시 천하 통일의 야망을 품고 있던 진시황의 눈에 띄게 된다. 진시황의 계책으로 진(秦)나라에 사신으로 오게 된 한비자는 진시황의 환심을 사게 되지만, 진시황의 측근이자 순자 밑에서 한비자와 동문수학한 경험이 있던 이사(李斯)의 질투와 모략 때문에 독살을 당하게 된다. 그러나 한비자가 저서 『한비자(韓非子)』(50여편)에 집대성하여 놓은 춘추전국시대 법가사상과 법치에 관한 내용은 진시황이 천하를 통일하고 나라를 다스리는 데 커다란 역할을 했다고 하겠다. 한비자가 법을 만들어, 세상의 모든 일에 대해 옳고 그른 것을 분명히 하였지만 모두 참혹하고 각박하고 인정이 부족해, 그로 인한 폐해(弊害)가 이만저만한 것이 아니었다고 비판했다. '한폐번형(韓弊煩刑, 한비자는 번거로운 형법으로 피폐해졌다)'은 이것을 두고 하는 말이다.

75 기전파목 용군최정

起剪頗牧 用軍最精

일어날 기 가위 전 자못 파 칠 목 쓸 용 군사 군 가장 최 정할 정

☞ (진(秦)나라 장수인) 백기(白起), 왕전(王剪)과 (조(趙)나라 장수인) 염파(廉頗), 이목(李牧)은 모두 명장(名將)이며 (군사를 부리는) 작전이 가장 정밀하였다.

75-1. 춘추전국시대의 명장들

춘추전국시대는 제후국들 간의 '침략과 정복' 전쟁으로 날을 새던 시대였던 만큼, 병법과 용병술이 무척 발달했다. 또한 수많은 명장(名將)들이 나타났다 사라진 시대이기도 했다. 기전파목(起翦頗牧)은 춘추전국시대 중 특별히 전국시대 말기에 크게 이름을 떨친 명장들을 모아 놓은 것이다. 백기(白起)는 진시황의 할아버지인 진나라 소양왕(昭襄王, 재위 기원전 307년~251년) 시대의 사람으로, 병법과 용병술의 대가(大家)였다. 그는 숱한 전쟁을 승리로 이끌고 한·조·위·초나라의 땅을 빼앗아 진(秦)나라의 영토를 크게 확장시켰다. 그는 당시 남쪽의 강대국이었던 초(楚)나라의 도읍지인 영을 점령하여 초나라를 결정적으로 약화시켰을 뿐 아니라, 조(趙)나라와 치른 장평(長平)전투에서는 조나라 군사 40만 명을 생매장시켜 조나라를 회생불가능하게 만들어버렸다. 백기는 훗날 세력가였던 응후(應候)와의 권력 다툼에서 패배하여 자결하게 되었는데, 그때 자신이 저지른 40만 명의 생목숨을 매장한 장평(長平)전투에서의 참극을 크게 뉘우쳤다고 한다. 왕전(王翦)은 진시황 때의 장수로서, 아들 왕분(王賁)·

손자 왕리(王離)와 함께 진시황의 '통일전쟁'에서 큰 공을 세웠다. 역사가들은 진시황의 통일전쟁에서 가장 빛나는 전공(戰功)을 세운 장수 가문으로 왕전의 왕씨 집안과 몽염의 몽씨 집안을 내세운다. 왕전은 뛰어난 용병술과 탁월한 지략으로 여섯 나라를 멸망시켰고, 당시 진시황은 그를 '스승'으로 모시기까지 했다. 그러나 왕전은 진시황에게 어진 정치와 민심 안정을 간언(諫言)하지 않고, 오로지 자신과 가문의 부귀영화에 취하여 살다가 죽었다. 이 때문에 왕씨 가문의 부귀영화는 3대를 넘기지 못하고 사라지게 된다. 진시황이 죽고 제2대 호해 황제가 즉위한 후, 중국 대륙 각지에서 반란이 일어난다. 진나라의 군대와 항우가 이끈 반란 세력은 거록(鉅鹿)에서 운명을 결정지은 대전투를 치르게 되는데, 이때 진나라 군대를 이끈 장수가 왕전의 손자인 왕리(王離)였다. 이 거록전투에서 왕리는 처참하게 패배했고, 결국 항우에게 포로로 사로잡히게 된다. 염파(廉頗)와 이목(李牧)은 국경을 맞대고 있는 진(秦)나라의 위협에 시달려야 했던 조(趙)나라를 강성하게 만들기 위해 충성을 다한 장수들이다. 염파는 용맹함과 뛰어난 용병술로 각국의 제후들을 두려움에 떨게 한 인물이다. 조(趙)나라가 장평(長平)전투에서 진나라 장군 백기(白起)에게 40만 명의 병사를 생매장당한 것도 염파를 대신하여 조괄(趙括)이라는 장수를 총지휘관으로 임명했기 때문이다. 보루를 쌓고 성문을 굳게 닫아 성(城)을 지킨 염파의 병법을 계속 썼다면 그 같은 참변을 당하지 않았을 것이다. 염파는 늙어서도 '한 말 가량의 밥과 고기 열 근을 먹고, 갑옷을 입고 말에 뛰어올라 자신이 쓸모가 있음을 보여주는' 용맹함을 잃지 않는 용장(勇將)이었지만, 정적(政敵)들의 시기와 모함으로 더 이상 장수로서 부름을 받지 못하고 탄식 속에서 죽음을 맞아야 했다. 이목은 조(趙)나라의 북쪽 변방을 지키던 장수로, 당시 크게 위세를 떨친 북방의 흉노족에 맞서 싸워 크게 공을 세운 사람이다. 그는 특히 병사들을 잘 다루는 재주를 가지고 있었다. 이목은 흉노족 10여만 명을 죽이고 북쪽의 여러 유목 민족들을 제압했는데, 이 때문에 10여 년 동안 흉노족은 조나라 국경을 넘어오지 못했다. 그 후 조나라의 대장군이 되어 진(秦)나라 군대를 여러 차례 크게 쳐부수는 전공(戰功)을 세웠으나, 진나라의 이간책에 속은 조나라 왕이 보낸 자객의 손에 죽임을 당하게 된다.

75-2. 명장들의 좋지 않은 말로

백기, 왕전, 염파, 이목은 전국시대 말기를 풍미(風靡)한 명장들이었지만, 한결같이 좋지 않은 최후를 맞이했다. 왕전은 비록 자신의 불운은 피할 수 있었지만, 자신의 손자에 이르러 멸문을 당하는 비극을 피하지 못했다. '칼로 일어선 자 칼로 망하고, 피로 일어선 자 피로 망하는 것'일까?

76 선위사막 치예단청

宣威沙漠 馳譽丹青

베풀 선 위엄 위 모래 사 아득할 막 달릴 치 기릴 예 붉을 단 푸를 청

☞ 명장(名將)은 위엄을 사막에까지 떨쳤는데, (죽은 후에도) 그 명예는 말 달리듯 그림으로 그려져 후세에 전했다.

76 1. 공신을 기리는 단청

한(漢)나라의 선제(宣帝)는 11명의 공신(功臣)을 공의 대소에 따라 순서대로 기린각(麒麟閣)에 그리게 하고, 후한(後漢)의 명제(明帝)는 공신 32명을 남궁의 운대(雲臺)에 그리게 하니, 그들의 명성은 마치 말이 달리는 것 같이 단청(丹青)으로 그려져 후세에 전했다는 뜻이다.

중국 대륙을 펼쳐보면 사막은 서북쪽 변방에 자리하고 있다. 춘추전국시대의 각 제후국이 위치하고 있는 형세로 보면, 서쪽으로는 진(秦)나라가 북쪽으로는 조(趙)나라가 사막을 맞대고 있다. 이 진나라와 조나라의 서북쪽 국경 지대 바깥에는 예부터 끊임없이 중국 대륙을 위협한 용맹하고 날렵한 유목민족들이 살고 있었다. 견융족, 흉노족, 선비족, 동호(東胡), 임호(林胡) 등이 모두 이들을 가리키는 말이다. 특히 흉노족은 진시황의 천하 통일 이후는 물론 한(漢)나라 시대까지 중국 대륙을 위협해 두려움에 떨게 했다. 선위사막(宣威沙漠)은 75에 나오는 진(秦)나라의 장수 백기와 왕전, 조(趙)나라의 장수 염파와 이목은 물론이고 한(漢)나라 시대의 장수인 곽거병과 소무, 장건 등이 서역(西域)을 무찌르고 흉노족을 내쫓아 그

위세와 권위를 사막에까지 떨쳤다는 것을 말하는 것이다.

76-2. 기린아

치예단청(馳譽丹靑)이라는 말은 한(漢)나라 제9대 황제인 선제(宣帝, 재위 BC 74~49) 때 11명의 공신들의 초상을 그려놓은 기린각(麒麟閣)에 관련된 이야기다. 기린각은 한나라 제7대 황제인 무제(武帝)가 성인(聖人)이나 성군(聖君)이 출현하면 나타나는 기린을 포획했다고 하여, 이를 기념하기 위해 지은 장안(長安)의 미앙궁(未央宮) 안에 있던 전각의 이름이다. 상상의 동물인 기린(麒麟)이 세상에 나타났다는 것이다. 어쨌든 무제의 후손인 선제는 이 기린각에 곽광(霍光)이라는 신하를 비롯한 11명의 공신들의 얼굴을 색이 바래지 않는 단청으로 그려서 그들의 명예가 후세 사람들에게 영원히 기억되게끔 했다. 황제가 거처하는 궁궐의 전각에 자신의 초상화가 걸려 있는 셈이니, 당시 그들이 얻은 명성과 명예가 얼마나 대단했을까는 어렵지 않게 짐작될 것이다. 이때부터 중국인들은 기린각에 초상화를 거는 것을 최고의 출세와 영광으로 여기게 되었다. 또 나라의 큰 재목이 될 만한 자질을 갖춘 사람을 일컬어 기린아(麒麟兒)라고 불렀는데, 거기에는 그 사람이 훗날 나라를 위해 크게 공을 세워 기린각에 초상화를 걸게 될 것이라는 뜻이 담겨 있었다.

77 구주우적 백균진병

九州禹跡 百郡秦幷

아홉 구 고을 주 임금 우 자취 적 일백 백 고을 군 나라 진 아우를 병

☞ 구주(九州)[48]는 하(夏)나라 우(禹)임금이 중국을 나눈 자취이고, 백군(百郡)은 진시황(秦始皇)이 6국[49]을 합병(併合)한[50] 다음에 나눈 것이다.

우(禹)는 산을 따라 나무를 베어 길을 통하게 해서 구주를 분별하였으니, 구주는 모두 우왕이 경유한 곳이다. 우임금은 7년 대한(大旱)에 9년 홍수(洪水)가 지는 중국의 홍수를 다스린 공으로 순임금에게 나라를 물려받은 사람이다. 중국 고대 신화에 "곤(鯀)이라는 사람이 황제(黃帝)의 식양(息壤)을 훔쳐 황제는 이를 괘씸하게 여겨 축융(祝融)에게 명하여 곤을 우산(羽山)의 교외에서 죽였다. 그러자 죽은 곤의 배 속에서 우(禹)가 태어났다. 나중에 우에게 물을 다스리라고 명령했다. 우는 흙을 널리 퍼뜨려 물을 다스리는 데 성공하였다. 우임금은 물길을 터주는 방법을 썼고 8년 동안이나 천하를 돌아다녔는데, 세 번이나 자기 집 문 앞을 지나면서

48) 구주(九州)란 중국의 모든 땅을 아홉 고을로 나눈 것으로 황제(黃帝)가 나누었다고도 하고 그 손자인 전욱이 그렇게 하였다고도 한다. 그 뒤 순(舜)임금이 12주로 나누었던 것을 우(禹)가 홍수를 다스린 다음 구주로 만들었다. 구주는 기주(冀州), 연주(兗州), 청주(靑州), 서주(徐州), 양주(揚州), 형주(荊州), 예주(豫州), 양주(梁州), 옹주(雍州)이다.

49) 한(韓), 위(魏), 조(趙), 제(齊), 초(楚), 연(燕)나라를 말한다.

50) 진시황(秦始皇)이 천하를 통일한 다음 지방분권의 봉건제(封建制)를 폐지하고 중앙집권의 군현제(郡縣制)를 실시하였던바 천하를 36개 군(郡)과 1400여 현(縣)으로 나누었다. 한(漢)나라 때 1백3군이 되었지만, 군을 설치한 것이 진나라 때에 시작되었으므로 '진나라가 합병했다'고 한 것이다.

도 들르지 않았다"고 한다. 황제는 헌원씨로 짐작된다. 그리고 우는 황제의 자손이라고 한다.

진시황은 최초로 중국을 통일했다. 전 왕조에서는 친척에게 봉토를 나누어 주고 다스리게 했다. 그러나 세월이 흘러 뿔뿔이 독립하여 천하가 여러 나라로 갈라지고 다툼이 심해졌다. 진시황은 이러한 폐단을 없애려고 봉토를 관리들에게 맡겨 통치했다. 그러나 통일된 지 40여 년이 지나 진나라는 멸망했다.

78 악종항대 선주운정

嶽宗恒垈 禪主云亭

큰메 악 마루 종 항상 항 집터 대 고요할 선 주인 주 이를 운 정자 정

☞ 오악[51]중 항산과 대산(태산)이 으뜸이고, 봉선(封禪)[52]은 운운산과 정정산이 근본이다.

천자가 (5년 또는 12년마다) 순행하거나 제왕들이 제위에 오르면 반드시 태산(태대)에서 의식을 거행하였다. 운운, 정정은 태대 아래에 있는 작은 산인데, 천자가 반드시 이곳에서 유숙하며 목욕재계 한 뒤에 대종에 제사하였다. 중국의 옛 제왕들이 제위에 오를 때는 태산에 올라 봉선(封禪) 제사를 지냈는데, 태산에 흙을 높이 쌓아 단을 만들고 하늘의 공덕에 보답하는 것을 봉(封), 태산 아래 양보산(梁父[53]山) 가운데 있는 운운산 또는 정정산에서 땅을 펀펀하게 고른 다음 땅의 공덕에 보답하는 제사를 선(禪)이라 하였다.

---

51) 오악(五嶽)은 항산(恒山)과 대산(垈山, 태산(泰山)의 다른 이름)이 으뜸이다. 오악은 동악(東嶽)인 태산(泰山), 서악(西嶽)인 화산(華山), 남악(南嶽)인 형산(衡山), 북악(北嶽)인 항산(恒山), 중악(中嶽)인 숭산(嵩山)을 총칭하는 말이다.

52) 고대의 제왕들이 제위에 오르거나, 천자가 12년마다 순수하면서 태산에 올라 하늘과 땅에 제사를 지내는 것. 봉은 흙을 높이 쌓아놓은 것이며, 선은 땅을 판판하게 골라놓은 것을 말한다.

53) 부(父)=보(甫): 남자에 대한 미칭

79 안문자새 계전적성

雁門紫塞 鷄田赤城

기러기 안 문 문 붉을 자 변방 새 닭 계 밭 전 붉을 적 재 성

☞ 안문(雁門)과 자새(紫塞), 계전(鷄田)과 적성(赤城) 모두 중국 북쪽지방의 유명한 지명이다.

중국 북쪽지방에는 기러기 왕래하는 안문(雁門, 산시성(山西省) 서북방)이 있는가 하면 자새(紫塞,[54] 만리장성의 다른 이름)가 가로놓여 있으며, 계전이라는 광막한 지역이 있고 옛날 치우(蚩尤)가 살던 적성도 있다. 특히 계전(鷄田)과 적성(赤城)은 주나라 문왕과 진나라 목공이 암탉을 얻고 왕이 되었다고 하는 곳이다. 안문(雁門)은 중국 대륙의 북쪽에 자리하고 있는 곳으로, 진시황이 정한 36군(郡) 중 하나였다. 봄에 기러기가 북쪽으로 돌아갈 때 이곳을 통해 넘어가므로 '기러기가 지나는 관문'이라는 뜻의 안문(雁門)이라는 이름을 얻게 되었다. 자새(紫塞)는 진시황이 진(秦)나라의 명장 몽염을 시켜 북방 유목민족의 침입을 막을 수 있는 장성(長城)을 쌓게 했던 곳이다. 자새라는 이름은 변방의 흙색깔이 자색(紫色)을 띠고 있었기 때문에 붙여진 것이다. 계전(鷄田)은 중국 대륙의 서쪽 옹주(雍州)에 있는 땅 이름이다. 주나라 문왕(文王)이 암탉을 얻고 왕업(王業, 제왕의 업적)을 이루었듯이, 진(秦)나라 목공은 이곳에서 암탉을 얻어 천하를 호령하는 패업(霸業, 패자가 된 업적)을 이루었다고 한다. 이 계전 아래에 보계사(寶雞祠)라는 사당이 있는데, 진나라는 이곳에서 국가의 가장 중요한 제례(祭

54) 장성의 흙빛이 모두 자색이므로 만리장성을 가리켜 자새(紫塞)라 했다.

禮)였던 교제(郊祭, 제후가 하늘에 올린 제사)를 지냈다고 한다. 적성(赤城)은 만리장성 밖의 변방으로 중국 신화에 따르면, 황제(黃帝)와 천하의 패권을 놓고 겨루다 패배한 전쟁의 신(神) 치우(蚩尤)가 살던 곳으로 알려지고 있다. 이렇듯 계전과 적성 역시 안문과 자새처럼 중국 대륙의 서북쪽 변방에 자리하고 있는 땅 이름이다. 따라서 안문자새 계전적성(雁門紫塞 鷄田赤城)은 중국 대륙의 북쪽과 서북쪽에 있는 변방 지역을 지칭한 것이다.

80 곤지갈석 거야동정

昆池碣[55]石 鉅野洞庭

맏곤 못지 비석갈 돌석 클거 들야 고을동 뜰정

☞ 못은 곤지요 산은 갈석산[56]이며, 들은 거야요 호수는 동정호라.

곤지는 운남성 곤명현에 있었다. 한나라 무제가 곤명국[57]을 치기 위해 수전(水戰) 훈련을 하고, 운남과 통래하기 위하여 판 것(곤명지)으로, 가장 큰 인공호수이다. 갈석은 북평군 여성현에 있었고, 추모하는 글을 새긴 돌을 말한다. 거야는 태산의 동족에 위치한 광양(廣野)이다. 거야는 우리 동이족이 활발하게 활동했던 무대였고, 역사서에서 거야는 전쟁의 격전지였음을 알 수 있다. 동정호는 호남성에 있으며, 양자강이 일단 쉬어가는 큰 연못으로 중국에서는 경박호(鏡泊湖, 헤이룽장성에 위치한 세계 최대의 언색호(堰塞湖)) 다음으로 큰 호수다. 두보(杜甫)가 지은 등악양루(登岳陽樓)는 동정호를 읊은 시 중에 백미(白眉)라 한다. 세종대왕이 훈민정음을 창제한 후 백성들이 쉽게 사용하는 데 도움이 되는지 점검해 보려고 당시 가장 널리 읽히고 있던 두보의 시를 한글로 해석하고자 지은 두시언해(杜詩諺解)에도 등악양루가 실려 있다.

55) 비석(碑石) 중에 네모진 것은 비(碑), 둥근 것은 갈(碣)이라 한다.

56) 갈석산은 바위가 우뚝 솟은 산을 뜻하는데, 고대로부터 유명하여 아홉 황제(진시황, 한무제, 수양제, 당태종 등)가 오른 산이라 한다.

57) 이민족이 살았으며, 천축국(天竺國)으로 가는 중요한 교통로에 위치해 있었다.

登岳陽樓(악양루에 올라)

昔聞**洞庭**湖	예부터 동정호는 들어 왔었지만,
今上岳陽樓	이제 그 악양루에 오르니,
吳楚東南坼	오와 초 땅은 동남으로 탁 트이었고,
乾坤日夜浮	하늘과 땅은 밤낮으로 물에 떠 있구나.
親朋無一字	친척과 벗은 편지 한 장 없고,
老病有孤舟	늙어 병 든 몸 외로운 배로 떠돌다니.
戎馬關山北	고향 산 북녘은 아직 난리판이라,
憑軒涕泗流	난간에 기대어 눈물만 흘리네.

81 광원면막 암수묘명

曠遠綿邈 巖岫[58] 杳冥

멀 광 멀 원 솜 면 아득할 막 바위 암 멧부리 수 아득할 묘 어두울 명

☞ 땅(산, 벌판, 호수(湖水) 등)이 아득하게 멀리 넓게 줄지어 있고, 바위와 산봉우리는 높이 솟고, 물(호수와 못)은 아득하고 깊다.

암수(巖岫)는 산이 높아서 오를 수 없는 곳이고, 묘명(杳冥)은 물이 깊어서 헤아릴 수 없는 곳이다. 그러므로 산과 들이 광막하고 멀며, 바위와 멧부리가 높이 솟고, 물은 아득하고 깊다는 뜻이다. 구주(九州)의 광활한 지역은 변방(邊方) 요새(要塞)나 호수(湖水)나 연못들이 광활(廣闊)하게 계속되고 있어서 끝이 없으며, 산과 골짜기는 동굴과도 같아서 깊고 컴컴하다는 말이다.

'중국'하면 여러 이미지가 있겠지만, 그 대표적인 것 중의 하나가 大(크다 혹은 많다)' 아닐까? 땅덩어리도 크고 인구도 많다는 이미지를 쉽게 떠올릴 수 있기 때문이다. 광원면막 암수묘명(曠遠綿邈 巖岫杳冥)은, 이렇듯 큰 땅덩어리를 가진 중국을 나타내고자 한 것이다. 고대 중국인들은 이처럼 드넓고 아스라이 먼 중국의 땅덩어리를 구(九)라는 숫자로 표현하기를 좋아했다. 그들은 드넓은 벌판에는 구야(九野)가 있고, 땅에는 구주(九州)가 있고, 산에는 구산(九山)이 있고, 변방에는 구새(九塞)가 있으며, 늪지대에는 구수(九藪)가 있다고 여겼다. 또한 고대 중국의 땅덩어리의

58) 산에 있는 바위 동굴

크기를 동서(東西)로는 2만 8천 리, 남북(南北)으로는 2만 6천 리, 물길은 8천 리라고 했고, 이름이 널리 알려진 강만 6백 개요 내륙으로 흘러 들어가는 물길만 6천 개이며 작은 강의 숫자까지 따진다면 그 수가 1만 여 개를 넘는다고 했다. 이것은 전국시대 말기 진(秦)나라 여불위가 편찬한 『여씨춘추(呂氏春秋)』에 나오는 기록이니까, 물론 현재 중국의 영토보다 훨씬 작은 규모라고 할 수 있다. 그러나 현재 우리가 살고 있는 한반도의 크기가 남북(南北)으로 3천 리라는 것을 생각한다면, 그 엄청난 크기에 놀랄 만하다.

82 치본어농 무자가색

治本於農 務茲稼穡

다스릴 치 근본 본 어조사 어 농사 농 힘쓸 무 이 자 심을 가 거둘 색

☞ 다스림의 근본은 농사이니, 이 심고 거두는 일에 힘쓰게 하라.

82-1. 농자 천하지대본

농업으로써 나라 다스리는 근본을 삼으니 백성들은 곡물을 심고 거두는 일에 힘써야 한다. 농자천하지대본(農者天下之大本)이니 농사에 힘쓰라는 말이다. 『관자(管子)』 목민(牧民)편에 보면 "창름실즉지예절(倉廩實則知禮節, 곳간이 가득 차 있어야 백성들이 예절을 안다)"이라는 구절이 있다. 즉 먹고 입는 것이 족해야만 예절을 안다는 뜻이다. 의식이 풍족하려면 생업(生業)에 힘써야 한다는 말이다. 옛날에 농사일만큼 중요한 것은 없었다. 심고 거두는 일이 제대로 되어야 세금도 걷고 나라가 유지되고 백성들은 먹고산다. 흉년이 몇 해 거듭되면 왕조가 사라지기도 한다. 반란과 역성혁명이 일어나는 것이다. 농사에 국운이 달려 있고 온 백성의 생사가 달려 있으므로 농사철에는 전쟁을 일으켜 징발하는 일을 피했고 부역(賦役)도 시키지 않는다.

82-2. 유가들의 농업 중시

춘추전국시대의 제자백가들은 모두 농업을 자신들의 정치 철학의 근본

으로 삼았지만, 그 내용에 있어서는 큰 차이를 보였다. 유가(儒家)의 맹자(孟子)는, 임금은 백성들이 농업을 생활의 근본으로 삼도록 가르쳐야 한다고 했다. 그는 백성들은 각자 자신의 생계를 유지할 수 있는 일정한 생업(生業)을 갖고 있어야 나라와 임금, 부모와 형제, 스승과 친구들에게 변함없는 마음을 가질 수 있다고 주장했다. 그래서 맹자는 경지(耕地)를 정리하고 경작하는 땅의 배분을 공평하게 하는 정전(井田) 개혁이야말로 왕도정치(王道政治)를 실현하기 위한 필수불가결한 요소라고 생각했다. 법가(法家) 역시 농업을 정치의 근본이라고 주장했다. 그러나 그들은 농업을 왕도정치(王道政治)가 아닌 부국강병(富國强兵)의 수단으로 여겼다. 법가들은 농업과 전쟁에만 온힘을 집중하는 농전국가(農戰國家)를 이상적인 국가 모델로 삼았다. 이는 미개척지를 개간하고 농업 생산력을 높여 국부(富國)를 이루고, 또 나라의 경제력을 바탕으로 강한 군대를 길러 이웃나라를 침략·정복하는 데 국가와 백성의 역량을 총동원하는 것이다. 법가들은 이 목표를 이루기 위해 자신들이 다스리는 나라에서는 모두 중농억상(重農抑商)정책을 폈다. 즉, 백성들이 오직 농업에만 전념하도록 하고, 상공업에 종사하는 백성들에게 큰 불이익과 처벌을 가했다. 제자백가 중에는 유가와 법가처럼 크게 명성을 얻은 학파들도 있지만, 일반에는 거의 알려져 있지 않는 학파도 수두룩하다. 이들 가운데 농가(農家)라는 학파가 있다. 농가는 농업을 중시하고 농경에 힘써 의식주(衣食住)를 자급자족해야 한다고 주장했다. 특히 이들은 임금도 백성과 똑같이 직접 농사를 짓고, 손수 밥을 지어 먹으며 나라를 다스려야 한다고 여겼다. 이들에게 이상적인 사회란 '자급자족하는 농업 공동체'를 말하는 것이다. 유가, 법가, 농가의 주장을 비교해보면, 치본어농 무자가색(治本於農 務玆稼穡)도 각자의 사상과 정치 철학에 따라 크게 달라질 수 있음을 알 수 있다.

83 숙재남묘 아예서직

俶載南描[59] 我藝黍稷

지을 숙 실을 재 남녘 남 밭이랑 묘 나 아 심을 예 기장 서 피 직

☞ 곡식을 생산 하는 일이 시작되면 넓은 나라의 남쪽부터 농사에 힘쓰고, 나는 (오곡의 으뜸인) 서직(黍稷)[60]을 심는다.

한 해 농사가 시작되는 봄이면 남쪽 밭에서 일을 시작하며, 오곡의 으뜸인 서직을 심는다. 쌀, 보리, 조, 콩과 함께 기장은 오곡의 하나다. 쌀은 기장보다 후대에 나왔다고 하므로 상고시대에는 기장이 가장 중요한 식량이었다. 한 집안 한 나라를 다스림에 있어서 기본은 식량과 조상에게 제사 지낼 곡식이다. 백성이나 제후나 제사음식을 스스로 심어야 하는데 그 으뜸이 기장이다. 현재는 벼를 오곡의 으뜸으로 여기지만, 고대에는 기장을 오곡지장(五穀之長)이라 하였고, 오곡을 맡은 주신(主神)을 일러 직신(稷神)이라 할 정도였다.

유가(儒家)에서 사서삼경(四書三經)의 하나인 『시경(詩經)』[61]에 농사 관련 노래도 많이 등장한다. 숙재남묘(俶載南畝)는 『시경』「소아(小雅)」편의

59) 남묘(南描)란 남쪽 밭두둑의 뜻이다. 주(周)나라에서는 6척(尺)을 보(步), 100보(步)를 묘(描)라 하였으나, 진(秦)나라에 와서는 240보를 묘(描)라 하였다.

60) 서(黍)나 직(稷)은 모두 기장이다. 메 기장은 찐 매밀을 약간 말린 다음 찧어서 껍질을 벗긴 맵쌀, 차 기장은 찹쌀로 사람의 식량으로 선호하였다. 서직(黍稷)은 모두 기장으로 일년초이며, 키는 1.2~1.6m이다. 열매는 담황색, 떡, 술, 빵, 과자 등의 원료로 선호, 메 기장은 가축의 사료로 활용된다.

61) 공자가 편찬한 고대 중국의 노래 모음집(민요집, 民謠集)

'대전(大田, 드넓은 밭)'이라는 시에, 아예서직(我藝黍稷)은 '초자(楚茨, 무성한 찔레꽃)'라는 시에 각각 나온다.

大田

大田多稼 旣種旣戒	드넓은 밭에 농사지으리. 씨앗 고르고 농구 찾아
旣備乃事 以我覃耜	농사 준비하고 예리한 보습 들고 들에 나가니
俶載南畝 播厥百穀	남쪽 이랑에서 일을 시작하여 온갖 곡식 씨 뿌리니
旣庭且碩 曾孫是若	싹은 곧고 크게 자라네. 증손자가 이에 순해지네.

楚茨

楚楚者茨 言抽其棘	빽빽하고 무성한 찔레꽃, 그 찔레꽃 없앤 것은
自昔何爲 **我蓺黍稷**	예부터 무엇 하는 것인가, 나는 기장과 피를 심었네.
我黍與與 我稷翼翼	내 기장은 무성하고 내 피노 잘 사라네.
我倉旣盈 我庾維億	내 창고 가득하고 내 노적가리 산처럼 쌓였네.
以爲酒食 以享以祀	술 빚고 음식 만들어 잔 올리고 제사지내
以妥以侑 以介景福	시동이 술 올리니 큰 복 더욱 크게 하네.

84 세숙공신 권상출척

稅熟貢新 勸賞黜陟

세금 세 익을 숙 바칠 공 새 신 권할 권 상줄 상 내칠 출 오를 척

☞ 익은 곡식으로 세금 내고 새 곡식으로 종묘에 제사를 지내는데, 권면하여 상을 주거나 벌주어 내치기도 한다.

84-1. 고대의 조세제도

맹자는 이상적인 정치모델인 왕도정치(王道政治, 사랑(인, 仁)과 올바름(의, 義)으로 나라와 백성을 다스리는 정치)를 실현하기 위한 수단으로, 토지개혁과 함께 도덕교육과 세제개혁을 주장했다. 토지개혁을 통해 경작지의 공평한 배분을 실시하고자 했고, 세제개혁으로는 각각의 경작지에 대해 시행할 공정한 세금의 기준을 정해놓고자 했다. 맹자는 중국 고대 3왕조인 하·은·주(夏·殷·周)의 사례를 들어 그 기준을 제시한다.

『맹자(孟子)』등문공장구상(藤文公章句上)에 나온다. 하후씨오십이공 은인칠십이조 주인백무이철 기실개십일야 철자철야 조자자야 (夏后氏五十而貢 殷人七十而助 周人百畝而徹 其實皆什一也 徹者徹也 助者藉也). 용자왈 치지막선어조 막불선어공 공자교수세지중이위상 낙세입미낭려 다취지이불위학 즉과취지 흉년분기전이부족 즉필취영언(龍子曰 治地莫善於助 莫不善於貢 貢者校數歲之中以爲常 樂歲粒米狼戾 多取之而不爲虐 則寡取之 凶年糞其田而不足 則必取盈焉). 즉 하후씨(夏后氏)는 50무(畝)를 경작시키고서 공법(貢法)을 실시하였고, 은(殷)나라 사람들은 70무(畝)를 경작시키고서 조법(助法)을

실시하였고, 주(周)나라 사람들은 100무(畝)를 경작시키고서 철법(徹法)을 실시하였는데, 그것은 사실상 모두 1/10을 바치는 것이다. 철(徹)이라는 것은 받아간다는 뜻이고, 조(助)는 빌려간다는 뜻이다. 용자(龍子)는 '농사짓는 땅을 다스리는 데 조법(助法)보다 좋은 것은 없고 공법(貢法)보다 나쁜 것은 없다.'라고 하였다. 공법(貢法)이란 여러 해에 걸친 소출을 따져 일정한 납부규정을 삼는 것이다. 풍년에는 곡식이 널려 있어 많이 받아간다고 해도 포학한 것이 되지 않는데 그럴 때도 적게 받아 가고, 흉년에는 수확량이 밭에 거름하기도 부족할 정도인데 반드시 정한 양을 채워 받아간다.

공법(貢法)은 여러 해에 걸친 소출을 평균 내어 납부기준을 삼아 풍흉(豊凶)에 관계없이 세금을 부과하는 것이고, 조법(助法)은 공전(公田)을 두어 백성들이 함께 농사를 지어 거기서 나오는 수확으로 세금을 내게 하는 세법이고, 철법(徹法)은 백성들이 함께 논밭을 경작하여 균등하게 나눈 후 그 나눈 수확물의 일정량에 세금을 부과하는 세법이다. 맹자는 옛날 현자인 용자의 말을 인용하여 조법(助法)을 바탕으로 한 정전제(井田制)를 주장하였다. 예를 들면, 900무(畝)의 땅을 우물 정(井)자 모양으로 9등분하여 8가구가 100무씩 경작하고, 중앙의 100무의 땅은 공전(公田)으로 두어 8가구가 공동 경작하여 그 수확량으로 세금을 내는 방식이다.

84-2. 신상필벌(信賞必罰)

옛날에는 농업국가여서 농사를 권면(勸勉)하고 새로 수확한 곡물로 세금을 내게 하였으며, 신(神)이나 종묘(宗廟)에 바칠 공물(貢物)은 새로 추수한 햇곡식, 과일 등으로 헌상(獻上)하도록 하였다. 세금을 잘 거두어들이면 상을 주거나 관직의 등급을 올려 포상(褒賞)하고, 감독(監督)이 소홀하여 세금을 제대로 걷지 못했을 경우 벼슬아치를 벌주거나 내쫓았다. 이렇게 해서 농업을 장려하고, 조세를 거두며 관기(官紀)를 숙정(肅正)했다.

『서경(書經)』우서(虞書) 순전(舜典)에 이런 구절이 있다. 삼재고적 삼고출척유명 서적함희 분배삼묘. 순생삼십 징용 삼십재위 오십재척방내사(三載考績 三考黜陟幽明 庶績咸熙 分北三苗. 舜生三十 徵庸 三十在位 五十載陟方乃死. (순임금은) 3년에 한 번씩 그 공적을 고찰하고 세 번을 고찰한 끝에 치리(治理)에 어두운 관리는 내쫓고 명철한 관리는 승진시키니 모든 공적이 다 빛났으며, 삼묘족(三苗族)은 흩어져 달아나고 말았다. 순임금은 태어난 지 30년 만에 벼슬길에 올라 30년간 섭정으로 있었으며 50년 만에 제후국의 순행길에 올랐다가 돌아가셨다). 여기에 출척유명(黜陟幽明)이란 말이 나오는 바, 권상출척(勸賞黜陟)은 여기에서 인용된 말이다. 출척유명이란 치리(治理, 요즘의 정치)에 밝아 우수한 공적을 쌓은 사람은 벼슬을 올려 주고, 무능하여 직무수행을 다하지 못한 사람은 관직을 박탈시켰다는 뜻이다. 출척유명과 비슷한 말이 신상필벌(信賞必罰)이다. 상을 줄 만한 사람에게는 상을 주고 벌을 줄 만한 사람에게는 꼭 벌을 주어 상벌의 규정을 명확히 하면 자기가 맡은 직분을 충실히 하게 되니 오늘날에도 권상출척(勸賞黜陟)은 관기(官紀)를 숙정(肅正)하는 기능도 있다 할 것이다.

Ⅳ. 자기계발

85 맹가돈소 사어병직

孟 軻 敦 素 史 魚 秉 直

맏 맹 수레굴대 가 두터울 돈 바탕 소 역사 사 고기 어 잡을 병 곧을 직

☞ 맹가는 바탕을 두텁게 하였고, 사어는 올곧음을 굳게 지켰다.

85-1. 맹가와 사어

맹자는 본바탕을 돈독히 닦았으며 천부의 소성을 완수하고자 논소설(敦素說)[62]을 제창했고, 사어[63]는 한결같이 하여 정직(正直)함을 잃지 않았다. 임금 앞에서도 죽기로 맹세하고 간언을 했다. 당(唐)나라의 이한(李翰)이 지은 『몽구(蒙求)』에 맹가양소(孟軻養素, 맹가는 소성을 길렀다)라는 구절이 있는데, 소성은 곧 하늘에서 받은 맑은 성품으로, 성선설의 근원이 되는 것이다. 또 『논어(論語)』 위령공(衛靈公) 편에 직재사어 방유도여시 방무도여시(直哉史魚 邦有道如矢 邦無道如矢, 곧도다, 사어여! 나라에 정도(正道)가 행해져도 살대같이 곧았고, 나라에 정도가 행해지지 않아도 살대같이 곧았도다)라는 구절이 있다. 이 말은 곧 하늘로부터 받은 순수한 성품을 더럽히지 말고 나쁜 것에 물들지 말며, 살대같이 곧게 살아야 한다는 뜻이 된다.

맹가(孟軻)에서 가(軻)는 맹자(孟子)의 이름이다. 맹자는 유학의 본 고장이라고 할 수 있는 공자의 고향 노(魯)나라와 이웃하고 있는 추(鄒)나

---

62) 돈소란 '하늘에서 받은 소성(素性)을 돈독히 한다'는 뜻이며, 돈소설은 성선설의 토대가 되었다고 한다.

63) 위나라 태부(太傅)였으며 그 성격이 매우 강직 하였다.

라 출신이다. 추나라는 노나라에 종속되어 있던 나라로서, 노나라의 풍속과 문화의 영향력 아래 놓여 있어서 공자와 그 제자들이 주창한 유가(儒家)의 학설과 사상이 노나라만큼 유행하던 곳이다. 맹자는 공자가 사망한 후 100여 년이 지난 기원전 372년에 태어났다. 따라서 맹자는 공자로부터 직접 배운 적이 없다. 일부 학자들은 그가 공자의 손자인 자사(子思)의 제자라고 주장하는데, 이 주장은 많은 학자들로부터 외면당하고 있다. 맹자가 공자 → 증자 → 자사로 이어지는 유가의 정통 학맥을 계승하고 있는 것은 분명하지만, 자사가 사망한 년도를 기원전 402년경으로 추정하는데, 어떻게 그 후에 태어난 맹자를 가르칠 수 있느냐는 이야기다. 따라서 자사의 제자라기보다는 자사(子思) 사후, 자사학파의 문하생으로 들어가 유가를 공부했다고 보는 것이 옳다. 어쨌든 맹자는 비록 자사학파의 문하생으로 유가 공부를 시작했지만, 이 학파의 공부 수준을 훨씬 뛰어넘어 유가의 창시자인 공자를 사숙(私淑, 직접적으로 가르침을 받지 않고 간접적으로 배우고 연구하는 것)하여, 공자에 버금가는 아성(亞聖)의 지위를 얻게 된다. 이것은 맹자가 공자 사후 아무도 오르지 못한 수준까지 유가의 사상과 철학을 끌어올렸기 때문이다. 맹자가 이와 같은 학문적 성취와 사상적 지위를 얻게 된 것은, 인간으로서나 학자로서나 그 소양(素養, 바탕)이 두터웠기 때문이다. '맹가돈소(孟軻敦素)'는 이것을 두고 이르는 말이다.

85-2. 사어의 유언사건

사어(史魚)는 맹가와 아무 관련이 없으며, 춘추시대 위(衛)나라 영공(靈公, 재위 기원전 534년~기원전 493년)때의 대부(大夫)이다. 위나라는 제후국을 봉한 주나라 초기에 노(魯)나라와 함께 가장 큰 규모를 자랑한 나라였으나, 나라의 풍속과 문화가 매우 음란 방탕하여 국력은 날로 쇠약해져 영공이 제후 노릇을 하기 훨씬 이전에 이미 소국(小國)으로 전락해 있었다. 당시 사어는 대부의 신분으로 영공에게 올바른 정치를 숱하게 직간(直諫)하였는데, 특히 거백옥(遽伯玉)이라는 신하를 가까이 하고 미자하(彌子瑕)를 멀리 하라고 하였으나 영공은 사어의 충언(忠言)을 귀담아 듣지 않았고, 결국 사어는 죽음을 맞게 되었다. 사어는 죽으면서 자식들에게 세상 사람들이 깜짝 놀랄 만한 유언을 남겼다. 사어는 자신이 살아서는 현명한 신하인 거백옥을 영공에게 등용시키지 못했고 또 간악한 신하인 미자하를 내쫓지 못했다면서, 자신의 시체를 거적에 말아서 묻고 빈소도 차리지 말라고 하였다. 대부라는 신분과 최고의 벼슬을 살았던 사어(史魚)가, 자신의 장례를 일반 백성의 장례만도 못하게 치르라고 하였으니, 당시 위나라 사람들이 놀라 자빠질 만하지 않았겠는가? 사어의 유언은 빠르게 세상 사람들에게 퍼져 나갔고, 결국 영공의 귀에도 들어가게 되었다. 그래도 영공은 아주 막가는 사람은 아니었던지, 사어의 유언을 전해 듣고 자신의 잘못을 뉘우치고 사어의 빈소를 차려 대부의 신분에 걸맞은 장례를 치르게 하고, 거백옥을 등용하여 재상으로 삼고 미자하는 멀리 쫓아내 버렸다. 후대 사람들은 이 '사어(史魚)의 유언 사건'을 일러 '시체가 되어서도 군주에게 직간(直諫)하였다'고 하여 '시간(屍諫)'이라고 부르며, 사어의 올곧은 마음을 높이 평가하였다. 사어와 동시대를 살았던 공자(기원전 552년~479년)는 훗날 이 시간사건에 대해 말하면서, 사어는 나라가 잘 다스려질 때에도 화살처럼 곧게 나아갔고 또 나라가 어지러울 때에도 화살처럼 곧게 나아갔다고 했다. 공자는 사어를 통해, 제자들에게 어떤 상황과 어려움에 처하더라도 올바른 말과 행동을 지켜야 한다는 것을 가르치고자 한 것이다. '사어병직(史魚秉直)'은 바로 이 '사어의 유언 사건'을 두고 한 말이다.

86 서기중용 노겸근칙

庶幾中庸 勞謙謹勅

여러 서 몇 기 가운데 중 떳떳할 용 수고할 로 겸손할 겸 삼가할 근 칙서 칙

☞ 중용(中庸)의 도(道)에 이르기를 바란다면, 힘써 일하고 겸손하며(勞謙), 삼가 경계해야 (謹勅)한다.

* 서(庶)는 대중, 기(幾)는 미소(微少)라는 뜻이지만, 서기(庶幾)는 바란다는 뜻이다.

* 중(中)은 과불급(過不及)이나 불편불의(不偏不倚) 즉 치우침이나 의지함이 없다는 것이고, 용(庸)은 보통(平常)이라는 뜻이어서, 중용(中庸)[64]은 "어느 쪽으로도 치우침이 없는 중정(中正)이라는 뜻이다.

* 노겸(勞謙)은 힘써 일하며 겸손하다는 뜻이고, 근칙(謹勅)은 삼가 경계한다는 뜻이다. 『한서(漢書)』원후전(元后傳)에 "사대부(士大夫)라면 감히 죽음으로써 근칙(謹勅)을 보지(保持)한다."는 글이 있다.

86-1. 중용의 저자 자사

항상 자기의 직무에 부지런하며 결코 자기가 남보다 잘났다고 자만하지 말고 자기 분수에 맞추어 겸손하고 과실이 없도록 자기 몸을 경계하고 바로 잡으라는 경고(警告)이다. 극단에 치우치지 않고 지나치거나 모자람이 없는 중용을 바란다면 힘써 일하고 겸손하며 삼가 경계하라는 말이다. 이 말은 곧 윤집궐중(允執闕中)이다. 그 가운데를 잡으라는 말은 중용을 지키라는 말과 같다. 중용은 과불급이 없는 상태인데 이 중용을 바란다면 상도(常道)를 이행하도록 깊이 마음속에 새겨두고 항상 자기의 직분에 부지런하며 남보다 자기가 잘났다고 자만하지 말아야 한다. 또 자기 분수에

64) 사서 중의 하나인 중용의 저자는 공자(公子)의 손자인 자사(子思)이다.

맞추어 겸손하고 과실이 없도록 삼가라는 말이다. 이렇게 행한다면 중용에 가까운 사람이 된다.

유가(儒家)학파의 정통 학맥이 공자 → 증자 → 자사 → 맹자로 계승되었다. 공자의 뒤를 이은 증자(曾子)는, 공자의 직계 제자로서 유학의 십삼경(十三經) 중 하나인 『효경(孝經)』의 저자다. 자사(子思)는 바로 이 증자의 제자로서 공자의 손자이기도 하다. 공자에게는 공자보다 일찍 세상을 떠난 백어(伯魚)라는 아들이 있었는데, 자사는 백어의 아들이다. 자사는 자(字)이고, 이름은 공급(孔伋)이다. 이렇게 보면, 자사는 공자 가문의 대를 잇는 장손(長孫)이었으며 학문의 대(代)까지 이었다. 자사를 두고 왜 유가의 정통 학맥을 계승했다고 할까? 그것은 자사가 지었다고 전하는 『중용(中庸)』을 보면 금방 이해할 수 있다. 이 책은 공자의 사상을 가장 압축적으로 보여주고 있다. 전체가 1백9자밖에 안 되는 짧은 글이지만 유가의 근본 철학이 응축되어 있다. 그래서 훗날 남송(南宋) 성리학(性理學)의 태두인 주희(朱熹, 주자)[65]가 『예기(禮記)』의 한 편(篇)이었던 『중용(中庸)』을 『대학(大學)』과 함께 따로 뽑아내어 사서(四書, 논어·맹자·중용·대학)로 삼았다. 비록 『예기(禮記)』가 유가 사상을 총망라한 백과사전이고 오경(五經) 중의 하나로서 유가학파에서의 지위야말로 표현할 수 없을 정도로 높지만, 『중용』을 단지 『예기』의 한 편으로 남겨놓기에는 그것의 사상적 가치가 너무나 훌륭했기 때문이었다. 그럼 자사가 『중용』을 통해 나타내고자 한 공자 사상의 핵심은 무엇이었을까? 그것은 소위 '중용(中庸)의 도(道)'라는 것이다. 여기에서 '중(中)'은 치우치거나 어느 한쪽으로 기울지 않으며 지나치거나 모자람이 없는 것을 말하며, '용(庸)'은 항상 존재하는 이치로서 결코 바뀌지 않는(불역, 不易) 도리를 말한다. 다시 말하자면 치우치

---

65) 이름은 희, 주자는 존칭이다

거나 어느 한 쪽으로 기울지 않으면서도 결코 지나치거나 모자람이 없는 상태로서 모든 유학자들이 추구하는 결코 바뀔 수 없는 이치가 바로 중용(中庸)이다. 중용이라는 말의 뜻풀이만으로도, 그것이 얼마나 실천하기 힘들고 또 이루기 힘든 것인가를 짐작하고도 남는다. 서기중용 노겸근칙(庶幾中庸 勞謙謹勅)은 바로 중용을 실천하고 이루는 길이 얼마나 험난한 것인가를 단적으로 보여주는 글이다. 부지런히 일하고 겸손하고 삼가고 경계해야 하는 일을 실천하는 것도 보통 일이 아니건만, 이렇게 해도 단지 중용에 가까워지는 것일 뿐 중용을 이룬 것은 아니니 말이다.

86-2. 중용(中庸) 의 개념

공자가 주창한 중용이 어중간하게 중간 포지션을 취하는 게 결코 아니다. 양다리 걸치기, 무이념, 무개념 등과 거리가 먼 개념이다. 중용이란

- 지나치거나 모자라지 않는 적절한 힘을 기울이는 지혜로운 자세를 말하며
- 크게 화내면서 오버하거나 아주 두려워서 움추려 들지 않는 진정한 용기를 말하며

유토피아적 이상향과 치열한 현실의 적절한 조화를 이루는 현명함을 지향한다고 한다.

87 영음찰리 감모변색

聆音察理 鑑貌辨色

들을 령 소리 음 살필 찰 다스릴 리 거울 감 모양 모 분별할 변 빛 색

☞ 소리를 듣고 갈피를 잡으며, 생김새를 보고 낌새를 가리어 안다.

87-1. 음악을 통한 나라의 실정 파악

사마천이 살았던 당시에는 그를 역사가라고 생각하지 않았다. 고대 중국 왕조에서 사관(史官)들은 단순히 역사를 기록하는 일만 하지 않았으며, 더 중요한 일은 천문(天文)과 역법(曆法) 그리고 제례의식을 관장하는 일이었다. 그들은 중국 고대 국가와 왕조의 제도와 문물을 총체적으로 관리하던 사람들이었다. 따라서 사마천은 요즘 식의 전문적인 역사가는 결코 아니었다. 그 당시는 역사가라는 개념 자체가 아직 생겨나지 않았던 시대였다. 특히 사마천과 같은 사관의 우두머리는 78에서 언급했던 봉선(封禪, 하늘과 땅에 올리는 황제의 제사) 의식을 총지휘하는 막중한 역할을 했다. 그래서 제례의식에 사용하는 예(禮, 의식 절차)와 악(樂, 음악과 무용)에 정통해야 했다. 물론 사마천은 중국 고대 국가와 왕조의 예악(禮樂) 문화를 한눈에 꿰고 있던 거의 유일한 사람이었다. 그것은 사마천이 남긴 저서인 『사기(史記)』의 「팔서(八書)」 중 '예서(禮書)와 악서(樂書)'를 살펴보기만 해도 쉽게 알 수 있다. 여기에서는 주제와 관련이 있는 '악서'에 대해서만 잠깐 살펴보자. 이 '악서'는 중국 역사상 가장 오래된 음악 이론서라고 할 수 있다. 사마천은 여기에서 음악을 통해 한 개인과 나라의 앞날을 예

측할 수 있다고 했다. 서양 음악에 '도레미파솔라시도'라는 音이 있는 것처럼 동양 음악에는 '궁상각치우(宮商角徵羽)'라는 음(音)이 있다. 사마천은 바로 이 궁상각치우로 한 개인과 나라의 현실과 앞날을 예측할 수 있다고 여겼다. 먼저 궁음(宮音)은 임금을 상징한다. 이 궁음이 어지러우면 음악은 산만해지는데, 이로써 그 나라의 군주가 거만하고 포악하다는 것을 알 수 있다. 상음(商音)은 신하를 상징한다. 이 상음이 혼란스러우면 음악은 사악함이 가득한데, 이로써 그 나라의 신하들이 부패하다는 것을 알 수 있다. 각음(角音)이 혼란해지면 음악은 근심이 가득한데, 이로써 백성들이 원한과 분노에 가득 차 있다는 것을 알 수 있다. 치음(徵音)이 혼란스러우면 음악은 슬프고 애달파지는데, 이로써 백성들이 짊어진 부역과 요역의 고통이 막중함을 알게 된다. 우음(羽音)이 혼란해지면 음악은 위기감이 가득한데, 이로써 개인과 나라의 재물이 바닥 나 궁핍함을 알 수 있다. 마지막으로 오음(五音)이 모두 혼란스러우면 음악은 서로 배척하고 충돌을 일으키게 되는데, 이로써 개인과 국가의 멸망이 눈앞에 닥쳐왔음을 알게 된다. 그리고 사마천은 오음이 모두 혼란스러워 멸망한 나라와 백성의 역사적 사례를 춘추시대의 정(鄭)나라와 위(衛)나라에서 찾았다. 이렇듯 고대 중국에서 음악은 단순한 노래가 아니라 한 개인과 국가의 현실을 바라보고 그 앞날을 정확하게 내다볼 수 있는 거울과 같은 존재였다. '영음찰리 감모변색(聆音察理 鑑貌辨色)'은 바로 이를 두고 이른 것이라 하겠다.

『서경(書經)』 홍범(洪範)에 나오는 오사(五事)는 공손한 태도, 옳은 말, 밝게 보는 것, 분명히 듣는 것, 치밀한 생각인데, 네 번째가 남의 말을 분명히 듣고 그 사람의 의중을 살필 수 있어야 지계가 생긴다는 가르침이다.

87-2. 교언영색(巧言令色)

교묘한 말과 얼굴빛을 잘 꾸민다는 뜻인데, 『논어(論語)』 학이(學而)편에 교언영색 선의인(巧言令色 鮮矣仁, 교묘한 말과 낯빛을 꾸미는 사람은 어진 사람이 드물다.)이라는 공자의 가르침이 나온다. 자기의 표정을 감추고 칼을 품는 경우도 있으니, 구밀복검(口蜜腹劍, 말은 달콤하나 속은 악랄함)과 소리장도(笑裏藏刀, 웃음 속에 칼을 숨김)가 그것이다.

『논어(論語)』 안연(顔淵)편에 다음과 같은 이야기가 있다.

子張問士何如 斯可謂之達矣. 子曰 何哉 爾所謂達者. 子張對曰 在邦必聞 在家必聞. 子曰 是聞也非達也. 夫達也者 質直而好義 察言而觀色 慮以下人 在邦必達 在家必達. 夫聞也者 色取仁而行違 居之不疑 在邦必聞 在家必聞.

자장문사하여 사가위지달의. 자왈 하재 이소위달자. 자장대왈 재방필문 재가필문. 자왈 시문야비달야. 부달야자 질직이호의 찰언이관색 여이하인 재방필달 재가필달. 부문야자 색취인이행위 거지불의 재방필문 재가필문.

자장(子張)이 "선비는 어떻게 되어야 통달했다고 할 수 있습니까?"하고 묻자, 공자께서 "네가 말하는 통달이란 무슨 뜻이냐"라고 반문하니, 자장이" 나랏일을 하게 되어도 이름이 나고, 집안에 있어도 이름이 나는 것을 말합니다."라고 대답하였다. 이에 공자께서 "그것은 명성이지 통달은 아니다. 통달이라는 것은 소박·정직하고, 의를 좋아하며, 남의 말과 안색을 살펴 이해하며, 깊이 생각하여 남에게 겸손하게 대하는 것이니, 이렇게 하면 벼슬자리에 있거나 집에 있거나 다 통달할 수 있는 것이다. 대체로 명성을 바라는 사람은 겉으로는 인을 행하는 척하고 실제 행동은 어긋나면서도 조금도 의심하지 않는다. 이렇게 하는 사람은 벼슬자리에 있으나 집에 있으나 겉으로만 명성이 드러나는 것일 뿐이다."라고 말씀하셨다. 이 공자의 말은 바로 영음찰리 감모변색(聆音察理 鑑貌辨色)과 통하는 것이니 바로 인의(仁義)를 갖춘 군자가 취하는 자세이다. 군자는 상대가 무슨 말을 하면 그의 말을 바르게 헤아리고 잘 이해하며, 남의 얼굴빛을 보고 그 마음을 헤아릴 줄 아는 도량을 갖추어야 할 것이다.

이 글은 군중(群衆)의 음모(陰謀)나 시위(猜危), 정치적 불만 같은 것을 경솔하게 처리하지 말고 진실한 바램이나 억울한 일들이 무엇인지를 잘 관찰하여 판단을 신중하게 하라는 글인 듯하다.

88 이궐가유 면기지식

貽厥嘉猷 勉其祗植

줄 이 그 궐 아름다울 가 꾀 유 힘쓸 면 그 기 공경할 지 심을 식

☞ 아름다운 꾀를 (후세에 물려)주고, 그 계책이 뿌리내리도록 힘쓰라.
* 궐(厥) = 기(其)와 같은 뜻이다.
* 이훈(貽訓)은 조상이 자손에게 남긴 교훈이다.

88-1. 조상의 교훈

『서경(書經)』 오자지가(五子之歌)에 이궐(貽厥)이란 말이 나온다. 명명아조 만방지군 유전유칙 이궐자손(明明我祖 萬邦之君 有典有則 貽厥子孫, 밝은 덕을 밝히신 우리 조부께서는 만방의 임금이시니 나라의 법과 규율이 있어서, 이를 자손에게 물려주셨도다.)

『서경(書經)』 주서(周書) 군진(君陳)에 가유(嘉猷)가 언급되어 있다. 이유풍 하민유초 도궐정 막혹불간 유폐유흥 출입자이사우 서언동즉역. 이유가모가유 즉입고 이후우내 이내순지우외 왈 사모사유 유아후지덕 오호 신인함약시 유량현재(爾惟風 下民惟草 圖厥政 莫或不艱 有廢有興 出入自爾師虞 庶言同則繹. 爾有嘉謀嘉猷 則入告 爾后于內 爾乃順之于外 曰 斯謀斯猷 惟我后之德 嗚呼 臣人咸若時 惟良顯哉, 그대는 바람이고 백성은 풀이다. 그 다스림을 꾀하되 어떤 일이건 어려움이 없다고 생각하지 말라. 일을 폐하고 일으킴에 대한 출입을 그대의 무리에게 묻되, 그들의 말이 같으면 곧 시행하라. 그대에게 아름다운 계책과 아름다운 꾀가 있으면 곧 들어가서 임금께 고하고, 곧 밖의 백성들에게 말

하되, 이 계책은 임금의 성덕이라고 하라. 아아, 신하된 자가 다 이러하면 임금의 이름은 더욱 빛나리라.)

가(嘉)는 선(善)이고, 유(猷)는 도(道)이니 아름다운 계책이란 뜻의 가유(嘉猷)란 선(善)과 도(道)를 말한다. 인(仁)은 인륜의 지선(至善)이라 했으니 가유(嘉猷)는 곧 군자가 함양해야 할 인의지도(仁義之道)나 중용지도(中庸之道)이다. 이러한 도를 함양하면 어질고 진실하며 상화하합(上和下合)하여 가정과 나라가 밝아지며 바르게 될 것인 바, 이를 후세에 전함이니 이보다 좋은 계책이 없을 것이다.

88-2. 네 사람의 성인

'가유(嘉猷, 아름다운 계책)'를 주는 사람은 누구일까? 맹자의 입을 빌어서 알아보자. 맹자는 자신의 저서 『맹자(孟子)』에서, 고대 중국인들이 현인(賢人) 혹은 성인(聖人)이라고 추앙하는 네 사람(은(殷)나라의 명재상 이윤(伊尹), 은나라 말기와 주(周)나라 초기의 은둔 현인(賢人) 백이(伯夷), 춘추시대 말기 노(魯)나라의 현신(賢臣) 유하혜(柳下惠) 그리고 유가의 창시자 공자(孔子))이 후대 사람들에게 무엇을 물려주었는지를 평가했다. 이윤은 탕왕을 도와 은나라를 세운 사람이다. 그는 '누구를 섬긴들 임금이 아니며, 누구를 다스린들 백성이 아니겠는가?'라고 하면서, 세상이 잘 다스려져도 벼슬을 하였고, 세상이 어지러워도 벼슬을 하여 정치에 참여했다. 그는 하늘이 백성을 세상에 내보낼 때 먼저 깨달은 사람으로 하여금 뒤늦게 깨달은 사람을 깨우치게 했다면서, 자신은 이들 백성 중 먼저 깨달은 사람으로서 세상을 다스리는 막중한 책임을 스스로 맡고 나선 사람이라고 했다. 맹자는 이것을 두고, "이윤은 성인(聖人) 중 책임감이 가장 우수하다"고 말했다. 백이는 은나라 말기 폭군 주왕(紂王)이 세상을 다스리던 때, 고죽국(孤竹國)이라는 나라에서 제후의 장자로 태어났지만, 제후의 부귀영화를 사양하고 은둔한 사람이다. 그는 은둔해 살면서 세상이 맑아지기를 기다려 다시 돌아오고자 했으나, 무왕(武王)이 은(殷)나라의 폭군 주왕을 정벌하고 주(周)나라를 세우자, 주나라에서 나는 곡식은 먹지 않고 수양산(首陽山)에서 고사리만 캐먹고 살다 굶어죽었다. 그는 올바르지 않은 것은 보지 않았고, 올바르지 않은 소리는 듣지 않았고, 올바른 임금이 아니면 섬기지 않았고, 올바르지 않은 백성은 다스리지 않았다. 맹자는 이것을 두고, "백이는 성인(聖人) 중 청렴결백함이 가장 뛰어났다"고 말했다. 유하혜는 춘추시대 말기 노(魯)나라 사람이다. 그는 공자(孔子)와 동시대를 산 인물로서, 오늘날까지 '도적의 대명사'로 전해오는 '도척(盜蹠)'의 친형이기도 하다. 도척은 산 인간의 생간을 꺼낼 정도로 악랄했는데, 공자가 그를 훈계하러 가자 그 자리에서 생간을 씹어 먹으면서 공자를 위협했다는 일화는 유명하다. 그런데 동생인 도척과는 달리 형 유하혜는 공자마저도 존경하던 당대의 현인이었다. 그는 보잘것없고 비열한 임금이라도 부끄러워하지 않고, 낮은 벼슬자리라도 사양하지 않고 최선을 다했다. 벼슬에 나아가서는 자신의 재주와 능력을 최대한 발휘하면서도 정당하지 않은 방법은 사용하지 않았다. 어려운 처지에 빠져도 근심하지 않고, 도리를 모르는 시골 사람들과 함께 있어도 자연스럽고 너그럽게 대했다. 그래서 당시 노나라 사람들 중 아무리 도량이 좁고 박정한 사람이라도 유하혜를 대하면 그 잘못을 깨달았다. 맹자는 이것을 두고, "유하혜는 성인(聖人) 중 중용과 조화의 기질이 가장 뛰어났다"고 했다. 맹자는 공자에 대해 이 세 사람의 뛰어난 점만을 한 데 모아 집대성한 사람이라고 했다. 맹자가 보기에, 공자는 인간의 경지를 넘어선 인간이었던 모양이다. 책임감, 청렴결백함,

중용과 조화의 기질은 인간으로서 어느 한 가지도 실천하기 버거운 것들이라고 할 수 있는데 공자는 이 세 가지의 기질 모두를 한 데 모아놓은 인물이라니, 어떻게 인간이라고 할 수 있겠나? 어쨌든 맹자는 '이궐가유 면기지식(貽厥嘉猷 勉其祗植, 그 아름다운 계책을 주니, 공경히 심기에 힘써라)'의 가유(嘉猷)를 책임감, 청렴결백함, 중용과 조화의 기질로 보았다고 할 수 있겠다.

89 성궁기계 총증항극

省躬譏誡 寵增抗極

살필 성 몸 궁 나무랄 기 경계할 계 사랑할 총 더할 증 겨룰 항 다할 극

☞ 자기 몸을 살펴 남이 나를 비방하는지 경계하고, 임금의 사랑이 더할 수록 항거심(抗拒心)이 극에 달할 것이니 조심하라.

89-1. 겸손과 검소

항상 자기 몸을 살피고 남의 비방을 경계하며 임금의 총애가 날로 더할 수록 주변에서는 항거심이 극에 달할 것이니 조심하여야 한다. 『서경(書經)』 주서(周書) 주관(周官)에 이런 글이 있다. 위불기교 녹불기치 공검유덕 무재이위(位不期驕 祿不期侈 恭儉惟德 無載爾僞, 고위지는 교만하기 쉽고 부자는 사치하기 쉽다. 공손하고 겸손하며 오직 덕을 행하고 거짓된 일을 행하지 말라). 남이 자기를 비방하는 말로 미루어 자기의 몸을 깊이 살펴야 하는데, 윗사람의 총애가 더하면 오만해지기 쉽다. 평소에 삼가고 억제하여 잘못을 범하지 말아야 한다. 본디 총애를 받으면 그만큼 주변에 시기하는 사람도 늘게 마련이니 처신을 잘 해야 한다. 그리고 영광이 높아지면 시기심도 마땅히 극에 이를 것이므로 높은 자리에 있음을 어렵게 여기고 물러남을 가볍게 여겨야 한다는 말이다.

89-2. 초나라 손숙오

춘추오패(春秋五霸) 중 세 번째로 꼽는 인물이 당시 중국 대륙 남쪽의 강대국 초(楚)나라의 장왕(莊王)이다. 그러나 장왕은 즉위 초 수렵(狩獵)과 무용(武勇)을 너무 좋아해 통 정사를 돌보지 않았다. 그러나 손숙오(孫叔敖)라는 현자(賢者)를 재상으로 등용한 이후에는, 나라 안팎의 정치에 힘써 불과 3년 만에 중국 대륙을 호령하는 패자(覇者)가 될 수 있었다. 후대의 중국학자나 사상가들은 ① 손숙오가 낮과 밤을 가리지 않고 쉴 새 없이 노력한 덕택에 장왕은 비로소 패자가 될 수 있었다면서, 초나라가 손숙오를 만난 것을 행운이라고 했다. 손숙오를 유명하게 만든 것은 이 뿐만이 아니다. ② 그는 초나라의 정사를 담당하는 최고 벼슬인 영윤(令尹)의 자리에 세 번이나 올라서도 기뻐하지 않았고 또 세 번이나 영윤의 자리에서 물러나면서도 언짢아하지 않았다. 오로지 자신이 할 일에 전념했을 뿐 부귀영화나 권력에 대한 욕심을 갖지 않았기 때문이다. 오히려 그는 죽음 직전까지 자신이 가진 부귀영화나 권력을 경계하고 두려워했다. 이런 사실들이 그를 더욱 현명한 사람으로 유명하게 만든 것이다. ③ 특히 죽음을 앞두고 그가 아들에게 남긴 유언과 관련한 이야기는 고대 중국의 선비들이 오래도록 기억한 듯하다. 손숙오는 임종이 가까워지자 자신의 아들을 불러 부귀영화와 권력을 경계하라면서, “혹시 왕이 너에게 봉지를 주려고 하면, 절대로 기름진 땅을 받지 마라. 다만 초나라와 월(越)나라 중간에 침(寢)이라는 그다지 높지 않은 산지(山地)가 있는데, 그 땅은 기름지지도 않고 그다지 좋지도 않다. 그래서 누구도 그 땅을 바라지 않는다. 오래도록 지닐 수 있는 땅은 그 곳 이외에는 없으니, 그 땅을 봉지로 받아라”고 유언했다. 손숙오가 죽자, 그의 유언대로 왕은 손숙오의 아들에게 좋은 땅을 주고자 했다. 그러나 손숙오의 아들은 아버지의 유언대로 좋은 땅을 사양하고 침(寢) 지역의 구릉지대를 봉지(封地)로 받았다. 그 후 숱한 왕권의 교체와 권력 투쟁 속에서 좋은 땅을 차지한 귀족과 신하들은, 그 땅 때문에 목숨을 잃고 멸문의 재앙을 만났다. 그러나 손숙오의 후손들만은 오래도록 그 땅을 유지한 채 가문의 맥을 이을 수 있었다. 이렇게 보면 손숙오야말로 성궁기계 총증항극(省躬譏誡 寵增抗極, 자신의 몸을 살피고 경계하며, 임금의 총애가 더할수록 그 마지막을 걱정하라)을 몸소 실천한 현인(賢人)이었다.

89-3. 맹자의 반성

『맹자(孟子)』 이루장구 상(離婁章句 上)에는 다음과 같은 내용이 나온다. 맹자왈, 애인불친반기인 치인불치반기지 예인부답반기경(愛人不親反其仁 治人不治反其智 禮人不答反其敬, 남을 사랑해도 친해지지 않거든 자신의 인애를 반성해 보고, 남을 다스려도 다스려지지 않거든 자신의 지혜를 반성해 보고, 남을 예로 대하는데도 예로 답하지 않거든 자신의 경의를 반성해보아야 한다). 이 말은 내가 남을 아껴주고, 다스리고, 예를 다해주는데도 남이 나에게 친근하게 대해주지 않고, 남이 잘 다스려지지 않고, 나에게 예로써 답하지 않는다면 나에게 무슨 결점이나 문제가 없는지 반성해야 한다는 것이다. 그 원인을 남에게 찾을 것이 아니라 자신에게서 찾아서 그걸 바르게 고치라는 말이다. 남을 책하는 데는 준열하고 자기를 용서하는 데는 관대한 것이 세정이다. 남을 책하기에 앞서 자신을 반성하여 스스로 바로잡아 나가면 복은 구하지 않아도 뒤따르게 된다는 말이다.

90 태욕근치 임고행즉

殆辱近恥 林皐幸卽

위태할 태 욕할 욕 가까울 근 부끄러울 치 수풀 림 언덕 고 다행 행 곧 즉

☞ 위태롭고 욕된 일이 있으면 수치가 가까우니, (기회를 보아 물러나서) 숲 속 물가로 나아가 한거(閑居)하는 것이 바람직하다.

90-1. 썩은 밤송이

총애를 받는다고 욕된 일을 하면 멀지 않아 위태함과 치욕이 온다. 몸이 귀한 지위에 오르게 되면 윗사람에게는 혐의를 받는 경우가 많고 아랫사람에게는 미움을 받는 경우가 많기 때문에 조그마한 실수에도 곧 치욕을 받게 된다. 부귀할지라도 겸퇴(謙退)하여 산간수풀에서 편히 지내는 것도 다행한 일이다. 시기를 보아 자리를 내놓고 물가를 가서 한가한 몸이 되도록 하라는 말이다.

노자(老子)는 "족한 것을 알면 모욕을 당하지 않고 그칠 것을 알면 위태로울 것이 없다."고 말했다. 적당한 시기에 물러날 줄도 알아야 한다는 말이다. 벼슬자리를 오래 하면 욕도 많다. 우리나라 속담에 "썩은 밤송이 삼년 간다."라는 말이 있다. 벼슬자리에서 물러날 정도가 되었는데도 계속 추하게 물고 늘어져 버티는 경우를 풍자하는 말이다. 수즉다욕(壽則多辱, 오래 살면 욕됨도 많다)이라는 말도 있다.

90-2. 노장사상

제자백가(諸子百家) 중 도가(道家)를 대표하는 노자(老子)와 장자(莊子)에 관한 이야기다. 오늘날 우리들은 도가하면 세상을 등진 은둔의 철학 혹은 속세의 삶을 던져버리고 신선(神仙)의 삶을 추구하는 사상 정도로 이해하고 있지만, 노자·장자와 동시대를 산 춘추전국시대의 사상가들은 이들의 철학을 정치철학으로 이해하고 있었다. 이와 같은 사실은 춘추전국시대의 현실 정치에 가장 직접적이고 깊게 관여하고 있던 법가(法家)들을 통해 확인할 수 있다. 춘추전국시대 법가 사상을 총망라하여 집대성한 『한비자(韓非子)』는 노자의 말 하나 하나를 인용하여, 그것을 정치적으로 해석하고 비평한다. 태욕근치(殆辱近恥)라는 말의 뜻은, 한 개인과 나라가 위태로워지고 굴욕을 당하는 사건의 시작을 추적해보면 항상 만족할 줄 모르는 욕망과 허황된 명성을 좇아 무도(無道)한 짓을 일삼는 데 있다는 의미다.

노자는 『도덕경(道德經)』에서 지족불욕, 지지불태, 가이장구(知足不辱, 知止不殆, 可以長久, 만족할 줄 알면 치욕을 당하지 않고, 멈출 줄 알면 위태로움을 당하지 않아서 영원할 수 있다.)라고 하였다. 그런데 한비자는 노자의 말의 정치적 의미를 "위태로움과 부끄러움을 당한다고 해서 만족 이상의 일을 바라지 않는 사람은 노자뿐이며, 민중을 만족하게 하면 잘 다스려질 것이라고 생각하는 것은 민중을 모두 노자와 같이 여기는 것"이라며 노자를 비판한다. 다시 말해 한비자는 인간의 끝없는 욕망을 탓하고, 그 욕망을 통제하고 억제하고자 한 노자의 정치철학을 비판한 것이다. 한비자는 오히려 백성들에게 노력하면 부자가 되고, 업적을 쌓으면 벼슬이 올라가 출세를 하며, 잘못을 저지르면 벌을 받고, 공로를 세우면 상을 받도록 해 특혜와 불로소득을 감히 생각하지 못하도록 하는 것이 현실 세계를 다스리는 올바른 정치라고 주장한다. 즉, 한비자는 백성들의 욕망을 탓하고 그것을 억압할 것이 아니라, 백성들의 부귀영화와 권력에 대한 현실적인 욕망을 인정하고 그 불공평과 부당함을 바로잡는 것이 더 올바른 정치라고 본 것이다. 어떤 정치가 더 현실적인가에 대한 판단은 독자들의 몫이다. 임고행즉(林皐幸卽, 숲이 우거진 언덕으로 나아가야 한다)이라는 말은 장자(莊子)의 말이다. 세상에서의 삶과 출세란 항상 위태로움과 욕됨 그리고 치욕에 가까이 있으니, 부귀영화와 권력에 대한 욕망을 버리고 숲이 우거진 언덕으로 가 자연과 벗하고 즐기며 사는 것이 어떠냐고 하는 것이다. 이 말의 의미 또한 장자보다 2000여 년 후대의 사람인 우리들은 세상의 삶과 욕망을 버리고 자연 속에서 숨어 살라는 것이라 해석하지만, 장자와 동시대를 산 사상가들은 부귀영화와 권력에 대한 욕망만을 좇으면 위태로움과 욕됨 그리고 치욕을 당하기 쉬우니 항상 우주와 자연의 이치와 도리를 좇아 욕망을 다스리고 억제하며 살라는 뜻으로 해석했다.

91 양소견기 해조수핍

兩疏見機 解組誰逼

두 양 　 성길 소 　 볼 견 　 기틀 기 　 　 풀 해 　 끈 조 　 누구 수 　 핍박할 핍

☞ 양소[66]는 기미를 알아차리고 인끈을 풀었으니[67] 누가 핍박하리오.

91-1. 그만 둘 때를 알고 물러난 소광과 소수

한(漢)나라 제9대 황제인 선제(宣帝, 재위 BC 74~49) 때 태부(太傅)[68]였던 소광(疏廣)과 그 조카로 태자의 소부(少傅)였던 소수(疏受)는 일의 기미를 알아보는 데 밝고 성품이 어질었다. 두 소씨는 기회를 보아 인수(印綬)를 풀어 놓고 가버렸으니 아무도 그들을 핍박(逼迫)하지 않았다. 두 소씨가 2,000석의 봉록(俸祿)을 마다하고 해조(解組)[69]하는 데야 누가 감히 기미(機微)를 미리 알아보는 이들 현자(賢者)의 처사에 대해 왈가왈부(曰可曰否)하겠는가? 벼슬을 하다가도 이제 그만둘 때가 되었다고 생각되면 과감히 인끈을 풀고 시골로 내려가라는 말이다. 두 소씨는 고향에 돌아오자 그간에 모은 돈을 모조리 일가친지에게 나눠 주고 유유자적(悠悠自適)하면

---

66) 한 선제(漢 宣帝)때 태자의 태부(太傅)인 소광(疏廣)과 그 조카인 소수(疏受)를 지칭한다.

67) 관의 끈을 풀어 (사직하고 돌아가니)

68) 『대대례(大戴禮)』에 의하면, 주(周)나라 무왕(武王)은 태자의 교육을 위해 태사(太師)·태보(太保)·태부·소사(少師)·소보(少保)·소부를 설치했다. 91-2 참조.

69) 관직의 표시인 도장을 묶은 끈을 푸는 것으로 사직을 의미한다. 옛날 관리를 임명할 때 조정에서 관명(官名)을 조각한 도장인 관인(官印)을 하사했다. 벼슬을 받은 사람은 이 관인에 인끈을 꿰어 허리에 차고 다녔다. 사직할 때는 인끈을 풀고 도장을 반납해야 하였다.

서 복된 여생을 보냈다고 한다. 그들이 받은 봉록은 중이천석이었으니 벼슬아치 중에서 최고 바로 다음을 받는 것이었다. 그런데도 그들은 기미를 알고 그에 따라 처신해서 욕됨을 벗어났다. 진(晉)나라 도연명은 한직(閒職)을 맡고 있다가 그것마저 그만두고 시골로 내려간 사람이다. 소광과 소수가 벼슬을 살았던 당시의 한(漢)나라는 황실의 권력 투쟁으로 한 치 앞을 내다보기 어려운 정치적 상황 속에 있었다. 그 혼란의 시작은 제7대 황제이자 선제의 증조할아버지인 무제(武帝, 재위 BC 141~87) 때로 거슬러 올라간다. 무제는 신하 강충(江充)이 주도한 '무고(巫蠱) 사건'으로 황태자인 여(戾)를 죽이게 된다. 그 후 무제가 죽자, 8살의 소제(昭帝, 재위 BC 87~74)가 황제의 자리에 오르게 된다. 어린 황제를 대신하여 정사를 독단한 신하가 있었는데, 그가 바로 곽광(霍光)이다. 곽광은 76에 나오는 기린각에 등장하는 인물이다. 곽광은 소제(昭帝)가 즉위한 지 8년째인 기원전 80년, 소제의 형인 연왕 단(燕王 旦)의 반란을 기회 삼아 자신의 정적(政敵)들을 죽이고 한나라의 권력을 완전히 장악하게 된다. 그리고 소제가 죽은 후, 황위 계승권자인 창읍왕(昌邑王)의 제위를 박탈하고, '무고(巫蠱) 사건' 때 죽은 여(戾)태자의 증손자인 선제(宣帝)를 황제로 옹립한다. 황족의 신분이면서도 여태자가 죽은 후 민가(民家)에서 자랐던 선제는 18세의 나이에 황제가 되었지만, 자신을 황제로 만들어 준 곽광의 위세와 권력에 눌려 지내야 했다. 곽광의 위세와 권력은 하늘 높은 줄 모르고 치솟아, 그는 황후 허씨(許氏)를 독살하고 자신의 딸을 황후로 만들어 권세를 더욱 강화했다. 그러나 기원전 68년 곽광이 병사(病死)하자, 선제는 그의 가문을 반역죄로 몰아 집안사람들을 모두 죽여 버렸다. 이렇듯 혼란스러운 정치 상황 속에서 권신(權臣)의 바짓가랑이라도 붙잡아 권력과 출세를 얻고자 한 사람이 많았다. 그러나 소광(疏廣)과 소수(疏受)는 태자의 스승이라는 높은 관직에서 출세가도를 달리고 있었지만, 자신들이 물러나야 할 때를 알아차리고는 미련 없이 관직을 버리고 초야(草野)에 묻힌 것이다. 권력의 향방이 어떻게 될지 한 치 앞을 내다볼 수 없는 상황에서 최선의 처신(處身)은 당장의 부귀영화와 권력을 찾아 권신(權臣)들에 빌붙는 것이 아니라, 자신을 살피고 경계하는 것이라고 여겼던 것이다. 해조(解組)란 소광과 소수가 관직을 버렸다는 말이다. 이렇듯 양소견기 해조수핍(兩疏見機解組誰逼)은 현명한 사람은 눈앞의 부귀영화와 권력을 좇지 않고, 다가올 앞날의 일을 미리미리 대비하여 행동한다는 뜻을 담고 있다.

소광(疏廣)과 소수(疏受)가 사직할 것을 청하니 선제는 이를 윤허(允許)하면서 황금 20근을 하사하고 태자는 황금 50근을 주었으며, 공경대부(公卿大夫)와 고향 사람들이 조도(祖道)[70]를 베풀어 동도(東都)의 문밖에 차려놓으니 보내는 사람의 수레가 수백 량에 달했다. 이윽고 향리로 돌아오자 날마다 술과 음식을 갖추어 친지들과 손님들을 청하여 서로 즐기는데 오로지 하사받은 황금을 팔아서 비용을 충당하였다. 이에 어떤 사람이 그렇게 돈을 다 써버릴 것이 아니라 하사받은 금으로 전답과 집을 사 두라고 권하였다. 그러자 소광은 이렇게 말했다. "내가 생각컨대, 옛날의 전답과 집이 그대로 있으니 자손들로 하여금 그 속에서 부지런히 일하게 한다면 족히 의식(衣食)은 이바지할 것이네. 이 금은 성주(聖主)께서 늙은 신하에게 은폐로 베푸신 것이므로 즐겁게 향당(鄕黨)의 종족들과 함께 그 주신 것을 먹으면서 이로써 남은 날을 다하려는 것일세." 이 말을 듣고 일가 사람들은 마음으로 기뻐하며 감복(感服)하였다. 하사받은 돈을 일가친척이나 친구들과 손님들에게 모두 베풀었던 것이니, 누가 이런 사람을 핍박(逼迫)할 수 있겠는가?

70) 먼 길 가는 사람에게 술을 베풀어서 이별하여 보내는 일

91-2. 주나라의 관제(官制)

『서경(書經)』주서(周書) 주관(周官)에 이렇게 기술되어 있다.

입태사태부태보 자유삼공 논도경방 섭리음양 관불필비 유기인. 소사소부소보 왈삼고 이공홍화 인량천지 필여일인. 총재 장방치 통백관 균사해. 사도 장방교 부오전 요조민. 종백 장방례 치신인 화상하. 사마 장방정 통육사 평방국. 사구 장방금 힐간특 형폭란. 사공 장방토 거사민 시지리. 육경분직 각솔기속 이창구목 부성조민(立太師太傅太保 玆惟三公 論道經邦 燮理陰陽 官不必備 惟其人. 小師少傅少保 曰三孤 貳公弘化 寅亮天地 弼予一人. 冢宰掌邦治 統百官 均四海. 司徒 掌邦敎 敷五典 擾兆民. 宗伯 掌邦禮 治神人 和上下. 司馬 掌邦政 統六師 平邦國. 司寇 掌邦禁 詰姦慝 刑暴亂. 司空 掌邦土 居四民 時地利. 六卿分職 各率其屬 以倡九牧 阜成兆民).

태사·태부·태보를 두니 이것이 삼공(三公)인데, 도를 논하고 나라를 경영하고 음양을 조절한다. 이 자리는 인원수가 채워지지 않아도 무방하며 적임자가 있어야 한다. 소사·소부·소보를 삼고(三孤)라 하는데, 이는 삼공의 부관으로서 교화(敎化)를 넓히고 천지를 공경하고 나를 보좌한다. 총재는 국정을 관장하고 관원을 통솔하며 사해를 균길(均吉)케 한다. 사도는 교화를 관장하고 오상을 가르쳐 만민을 화해(和解)한다. 종백은 예를 살피고 천신(天神)·지기(地祇, 사직/社稷)·인귀(人鬼, 사람과 귀신)를 다스리며 상하를 조화시킨다. 사마는 군사를 관장하고 6군을 통솔하며 전란을 평정한다. 사구는 법을 관장하여 악인을 징치(懲治)하고 무법자를 벌한다. 사공은 토목사업을 관장하고 사농공상의 사민을 다스리며 기후에 순응하여 대지를 활용한다. 이리하여 육경(六卿)은 직책을 나누어 속관(屬官)을 통솔하고 9주의 장관을 인도하여 만민을 번영케 한다.

이를 요약하면 다음과 같이 정리할 수 있다.

– 삼공: 태사, 태부, 태보(천자의 스승 내지 고문)

– 삼고: 소사, 소부, 소보(삼공 보좌역)

– 육경: 총재, 사도, 종백, 사마, 사구, 사공

· 총재(천관/天官): 국가행정 관장, 관리통솔, 국내 평화유지

· 사도(지관/地官): 국민교화 관장, 오상을 펴서 만민을 화목하게 함

· 종백(춘관/春官): 예법관장, 천신·지기·인귀를 다스려 상화조화

· 사마(하관/夏官): 군사관장, 6군 통솔, 전란평정

· 사구(추관/秋官): 법률관장, 사악한 자와 폭력 무법자 처벌

· 사공(동관/冬官): 토목사업 관장, 사농공상의 사민 인주, 공리(功利) 발휘

92 색거한처 침묵적요

索居閑處 沈默寂寥

찾을 색　살 거　한가할 한　곳 처　잠길 침　잠잠할 묵　고요할 적　고요할 료

☞ 한가한 곳을 찾아 세상을 보내니(세상의 번뇌를 피하여 은거하니) 잠긴 듯 말이 없이 고요하다.

92-1. 사직(辭職)과 한거(閑居)

(직을 다했으니) 한가히 머무를 곳을 찾는다. 색거(索居)는 무리에서 떨어져 나와 외롭게 산다는 뜻이고, 한처(閑處)는 시간적인 여유를 갖고 산다는 뜻이니, 색거한처(索居閑處)는 관직을 그만두고 조용한 곳으로 물러나 유유자적하게 사는 모습이다. 침묵(沈默)은 사람사이에 부대끼며 살다보면 듣기 싫은 소리를 하거나 듣기도 하는데 이런 말을 하지 않고 사는 삶을 말하며, 적요(寂寥)는 아무 소리도 없는 적막함을 뜻하니 침묵적요(沈默寂寥)는 타인과의 관계에서 자신을 억압해야 하는 스트레스에서 해방된 삶을 말하며, 이런 삶이 이상적 삶이라는 취지다.

92-2. 백이숙제

『후한서(後漢書)』 풍연전(馮衍傳) 현지부(顯志賦)에 이름과 몸의 어느 것이 더 소중한가에 대해 다음과 같이 정의를 내렸다. “”덕여도기숙보혜 명여신기숙친 파산곡이한처혜 수적막이존신(德與道其孰寶兮 名與身其孰親 陂

山谷而開處兮 守寂寞而存神, 덕과 도 가운데 어느 것이 더 보배스러운가. 이름과 자기 몸의 어느 편이 더 나와 친한가. 산골짜기를 찾아 한가히 살고 적막한 것을 지켜 정신을 기를지어다.)

색거한처 침묵적요(索居閒處 沈默寂寥)는 은둔한 채 살아가는 군자(君子)의 삶과 일상을 가리키는 말이다. 이와 같은 삶과 생활을 누렸던 중국사 최초의 인물은 백이(伯夷)와 그의 동생 숙제(叔齊)였다. 이들은 고죽국(孤竹國, 은(殷)나라 때 제후국)의 제후의 아들이었다. 고죽국의 제후는 아우인 숙제에게 제후의 자리를 잇게 할 생각이었으나 아버지가 죽자 숙제는 형인 백이에게 제후 자리를 넘겼는데, 백이는 '아버지의 유언'을 어기는 것이라면서 나라 밖으로 달아나 버렸다. 그러자 숙제 역시 제후의 자리를 버리고 나라를 떠나 버렸다. 두 사람은 은둔해 살면서 맑은 세상이 오기를 기다렸는데, 때마침 훗날의 문왕이 된 서백 창(西伯 昌)이 나라와 백성을 잘 다스린다는 소문을 듣고 찾아가게 되었다. 그러나 그들이 서백 창을 찾아갔을 때, 서백 창은 이미 죽고 그의 아들인 무왕이 은(殷)나라의 폭군 주왕(紂王)을 정벌하기 위해 군사를 동원하고 있었다. 이를 본 백이와 숙제는 '아버지(文王)의 장례도 치르지 않고 전쟁을 일으키는 것은 효(孝)가 아니고, 신하가 군주(주왕, 紂王)를 죽이는 것은 인(仁)이 아니다'면서, 무왕의 군사 출동을 온몸으로 막았다. 무왕의 신하들은 백이와 숙제를 죽이려고 했으나, 강태공 여상(呂尙)의 만류로 살아날 수 있었다. 그 후 주나라 무왕이 주왕(紂王)을 죽이고 은(殷)나라를 멸망시켰다는 소식을 들은 백이와 숙제는, 주나라의 백성이 되는 것을 수치스럽게 여겨 수양산(首陽山)으로 들어가 고사리만을 뜯어 먹고 지내다 굶어 죽었다. 백이와 숙제의 죽음을 기려 고대 중국인들은, 두 사람을 청빈과 절개를 지킨 은둔 선비의 대명사로 부르게 되었다. 맹자는 이 두 사람을 두고, 세상이 다스려지면 나아가 벼슬하고 세상이 어지러워지면 물러났다고 했다. 또 아무리 탐욕한 사람이라도 백이와 숙제의 이야기를 들으면 청빈해지고, 아무리 나약한 사람이라도 올바른 의(義)를 세울 수 있다고 했다. 백이와 숙제가 보여준 실천은, 바로 색거한처 침묵적요(索居閒處 沈默寂寥)라는 삶과 일상 속에서 비로소 그 바탕을 얻은 것이라고 하겠다.

93 구고심론 산려소요

求古尋論 散慮逍遙

구할 구 옛 고 찾을 심 논할 론 흩을 산 생각 려 노릴 소 노닐 요

☞ 옛 것에서 도(道)를 구하여 깊이 강론하고, 걱정을 흩어 버리고 한가로이 노닌다.

93-1. 온고이지신, 유유자적

구고심론(求古尋論)은 세상사를 떠난 사람은 속된 욕심이 있을 수 없으며, 오직 침묵하는 가운데 고인(古人)의 뜻을 책 속에서 구한다는 말이다. 옛 것을 익혀서 오늘에 적용하다 보면 새로운 것을 창출하게 되며, 그것이 온고이지신(溫故而知新)이며, 이는 옛 것을 본받아 새로운 것을 창조한다는 법고창신(法古創新)의 정신과 닿아 있다. 『논어(論語)』 술이편(述而篇)에 보면 "자왈 아비생이지지자 호고민이구지자야(子曰我非生而知之者 好古敏以求之者也, 공자가 말하기를, 나는 나면서부터 알고 있는 사람이 아니라 옛일을 좋아해서 재빨리 그것을 구한 자이다.)"라는 구절이 있다. 공자는 옛 문화와 법도를 받아들여 국가통치의 기반으로 삼고자 하였다.

산려소요(散慮逍遙)는 속된 생각을 흩어내고 여유롭게 노닌다는 것이다. 소요는 유유자적(悠悠自適)한다는 뜻이다. 장자(莊子)는 구속이 없는 절대 자유로운 경지에서 노니는 것을 소요유(逍遙遊)라 하였다. 신분, 도덕, 명예, 범절, 생사 등등에 구속되며 이해득실을 따지고 살아가는 것이 세속의 생활인데, 장자는 이러한 것을 초월하여 대자연과 더불어 사는 자유로운 세계를 추구하였다.

93-2. 공자의 진리탐구

구고심론 산려소요(求古尋論 散慮逍遙)는 옛 성인(聖人)들의 행적과 고전(古典)의 기록을 찾아 끊임없이 진리와 이치를 토론하고 연구하는 군자의 삶과 일상을 말하는 것이다. 92 이야기에 가장 어울리는 사람이 백이와 숙제였다면, 이번 이야기에 가장 적합한 인물은 바로 공자(孔子)다. 중국 대륙 각지의 제후국을 찾아 제후들에게 세상을 올바르게 다스리는 정치의 이치를 가르치고자 한 공자의 노력은 결국 헛수고로 돌아갔다. 피나는 노력에도 불구하고, 공자에게 돌아온 것은 '상갓집 개'니 '되지도 않는 일만 하고 다니는 사람'이라는 불명예였다. 그러나 공자는 그런 세상의 무시와 외면에도 아랑곳하지 않고, 죽기 직전 몇 년 동안 자신이 평생토록 추구해온 삶과 사상을 기록으로 남기는 작업을 했다. 그것은 주나라 초기의 질서를 회복해 혼란과 분열, 침략과 정복만이 판치는 세상을 다시 태평성대로 만들고자 한 공자의 최후의 노력이었다. 그가 남긴 『시경(詩經)』『서경(書經)』『주역(周易, 역경)』『춘추(春秋)』는 이와 같은 피나는 노력의 결과물이었다. 『논어(論語)』에는 공자가 '옛것과 옛 생각'을 어떻게 찾고 배워서 자신의 것으로 만들었는지에 대한 기록이 있다. 『논어』 위정편에 "자왈, 학이불사즉망, 사이불학즉태(子日, 學而不思則罔, 思而不學則殆, 배우기만 하고 생각하지 아니하면 어둡고, 생각만 하고 배우지 아니하면 위태롭다.)"라고 했다. 옛것과 옛 생각을 끊임없이 찾아 배우고 또 그것을 자신의 것으로 만들기 위한 생각과 연구를 게을리 하지 말라는 것이다. 옛 사람의 행적과 고전(古典)을 대하는 공자의 태도는 그러했다. 그러나 '옛것과 옛 생각을 찾고 의논'하는 일에만 몰두한다면, 아무리 공자라도 시야는 편협해지고 견문은 좁아지기 마련이며 삶은 여유가 없으며 생각은 고루해지기 쉽다. 다시 말하자면 군자의 또 다른 도(道)라고 할 수 있는 중용과 조화를 잃게 된다. 그래서 공자와 그 제자들인 유가(儒家)들은 구고심론(求古尋論) 못지않게 산려소요(散慮逍遙)하는 삶의 실천 또한 중요하게 여겼다.

94 흔주누견 척사환초

欣奏累遣 慽謝歡招

기쁠 흔 아뢸 주 묶을 루 보낼 견 슬플 척 하직할 사 기뻐할 환 부를 초

☞ (마음을 비우고 살면) 기쁨은 모여들고 근심은 사라지며, (심중의) 슬픔은 가고 기쁨은 부른 듯이 오게 된다.

* 흔주(欣奏): 기쁨이 모여들다.(奏: 권하다, 바치다, 모여든다)
* 누견(累遣): 근심이 사라지다.

94-1. 마음을 비우면 여유로워

한적한 곳에 살면서 몸을 감추어 세상의 풍속과 관습에 얽매이지 않는다면 항상 느긋하고 편안한 마음을 가지고 여유롭게 살 수 있을 것이다. 이렇게 산다면 마음에는 거리낄 것이 없고 걱정할 일이 없어 슬픔은 사라지고 기쁨만이 찾아올 것이다. 흔주누견 척사환초(欣奏累遣 慼謝歡招)는 바로 그런 삶을 사는 군자에 관한 이야기이다. 아직 때를 못 만나 비록 숨어 살지만 스스로 만족하는 삶을 사는 군자(君子) 말이다.

94-2. 세월을 낚은 강태공

중국사에서 이와 같은 삶을 산 사람으로는 문왕과 무왕을 도와 주(周)나라를 세우는 데 일등 공신의 역할을 한 강태공 여상(呂尙)[71]을 꼽을 수 있

71) 그는 본래 성(姓)이 강씨(姜氏)나, 여상(呂尙)의 선조가 하(夏)나라 시대에 여(呂)라는 땅을 분봉받았기 때문에, 그 봉지를 성(姓)으로 삼아 여상(呂尙)이라고도 한 것이다. 강태공은 여상(呂尙)의

다. 문왕을 만나기 전, 여상은 먼 동쪽 바닷가의 위수(渭水)에 은둔한 채 살았다. 생활은 가난했고 나이도 많았지만, 덕망이 높고 학문과 견문이 넓어 사람들의 존경을 받았다. 그는 낚시질로 세월을 보내며 자신을 알아주는 시기가 오기만을 조용히 기다렸다. 그러던 어느 날 훗날 문왕이 되는 서백 창(西伯[72] 昌)이 사냥을 나가려고 점을 쳤는데, 이상한 점괘가 나왔다. 그것은 '용도 아니고, 이무기도 아니고, 호랑이도 아니고, 곰도 아니다. 천하의 왕이 될 사람을 도울 사람을 잡을 것이다'라는 점괘였다. 그 점괘를 보고 사냥에 나간 서백 창은 위수(渭水)의 북쪽 기슭에서 낚시를 하고 있는 노인을 만났다. 노인은 이상하게도 미끼도 없이 낚시를 하고 있었는데, 서백 창이 무엇을 낚고 있느냐고 묻자 자신은 세월을 낚고 있다고 말했다. 그것은 세월을 낚으면서 자신을 알아주는 시대와 사람을 만날 날을 기다리고 있었다는 뜻이었다. 여상과 대화를 나누던 서백 창은, 그가 바로 점괘에서 말한 사람임을 깨닫고 자신의 수레에 여상을 모시고 와서 스승으로 삼는 한편 나라의 정치를 맡겼다. 그리고 서백 창은 강태공 여상(呂尙)의 현명한 정치로 말미암아 왕업(王業)의 기반을 튼튼하게 마련했고, 서백 창의 아들인 무왕은 다시 여상의 보좌를 받아 은나라를 멸망시키고 주나라를 개국할 수 있었다. 이렇듯 강태공 여상은 부귀영화와 권력을 찾아 세상을 헤매지 않고도, 스스로 만족하는 삶을 살면서 자신을 알아주는 시대와 사람을 기다려 큰 뜻을 이룬 군자(君子)의 풍모를 보여주었던 것이다.

본래 성(姓)인 강씨(姜氏)에 태공(太公)이라는 호칭을 붙인 극존칭어(極尊稱語)라고 할 수 있다.

72) 서쪽 제후들의 우두머리

95 거하적력 원망추조

渠荷的歷 園莽抽條

도랑 거 연꽃 하 과녁 적 지낼 력 동산 원 풀 망 뽑을 추 가지 조

☞ 도랑의 연꽃은 빛이 또렷하고, 동산의 잡초는 쭉쭉 뻗어 우거졌다.

* 적력(的歷): 아름답고 깨끗하다.(고울 적(的), 분명할 력(歷)으로 사용됨)

* 추조(抽條): 가지를 뻗다.

95-1. 은사가 사는 곳의 풍경

그윽한 뜰 가운데 개울과 잡초를 읊은 것으로, 연잎은 선명하고, 연꽃은 만개하였으며 초목이 무성하게 자라 싱그러운 동산이다. 이러한 동산에 묻혀 지낸다면 속세의 번다함을 잊을 수 있을 것이다. 구실살이 하지 않는 은사(隱士)가 사는 곳의 한아(閑雅)한 풍경을 떠올려도 무방할 것이다.

95-2. 천한 눈 귀한 마음

연꽃과 잡초는 더러운 물과 척박한 토양에서도 자라는 대표적인 식물들이다. '좋은 환경과 토양'에서 자라는 아름다운 화초와는 대조되는 식물이라고 할 수 있다. 부귀와 영화, 권력과 출세의 삶을 추구하는 사람에게는 아름답고 화려한 화초(花草)만이 값진 것으로 보이지만, 자신을 알아주지 않더라도 스스로 만족하는 삶을 사는 군자(君子)에게는 누구 하나 눈길조차 주지 않는 잡초마저 군자의 풍모를 지닌 것으로 보인다. 보통 사람들은 앞서 군자(君子)를 상징하는 식물이라는 매화, 난, 국화, 대나무처럼

보기 좋고 아름답고 화려한 화초만이 군자다움을 간직하고 있다고 생각할 것이다. 그러나 진실로 군자다운 삶은 더러운 물에서 자라나는 연꽃과 누구도 아랑곳하지 않는 잡초를 닮은 삶이다. '천해야 세상을 볼 수 있고, 귀해야 세상을 바꿀 수 있다'고 한다. 천한 삶을 살아야 세상의 구석구석을 알 수 있지만, 사람과 세상을 귀하게 여기는 마음이 있어야만 천하를 바꿀 수 있다는 뜻이다. 따라서 진정한 군자의 삶과 실천이란 (천한) 연꽃과 잡초의 '눈'으로 세상을 볼 수 있고 또 (귀한) 매화와 난, 국화와 대나무의 마음으로 세상을 바꿀 수 있는 사람일 것이다. 천한 눈으로 세상을 볼 수 없는 사람은 세상 구석구석에 존재하는 백성들의 고통과 아픔을 알지 못하며, (사람과 세상을 귀하게 여기는) 귀한 마음이 없다면 자기 한 몸의 부귀영화와 출세를 얻고자 할 뿐 사람들의 더 나은 삶과 더 나은 세상을 만들기 위해 자신을 바치지 않을 것이기 때문이다. 이렇듯 거하적력 원망추조(渠荷的歷 園莽抽條)는 군자의 삶과 실천은 비록 천하고 보잘것없는 것 속에서도 군자다움을 찾는 눈과 마음을 지녀야 한다는 것을 가리키는 말이라고 할 수 있다.

96 비파만취 오동조조

枇杷晩翠 梧桐早凋

비파나무 비 비파나무 파 늦을 만 푸를 취 오동 오 오동 동 일찍 조 시들 조

☞ 비파나무는 늦게까지 푸르고, 오동나무 잎사귀는 일찍 시든다.

96-1. 알려지지 않은 상록수와 선구자

비파나무는 겨울이 되어도 잎사귀가 마르지 않는 상록수(常綠樹)이므로 변하지 않는 절개를 상징한다. 오동나무는 가을이 되면 다른 나무 보다 먼저 시들지만 오동나무 잎이 시드는 것을 보고 현자들은 세월의 추이를 잘 알게 되었다. 명(明)나라 때 왕상진(王象晉)이 편찬한 군방보(群芳譜)에 "오동일엽락 천하진지추(梧桐一葉落 天下盡知秋, 오동나무 잎새 하나가 떨어지는 것을 보고 천하에 가을이 온 것을 안다)라는 대목이 있다. 이처럼 오동나무는 가을을 처음 알리는 선구자 같은 나무이다.

96-2. 비파나무와 오동나무의 군자다움

95에서 더럽고 척박한 곳에서 살아가는 연꽃과 잡초에서 군자다움을 보았듯이, 여기서는 비파나무와 오동나무에서도 군자다움을 찾을 수 있음을 보여준다. 군자의 기상과 위용을 상징하는 나무를 들자면, 대나무와 소나무를 가장 먼저 떠올리게 된다. 여기에서 말하고 있는 비파(枇杷)는 장미과에 속하는 열매를 맺는 나무로 시시사철 푸른빛을 간직하고 있

는 나무다. 그러나 사람들은 대나무와 소나무만이 사시사철 푸른빛을 간직하며 군자의 기상을 뽐내고 있다고 여긴 나머지 비파나무 또한 사시사철 푸른빛을 띠고 있다는 것을 잊고 지낸다. 마치 큰 벼슬과 높은 명성을 얻은 사람에게서는 너무나 쉽게 군자다운 기상과 풍모를 찾으면서, 스스로 만족하는 삶을 살아가는 군자가 풍기는 기상은 도무지 알아보지 못하듯이 말이다. 오동(梧桐)나무는 어떤가? 오동나무는 잎이 커서 가장 먼저 서리를 맞고 시들어버리는 나무다. 그래서 또한 계절의 변화를 가장 먼저 알려주는 나무이기도 하다. 사람들은 사시사철 푸른빛을 띠는 나무들에서만 변하지 않는 굳센 절개와 의리를 지키는 군자를 떠올린다. 그래서 가장 먼저 시들어버리는 오동나무에게서는 결코 군자다움을 찾을 수 없다고 여긴다. 그러나 오동나무는 비록 항상 푸르지는 않지만, 자신을 희생하여 시간의 변화를 가장 먼저 알려주는 나무다. 소나무와 대나무가 굳센 지조와 절개로 군자다움을 보여주듯이, 오동나무 또한 기꺼이 자신을 희생하여 세상의 변화를 사람들에게 가장 먼저 알려주는 군자의 기상을 지니고 있다. 선각자로서의 삶과 실천 또한 군자의 기상과 풍모이기 때문이다.

97 진근위예 낙엽표요

陳根委濊 落葉飄搖

묵을 진 뿌리 근 맡길 위 가릴 예 떨어질 락 잎사귀 엽 날릴 표 날릴 요

☞ (가을이 오면) 묵은 고목의 뿌리는 시들어 마르고, 낙엽이 떨어져 (바람에) 흩날린다.

* 위예(委濊): 말라 시들다(시들 위(委), 말라죽을 예(濊)로 사용됨).

여름에 무성했던 초목은 늦가을에 서리를 맞으면 낙엽이 되어 떨어지는 바, 해묵은 나무뿌리나 나무등걸이 쓰러져 있는 풍경을 보면 적막한 느낌이 든다. 95의 연꽃과 잡초는 봄과 여름의 풍경이고, 96의 비파나무와 오동나무는 겨울과 초가을의 모습을 그렸다면, 이 글에서는 늦가을의 풍경을 그리고 있는 바, 흩날리는 낙엽을 보면서 인생무상을 느낀 글인 듯하다.

98 유곤독운 능마강소

遊鯤獨運 凌摩絳霄

놀 유 큰고기 곤 홀로 독 옮길 운 능멸할 릉 만질 마 붉을 강 하늘 소

☞ 곤어가 (북해에서) 홀로 자유롭게 놀다가, 남쪽 하늘 구만리장천을 누빈다.

* 능마(凌摩)는 능가마천(凌駕摩天)의 줄임말로 '업신여기다'의 뜻이고, 강소(絳霄)는 붉은 하늘이란 뜻인데, 여기서는 남쪽 하늘을 뜻한다.

98-1. 곤어가 붕새로

곤어(鯤魚)는 『장자(莊子)』 소요유(逍遙遊)편에 나오는 상상의 물고기로서, 그 크기가 몇 천 리나 되는지 가늠조차 할 수 없을 정도로 큰 물고기로, 홀로 자유롭게 북해(北海, 북쪽 바다)의 푸른 바다를 마음껏 휘젓고 다닌다고 한다. 곤어는 나중에 붕(鵬)이라는 큰 새로 변하여 하늘로 날아올라 남명(南冥, 남쪽 바다, 이상향)으로 간다고 했다. 이 붕(鵬)이 날개를 펴면 삼천리나 되고 한번 날면 구만리를 난다고 한다. 이 새가 바로 구만리장천(九萬里長天)을 난다는 전설의 새인 '붕새'다.

98-2. 세속을 벗어나 이상향으로

본문은 곤어(鯤魚)가 동쪽 하늘에 붉은 빛이 떠올라 아침 해가 솟아오를 때 붕새가 되어 하늘 높이 날아오르는 웅장한 모습을 묘사한 것이다. 전설의 새인 붕새는 한 번의 날갯짓으로 9만 리를 날아올랐는데, 날개는 구름처럼 하늘을 뒤덮고 파도가 3천 리에 이를 정도였다고 한다. 고대 중국

인들은 붕새의 이 날갯짓으로 '바람'이 만들어진다고 믿었다. 붕새는 자신이 살고 있는 북쪽 바다를 벗어나 끊임없이 남쪽 바다로 날아간다. 장자는 북해(北海)를 세속의 삶에 비유하고 남해(南海)를 모든 욕망과 권력 그리고 세속의 더러움으로부터 벗어난 이상향으로 그렸다. 곤어(鯤魚)가 붕새로 변하는 과정 역시 이와 비슷한 이치로 이해할 수 있을 듯하다. 따라서 붕새는 모든 욕망과 권력 그리고 세속의 더러움을 벗어던진 자유롭고 위대한 존재를 상징한다. 하늘 높이 날아오르는 붕새란 세속을 벗어난 자유롭고 위대한 인물을 상징한다.

99 탐독완시 우목낭상

耽讀翫市 寓目囊箱

즐길 탐 읽을 독 갖고놀 완 저자 시 붙일 우 눈 목 주머니 낭 상자 상

☞ 저잣거리 책방에서 글 읽기에 골똘하니, 그대로 주머니와 상자 속에 조목조목 갈무리하는 것 같다.

99-1. 독서의 기쁨

탐독완시(耽讀翫市)는 (독서를 즐겨) 서점에 가서 탐독(探讀)하는 것을 표현하고 있다. 즐겨(탐, 耽) 가지고 놀며(완, 翫) 읽기(독, 讀)위해 저자(시, 市)의 서점으로 간다. 후한의 왕충은 독서를 즐겨 서점에 가서 탐독하였다. 완(翫)자는 머리가 좋은 사람이 독서를 즐기는 실황(實況)을 아주 적절하게 표현한 글자로 인식된다. 완(翫)은 마치 아이들이 완구를 좋아 하는 것과 같이 책과 글 읽기를 좋아했다는 뜻이고, 의미를 알고 탐독을 했으니 머릿속에 담아 버린다는 뜻이 된다. 우목낭상(寓目囊箱)은 (눈으로) 훑어보면 (그 내용이) 주머니나 상자에 두는 것처럼 저장됨을 나타내는 것이다. 우목(寓目)이란 '눈길을 기탁하다' 즉 '훑어보다'라는 뜻이다. 왕충은 박식하고 기억력이 뛰어나서 훑어보기만 하여도 책속의 내용이 상자 안에 들어가듯이 그대로 저장되었다는 것이다.

이 말은 『몽구(蒙求)』 왕충열시(王充閱市)에 "후한의 왕충은 자(字)가 중임(仲任)이며 회계 상우(上虞) 사람으로 글 읽기를 좋아하였으나 책을 살 돈이 없어 낙양(洛陽) 저자 안에 있는 책방에 가서 진열된 책을 읽었는데, 한 번 보면 능히 이를 외우고 기억하였다. 마침내 여러 갈래인 백가(百家)의 말에 통달하였고 군의 공조(功曹)가 되어 벼슬살이를 하였다."는 이야

기에도 나타난다. 집안이 가난하여 책방에서 책을 탐독한 왕충은 후에 『논형(論衡)』85편을 저술하여 지금도 전해지고 있다. 사람은 글 읽기를 좋아해야 한다는 점을 강조한 것이다. 글이란 참으로 지혜와 덕을 주는 보물 창고이며, 독서는 그 보물 창고를 열 수 있는 열쇠이다.

99-2. 책을 외워버린 왕충

후한(後漢) 시대에 왕충(王充)이라는 대학자가 있었다. 서기 30년경, 절강성 회계 상우라는 곳에서 태어난 왕충은 지방의 말단 관리로 평생을 불우하게 지냈다. 그는 서책 읽기를 즐겨하고 학문을 좋아했으니 가난하여 책을 사 볼 수가 없었다고 한다. 그러나 어떤 서책이든지 한 번 보기만 하면 그 내용을 평생토록 잊어버리지 않는 뛰어난 기억력과 집중력의 소유자였다. 여기서 탐독완시(耽讀翫市)는 가난한 왕충이 책을 사 볼 수가 없어 저잣거리의 책방을 찾아 서책을 보는 풍경을 말한 것이다. 그리고 우목낭상(寓目囊箱)은 왕충이 한 번만 눈길을 주어 책을 보면, 그 내용을 모두 암기하여 마치 주머니와 상자 속에 책을 넣어둔 것과 같다는 얘기다. 왕충은 이와 같은 방법으로 서책을 읽고 학문을 연구하여, 가난이라는 굴레를 딛고 대학자로 이름을 남겼다. 특히 왕충은 유교적 권위를 거부하는 독창적인 사고로, 한나라 시대 이후 전개되는 위진남북조 시대의 자유로운 학문과 사상의 분위기를 이끈 선구자가 되었다. 왕충이 남긴 저서인 『논형(論衡)』 85편에는, 그가 당대의 정치나 학문을 비판한 내용들이 가득하다. 이 책에는 유가(儒家)의 여러 가지 학설과 이론, 전국시대 제자백가의 학설과 이론은 물론 왕충이 살던 당대의 정치, 풍속과 풍습 그리고 문화 현상 등 다양한 방면에 대한 비판이 남겨져 있다. 사상적 권위를 비판하고 언론의 자유를 주창한 왕충의 자유주의적 사고 때문에, 후대 사람들은 그를 후한(後漢) 시대의 진보주의자로 기억하게 되었다.

100 이유유외 속이원장

易輶攸畏 屬耳垣墻

쉬울 이 가벼울 유 바 유 두려울 외 붙일 속 귀 이 담 원 담 장

☞ 매사를 쉽고 가볍게 여기는 것도 두려워하고, 말 할 때는 남이 담에 귀를 대고 엿듣듯이 조심한다.

* 유(攸)는 바 소(所)와 같은 뜻

100-1. 낮말은 새가 듣고 밤 말은 쥐가 들어

말을 쉽고 가볍게 하는 것은 군자가 두려워하는 바이니 말을 할 때는 마치 남이 담에 귀를 기울인 채 듣고 있는 것으로 알고 조심해야 한다. 군자가 아니라도, 남의 귀는 언제나 담벼락에 붙어 있는 것으로 알고 사소한 말도 가볍게 말하지 말아야 한다. 경솔하게 남의 신상을 헐뜯거나 비방하지 말아야 하는 것이다. 그러한 말은 더 쉽게 퍼진다. 근신(謹愼)하면 입을 가볍게 놀리지 않게 된다. 맹자는 쉽게 대답하는 말은 믿을 수 없다고 했다.

세속의 부귀영화와 권력의 욕망에 굴복하지 않고 스스로 만족하는 삶을 즐기는 군자도 두려워하는 것이 있었다. 그것은 '이유(易輶, 말을 쉽고 가볍게 하는 것)'이다.

100-2. 주나라의 폭군 유왕

중국 고대 왕조인 주(周)나라와 춘추시대의 시가(詩歌) 모음집인 『시경(詩經)』소아(小雅)편에 실려 있는 「소반(小弁)」이라는 시(詩)가 있다. 그 시(詩)의 일부 내용을 한 번 읊어보자.

莫高匪山 莫浚匪泉	높지 않으면 산이 아니고, 깊지 않으면 샘이 아닌가.
君子無易由言 **耳屬于垣**	군자는 말을 함부로 하지 않네. 담에도 사람들의 귀가 있기 때문이네.
無逝我梁 無發我笱	내 그물에 가지 말고 내 통발을 꺼내지 말라 했건만
我躬不閱 遑恤我後	이 내 몸도 들어가지 못하는데 어느 틈에 뒷일을 걱정하겠는가.

이 시(詩)는 주(周)나라의 제12대 천자인 폭군 유왕(幽王, 재위 BC 782~771)이 태자인 의구(宜臼)를 폐한 사건을 두고 지은 것이라고 전해온다. 당시 유왕은 애첩인 포사에게 깊게 빠져 있었는데, 그녀가 자신이 낳은 아들인 백복(伯服)을 태자로 삼고자 했다. 결국 태자 의구(宜臼)는 외가인 신(申)나라의 제후에게로 몸을 피해 달아났다. 이에 유왕이 신나라를 정벌했고, 화가 난 신나라의 제후가 유목민족인 견융(犬戎)을 끌어들여 유왕에 대항하게 된다. 이로 말미암아 유왕은 유목민족인 견융의 침입을 받게 되고, 결국 견융족의 손에 살해되고 만다. 말을 쉽게 하고 행동을 가볍게 한 유왕의 군자답지 못함이 유목민족에게 참살당하는 끔찍한 사건을 초래한 것이다. 유왕이 견융족에게 참살당한 후 천자의 자리에 오른 평왕(平王, 재위 BC 771~720)은 더 이상 도읍지인 호경(鎬京)을 지키지 못하고, 기원전 770년에 동쪽의 낙읍(洛邑, 낙양)으로 도읍지를 옮기게 된다. 이때부터 주(周)나라의 국력과 천자의 권력은 쇠약해질 대로 쇠약해져 더 이상 제후들을 통제할 수 없게 된다. 제후들의 세상인 춘추시대(春秋時代)가 시작된 것이다. 이 모든 것은 유왕의 군자답지 못한 처신으로부터 시작된 것이다. 그래서 예로부터 고대 중국의 지식인들은, '이유유외 속이원장(易輶攸畏 屬耳垣墻, 쉽고 가볍게 하는 것을 두려워해야 하니, 귀가 담장에 붙어 있기 때문이다)'를 군자가 두려워하고 경계해야 할 첫 번째로 꼽았던 것이다.

Ⅴ. 대인관계

101 구선손반 적구충장

具膳飡飯 適口充腸

갖출 구 반찬 선 먹을 손 밥 반 맞을 적 입 구 채울 충 창자 장

☞ 반찬을 갖추어서 밥을 먹되, (훌륭한 음식이 아니라도)입에 맞으면 창자를 채우는 것으로 족하다(결코 헛되이 탐식하여서는 아니 된다.).

101-1. 청빈낙도

고대 중국의 지식인들은 청빈낙도(淸貧樂道, 가난하지만 깨끗하고 도리를 즐기는 삶)를 최선의 삶으로 여겼다. 그래서 공자는, 군자는 배불리 먹는 것을 바라지 않고, 편안하게 사는 것을 바라지 않는다고 했다. 또 가난하게 살면서도 즐겁게 여기는 것을 군자다운 삶의 조건으로 꼽았다. 이렇듯 재물과 부귀에 대해 군자가 추구한 '중용과 조화의 삶'을 실천하기란 말처럼 쉬운 일이 아니다.

101-2. 안지추의 삶

중국 역사를 뒤져보아도 그런 인물들을 찾기란 쉽지 않은데, 위진남북조 시대의 대학자 안지추(顔之推)가 그 전형적 인물로 꼽힌다. 안지추는 당나라의 대서예가이자 문장가인 안진경(顔眞卿)의 오대조(五代祖)인데, 남북조 시대 말기를 산 인물로서, 남조와 북조 모두에서 크게 명성을 떨친 대학자이자 문인이었다. 특히 그는 자신의 학문 연구와 삶의 경험을 모은 『안씨가훈(顔氏家訓)』이라는 저서를 후손들에게 남겨주었는데, 이 책에 재물과 부귀에 대한 '중용과 조화의 삶'을 고스란히 담아놓았다. 안지추는

사람에게 옷이란 추위와 노출을 덮어주는 것으로 충분하고, 음식은 배고픔에 주린 창자를 채우는 것으로 충분하다고 했다. 천하를 모두 가진 천자(天子)들 중에도 끝없는 욕심을 채우려다 패망과 죽음을 당한 경우가 수도 없이 많은데, 보통 사람들이 부귀와 재물에 욕심을 부리면서 오래 살기를 바란다는 것은 어리석다고 했다. 그래서 그는 자신의 후손들에게 재물과 부귀의 구체적인 수량을 정해주기까지 했다. 거기에 그 수량 이상의 재물과 부귀를 결코 얻으려고 하지 말라는 경고까지 담았는데, 그 경고란 이렇다. "가득 채우는 욕심은 귀신도 싫어한다." 귀신에 대한 신앙심이 두터웠던 고대 중국인에게 이보다 더 무서운 경고는 없었을 것이다. 안지추가 후손들에게 정해준 재물과 부귀의 수량을 보면; 좋은 농토가 10경(頃)이면 집은 겨우 비바람을 막을 정도면 되고, 수레와 마차는 겨우 지팡이를 대신할 정도면 된다. 재물은 집안의 길흉사(吉凶事) 등 급하게 사용할 때 부족하지 않을 정도만 지니고 있어야 한다. 만약 이보다 더 많은 재물과 부귀를 가졌을 경우에는 즉시 형제와 나누고 이웃들에게 베풀어라. 내가 정해준 재물과 부귀의 수량에 혹시 미치지 못한다고 해도 절대로 잘못된 방법과 수단을 사용하여 그것을 모으려고 하지 말라. 『안씨가훈』에 나오는 교훈 중에 욕불가종 지불가만(欲不可縱 志不可滿 욕망을 함부로 풀어 놓아서는 안되고, 뜻을 가득 채워서는 안 된다),[73] 이세교자 세경즉절 이리교자 이궁즉산(以勢交者 勢傾則絕 以利交者 利窮則散 세력으로 사귄 사람은 세력이 기울면 끊어지고, 이익으로 사귄 사람은 이익이 다하면 흩어진다) 등은 되새겨 볼 만하다. 안지추야말로 구선손반 적구충장(具膳飡飯 適口充腸)을 평생 실천한 고대 중국의 지식인 중 한 사람이었다고 할 수 있겠다.

73) 『예기(禮記)』 곡례(曲禮)에 나오는 오불가장, 욕불가종, 지불가만, 낙불가극(敖不可長, 欲不可從, 志不可滿, 樂不可極)을 인용한 것.

102 포어팽재 기염조강

飽 飫 烹 宰 飢 厭 糟 糠

배부를 포 배부를 어 삶을 팽 삶을 재 주릴 기 싫을 염 술지게미 조 겨 강

☞ 배부르면 삶은 고기도 물리고, 배가 고프면 술지게미나 쌀겨도 달갑게 여긴다.
* 염(厭)은 여기서는 만족한다는 뜻으로 사용되었다.

102-1. 시장이 반찬

밥상이 사방 일장(一丈)이 되고 온갖 산해진미(山海珍味)와 진수성찬(珍羞盛饌)을 차려 놓았다 할지라도 배부르면 고기도 물리고, 배가 고프면 술지게미나 쌀겨도 달갑게 여긴다. 배가 부르면 사치스러운 음식도 싫증이 나는 법이고, 굶주렸을 때는 거친 음식으로도 만족하게 생각한다.

102-2. 굶주림 속에서도 학문을 추구한 안연

공자에게는 3천여 명의 제자가 있었는데, 뛰어난 제자만도 72명에 달했다. 이 72명의 제자 중에서 또 뛰어난 재주와 능력을 갖춘 10대 제자(소위 공문십철(孔門十哲)이라 함)가 있었다. 그러나 이 10대 제자 중에서도 공자가 학문을 좋아한다고 칭찬한 유일한 단 한 사람이 있었는데, 그가 바로 안연(顔淵)이다. 그러나 안연은 31세의 젊은 나이에 죽었는데, 아마도 잘 먹지 못해 병을 얻어 죽은 것으로 보인다. 안연의 가난에 대해서는 여러 기록에서 전하고 있다. 먼저 사마천은 『사기(史記)』에서, “안연은 평

생 가난해서 술지게미와 쌀겨조차도 배부르게 먹지 못하고 끝내 젊은 나이에 죽고 말았다"고 했다. 기염조강(飢厭糟糠)은 바로 『사기』에 실린 안연의 고사를 인용한 것이다. 또 『논어(論語)』에서는 공자가 안연의 어짊을 칭찬하면서, 한 소쿠리의 밥을 먹고 한 표주박의 물을 마시며 누추한 곳에 사는 것을 다른 사람들 같으면 괴로워 견디지 못할 텐데 안연은 그것을 즐거움으로 받아들인다고 했다. 공자는 안연의 죽음을 얼마나 슬퍼했던지 "하늘이 나를 망치는구나!"라는 탄식을 연거푸 내뱉으면서 대성통곡을 했다고 한다. 부모의 죽음이 아니면 결코 통곡하지 않았던 공자였다. 공자가 안연의 죽음을 얼마나 안타까워했던지 그의 죽음을 꽃에 비유하여, "싹이 틀 때는 아름다우나 꽃 중에는 피지 못하는 꽃도 있고, 또 꽃은 피었으나 열매를 맺지 못하는 것도 있다"고 하였다. 훗날 노(魯)나라의 임금 애공(哀公)이 제자 중에서 누가 배우기를 가장 좋아하느냐고 질문하자, 주저하지 않고 안연이라고 답변했다. 그 이유는, 안연은 오직 배우기를 좋아해 자신의 노여움을 남에게 옮기지 않았고 잘못을 두 번 이상 저지르지 않았기 때문이라고 했다. 그리고 안연의 죽음 이후 자신은 배우기를 좋아하는 자에 대해 들어본 적이 없다고 했다. 왕족과 권문세족 및 그 자손들이 포어팽재(飽飫烹宰)의 부귀영화를 누린 그 반대편에는 오직 학문과 배움을 위해 술지게미와 쌀겨조차 배불리 먹지 못하는 안연의 가난한 삶이 있었다. 그러나 고기 요리조차 먹기 싫을 정도의 부귀를 누린 왕족과 권문세족의 시대는 기껏해야 몇 십 년을 지나지 못하고 끝났지만, 굶주린 삶 속에서도 학문과 배움을 추구한 안연의 삶은 몇 천 년 동안 살아남아 오늘날까지 전해오고 있다.

103 친척고구 노소이량

親戚故舊 老少異糧

친할 친 겨레 척 연고 고 옛 구 늙을 로 젊을 소 다를 이 양식 량

☞ 친척과 옛 친구를 대접할 때는 노소에 따라 음식을 다르게 해야 한다.

친(親)은 같은 성의 집안사람들 즉 동성지친(同姓之親)이고, 척(戚)은 다른 성의 집안사람들 즉 이성지친(異姓之親)이니, 전자는 친가라 하고 후자는 외가라 하며 이 둘을 합쳐서 친척이라 한다. 고구(故舊)는 오래 사귄 벗 즉 어릴 적부터 사귄 친구를 말한다.

친척이나 친구들을 대접할 때는 늙고 젊음에 따라 음식을 달리해야 한다. 늙은이는 비단옷이 아니면 따뜻하지 않고 고기가 아니면 배부르지 않다. 『예기(禮記)』에 이른바 '15세 이상은 늙은이와 젊은이가 음식을 달리한다'는 것이 바로 이 말이다.

104 첩어적방 시건유방

妾御績紡 侍巾帷房

첩 첩 모실 어 길쌈 적 길쌈 방 모실 시 수건 건 장막 유 방 방

☞ 여자는 길쌈하고 휘장 두른 안방에서는 수건과 빗을 들고 시중든다.

* 첩(妾)은 첩실만이 아니며 정처(正妻)도 포함된다.

* 유방(帷房)은 방이나 창문에 휘장을 친 방이라는 뜻이다.

104-1. 부덕(婦德)

여자들은 길쌈을 하고 장막 친 방 안에서 수건 등을 시중들어 모시라는 말이며, 여자가 집안 살림을 잘하고 지아비를 위해 봉사하라는 말이다.

104-2. 이상적인 여성상, 현모양처

고대 중국인은 물론 유교 문화권에 속하는 동아시아 사회에서 이상적인 여성상이 현모양처(賢母良妻)이었다. 이는 다르게 표현하면, 팔방미인형 여성이라고 할 수 있다. 의식주, 자녀교육, 남편 시중, 하인 관리, 친척 접대 등에 이르기까지 집안의 모든 대소사(大小事)를 주관하여 처리하는 사람이 바로 현모양처이기 때문이다. 첩어적방 시건유방(妾御績紡 侍巾帷房)은, 현모양처가 해야 할 여러 가지의 일 중에서도 길쌈과 남편 시중의 중요성을 특히 강조한 것이다. 길쌈은 가정에서 삼·누에·모시·목화 등의 섬유 원료로 베·명주·모시·무명 등을 짜내는 모든 과정을 말한다. 이 가운데에서도 특히 고대 중국인들은 비단명주의 원료가 되는 누에고치를 치

는 농사인 양잠(養蠶)과 비단 길쌈을 국가의 제례 행사로 특별히 중요하게 여겼다. 비단은 금(金)의 가치와 맞먹는다고 해서 한자도 금(錦)이라고 쓸 정도로 값비싼 재료였기 때문이다. 그래서 고대 중국의 왕조들은 아예 국가 제도로서, 늦봄에는 양잠에 사용하는 모든 기구를 갖추게 한 다음 왕실(王室)의 후비(后妃)들이 도읍지 동쪽 교외로 나가 몸소 뽕잎을 따다 누에를 치는 행사를 갖도록 했다. 그리고 단 한 사람의 부녀자도 놀리지 않고 다른 모든 일을 제쳐둔 채 오직 누에치는 일에만 전념하도록 했다. 누에가 성장하면 고치를 따내어 길쌈을 하여, 먼저 하늘과 조상에 제사 올리는 데 사용하는 의복을 지었다. 이렇듯 고대 중국 왕조는 늦봄에는 왕실과 고관대작은 물론 일반 가정에 이르기까지 부녀자들을 총동원하여 양잠과 길쌈 노동에 매달렸다. 따라서 여자가 성년이 되었는데도 길쌈을 하지 못하면 천하가 추위에 시달릴 것이라는 사회적 관념이 자연스럽게 자리 잡게 되었고, 길쌈을 하지 못하는 여자는 가정은 물론 사회의 냉대를 피할 수 없었다. 시건유방(侍巾帷房)은 아내와 첩이 남편을 시중드는 법도와 절차에 관한 것이다. 고대 중국인들에게 관습법과 같은 역할을 했던 『예기(禮記)』에는, 아내와 첩이 남편을 시중들 때 지켜야 할 구체적인 내용이 자세하게 규정되어 있다. 예를 들어 아내와 첩은 남편의 옷걸이에 옷을 걸지 못하고, 남편의 옷장에 옷을 넣지 못하며, 욕실을 함께 쓰지 못한다. 남편이 외출했을 때는 베개를 상자에 넣어 두고, 남편이 눕고 앉은 자리를 말끔하게 치우고, 남편이 쓰던 그릇은 넣어 두어야 한다. 또한 아내와 첩은 일정한 법도에 따라 남편의 잠자리 시중을 들어야 했다. 아내는 70세까지 남편의 잠자리 시중을 들어야 했고, 첩은 50세 이전까지는 5일에 한 번은 잠자리 시중을 들어야 했다. 그리고 잠자리 시중을 들을 때는 목욕재계하고 양치질과 세수를 하며, 옷을 단정하게 입고, 머리를 빗어 검은 비단으로 싸매고, 비단으로 묶어 쪽 지어 비녀를 꽂고, 앞머리를 털고, 향주머니를 차고, 신을 신고 끈을 맨다고 했다. 그리고 남편이 방에 들어서면 수건 시중에서 잠자리 시중까지 어른을 섬기고 귀한 사람을 섬기듯 해야 한다. 고대 중국에서는 남녀의 귀하고 천함의 차이가 이렇게 컸던 것이다.

105 환선원결 은촉위황

紈扇圓潔 銀燭煒煌

흰비단 환　부채 선　둥글 원　깨끗할 결　　은 은　촛불 촉　빛날 위　빛날 황

☞ 흰 비단 부채는 둥글고 깨끗하며, 은빛 나는 촛불은 환하게 빛난다.

이 문장은 벼슬에서 은퇴하고 낙향한 군자(君子)의 한적하고 여유로운 삶의 냄새를 느끼게 한다. 둥글고 깨끗한 흰 비단 부채는 속세의 풍속과 관습을 초월한 고결하고 드높은 인품과 삶의 모습을 나타내준다. 환선(紈扇)은 속세의 삶과 군자의 삶을 구분하여주는 도구가 된다. 그래서 그것은 스스로 만족하며 즐기는 군자의 삶 자체를 상징한다. 고대 중국에서는 집안을 훤하게 밝히기 위해서 나무 섶을 묶어 횃불을 만들어 사용했다. 이때 땅에 세워놓는 횃불을 '료(燎)'라고 하고, 손에 쥐고 있는 횃불을 '촉(燭)'이라고 하였다. 시간이 흘러 나중에는 밀랍으로 만든 손에 쥐는 횃불, 즉 촉(燭)을 사용하게 되었는데, 그것이 바로 오늘날 우리가 '초'라고 부르는 것의 시작이라고 할 수 있다. 나무 섶을 묶어 만든 횃불보다는 밀랍으로 만든 촉이 훨씬 사용하기에도 편리할 뿐 아니라 밝기도 우수했다. 그래서 사람들은 촉의 밝음이 마치 은빛과 같다고 하여 은촉(銀燭)이라고 부르게 된 것이다. 은(銀)에 비유하여 촉(燭)의 귀중함과 밝음을 찬양한 것이다. 온 집안의 어둠을 밝히는 촛불의 찬란함을, 온 세상의 어둠을 밝히는 군자(君子)에 비유했다고 해석할 수도 있다.

106 주면석매 남순상상

晝眠夕寐 藍筍象床

낮 주 잠잘 면 저녁 석 잠잘 매 쪽 람 죽순 순 코끼리 상 평상 상

☞ 낮잠을 자고 저녁에도 일찍 자니, 푸른 대로 엮은 아름다운 대자리와 상아로 장식한 침상에서 잔다.

낮에는 졸고 저녁에 자는데, 푸른 대나무 자리와 상아로 장식한 침상에서 잠을 잔다니 아무런 걱정이 없이 즐겁고 안락하게 사는 것을 이르는 구절이다. 공자의 제자 가운데 재여(宰予)가 가장 연설과 변론을 잘하고 설득력이 뛰어났다고 한다. 그러나, 그는 천성이 게으르고 반항심이 강해서 공자의 가르침을 잘 따르지 않았다. 그래서 공자는 뛰어난 말재주에도 불구하고 그 언행불일치의 제자를 자주 꾸짖었다고 한다. 그 일화가 『논어(論語)』에 나온다. 어느 날 공자는 재여(宰予)가 낮잠 자는 모습을 보았다. 이에 공자는 뛰어난 말재주만 믿고, '낮에 졸고 밤에 일찍 자며(晝眠夕寐)', 학문을 게을리 하는 제자의 행동을 꾸짖었던 것이다. 훗날 재여는 노(魯)나라와 이웃한 나라인 제(齊)나라의 임궤(臨簣)란 곳에서 대부가 되어 벼슬을 하였는데 당시 제나라 전상(田尙)의 반란에 참여했다가 삼족(三族)이 죽임을 당하는 멸문지화(滅門之禍)를 입게 되었다. 공자는 이 사건을 두고 그 비극의 원인은 결국 재여의 사람됨에서 비롯되었다면서 스승으로서 매우 부끄럽게 여겼다고 한다.

107 현가주연 접배거상

絃歌酒讌 接杯擧觴

줄 현 노래 가 술 주 잔치 연 접할 접 잔 배 들 거 술잔 상

☞ 거문고를 타서 노래하며 술로 잔치하고, 잔을 공손히 쥐고 두 손으로 들어 권한다.

107-1. 귀족들의 잔치 모습

비파를 타며 노래 부르고 술을 마시는 잔치에서 술잔을 얌전하게 쥐고 두 손으로 들어 올려 권한다. 귀족들은 잔치할 때 당비파를 잡히고 이에 어울려 노래하면서 계속하여 술잔을 주고받았다. 『논어(論語)』 양화(陽貨) 편을 보면 "자지무성 문현가지성(子之武城 聞絃歌之聲, 공자께서도 무성 지방에 가셨을 때 거문고에 맞춰서 부르는 노랫소리를 들으셨다.)"라는 구절이 있다. 가무, 음주, 환담(歌舞, 飮酒, 歡談)은 잔치에서 빼놓을 수 없는 일이다.

107-2. 주연에서의 예법

고대 중국에서는 주연(酒宴)을 베푸는 자리에서도 반드시 지켜야 할 예법(禮法) 즉 주례(酒禮)에 따라, 그곳에 참석한 모든 사람들이 행동하도록 했다. 이것은 고대 중국의 귀족과 지식인들의 삶과 일상생활을 규제하고 지배한 질서였다. 만약 주연(酒宴)을 베푸는 자리에서 주인이나 손님이 예법을 지키지 못했을 경우, 그 사람은 귀족 혹은 지식인들로부터 '제대로 배우지 못한 놈'이라는 손가락질을 받아야 했다. 또한 연회의 주인과 손님

은 각각 자신의 뜻과 마음을 시와 노래를 통해 표현했는데, 만약 주인이 어떤 시(詩)를 읊어 자신의 심경을 나타내면 손님은 반드시 그 시에 걸맞은 시로 화답을 해야 했다. 그것은 반대의 경우도 마찬가지다. 혹 시로 답변을 하지 못한다거나 걸맞지 않는 시로 답변을 할 경우 역시 '제대로 배우지 못한 놈'이라는 손가락질을 피하기 어려웠다. 이 때문에 귀족과 지식인들은 옛 기록인 『시경(詩經)』과 『서경(書經)』『춘추(春秋)』를 공부하지 않을 수 없었다. 이 책 속에 있는 시(詩)나 서(書)를 인용하여 상대방이 자신의 심경을 표현할 때, 그 속에 담긴 본뜻과 함께 그에 합당한 답변을 내놓아야 했기 때문이다. 어쨌든 고대 중국인들은 주례(酒禮)를 성왕(聖王)들이 만든 제도로 이해했다. 주례(酒禮)란 한 잔의 술을 주고받을 때에도 주인과 손님은 수많은 절을 주고받으면서 예의와 품위를 잃지 않도록 마셔야 한다는 것이다. 그리하면 하루 종일 술을 마셔도 결코 취하지 않고, 사람이 지켜야 할 예의를 잃지도 않는다고 여겼던 것이다. 또한 그것은 술로 인해 일어나는 재앙과 비극을 예방하는 효과도 있었다. 그들에게 술이란 서로 기쁨과 즐거움을 얻기 위한 것이고, 음악이란 덕(德)을 밝히기 위한 것이며, 예의는 음란함을 막기 위한 것이었다. 그래서 고대 중국의 지식인 특히 유가(儒家)들은, 관례(冠禮 성인식)·혼례(婚禮 결혼식)·상례(喪禮 장례의식)·제례(祭禮 제사의식)와 빈례(賓禮 손님을 대접하는 예절) 등의 중요한 의식과 행사에서 주인과 손님이 서로 간에 술을 주고받는 절차와 방법을 자세하게 규정해놓았다. 그 기록이 바로 유가(儒家)의 13경전 중 하나인 『의례(儀禮)』이다

108 교수돈족 열예차강

矯手頓足 悅豫且康

바로잡을 교　손 수　두드릴 돈　발 족　기쁠 열　기쁠 예　또 차　편안할 강

☞ 손을 들고 발을 구르며 (춤을 추니), 기쁘고 즐겁고 또한 걱정이 없다.

108-1. 접빈객(接賓客)

옛날에 가정에서 가장 중시되는 일이 봉제사(奉祭祀 → 110) 다음에 접빈객(接賓客 → 108)이었다. 위의 장면은 빈객들과 술을 마시다가 흥에 겨우면 음악에 맞추어 춤을 추니 기쁘고 즐거우며 강녕(康寧)해진다는 말이다. 『문선(文選)』에 나오는 반악(潘岳)의 「한거부(閑居賦)」에 "음악이 들려오자 발을 굴러 일어나 춤을 추고 소리 높여 노래한다"고 했다.

108-2. 예와 덕에 맞는 춤

잔치의 술은 주인과 손님 모두가 기쁨과 즐거움을 얻기 위한 것이고, 잔치의 음악은 주인과 손님의 덕(德)을 밝히기 위한 것이었다. 그러면 고대 중국의 지식인에게 춤은 어떤 존재였을까? 그들은 13세가 되면 음악을 배우고 시가(詩歌)를 읊고 작무(勺舞, 주나라의 주공(周公)이 만든 춤)를 배웠으며, 15세가 되면 활쏘기, 말 다루는 방법과 함께 상무(象舞, 창과 방패를 들고 추는 춤)를 배웠다. 그리고 20세가 되어 관례(冠禮, 성인식)를 치른 후에는 하(夏)나라를 세운 우왕(禹王)이 만들었다고 전하는 춤을 추었다.

즉, 고대 중국의 지식인들이 반드시 배워야 할 학문에는 시가(詩歌)와 함께 음악 그리고 춤이 있었다. 춤은 크게 문무(文舞)와 무무(武舞)로 나누어진다. 문무는 학문의 덕을 기리고 칭송하는 춤이고, 무무는 무력(武功)을 찬미하는 춤이다. 그런데 그들은 왜 춤을 그토록 중요하게 여겼을까? 고대 중국의 지식인들은 예(禮, 예절)란 백성의 마음을 조절하여 평화롭게 하는 것이고, 악(樂, 음악)은 백성의 소리를 조화롭게 하는 것이라고 여겼다. 그래서 그들은 예악(禮樂)을 표현하는 방법과 수단을 특별히 중요하게 생각했다. 공자 또한 예악이 바로서야 천하가 바로 선다고 하였다. 이때 예악을 표현하는 방법이자 수단이 되었던 것이 바로 춤이다. 몸을 굽히고 펴며 굽어보고 우러러보는 것, 멈춰 서고 움직이며 돌고 몸을 느리게 하거나 빠르게 하는 것들을 통해 예와 악을 표현한 것이다. 종묘 제례 혹은 국악 한마당에 나오는 춤을 떠올려 보면 이해하는데 도움이 될 것이다. 공자는 천하가 잘 다스려지는 태평성대의 음악은 평화롭고 조화로운 춤을 나오게 하는 반면, 춘추시대 정(鄭)나라나 위(衛)나라에서처럼 음란한 음악은 음란한 춤을 만들어낸다고 여겼다. 고대 중국의 지식인들은 춤 또한 음악과 마찬가지로 나라와 백성의 현실과 미래를 내다볼 수 있는 도구로 생각했던 것이다. 그래서 그들은 예(禮)와 덕(德)에 걸맞은 음악을 추구한 것과 똑같은 이치로, 예와 덕에 걸맞은 춤을 만들어 가르치고 배웠던 것이다. 그것은 학문과 마찬가지로 나라와 백성을 교화하는 데 반드시 필요한 수단이었다.

109 적후사속 제사증상

嫡後嗣續 祭祀蒸嘗

정실 적 뒤 후 이을 사 이을 속 제사 제 제사 사 찔 증 가을제사 상

☞ 적자(嫡子)가 가계를 이어가며 조상을 제사하되 증과 상으로 한다. 즉 계절에 따라 그에 맞는 음식을 준비하여 조상을 섬긴다.

109-1. 계절별 제사

『예기(禮記)』 왕제편(王制篇)에 이르기를 '천자와 제후의 묘제(廟祭)에 있어 봄의 제는 사(祀), 여름의 제는 약(礿), 가을의 제는 상(嘗), 겨울의 제는 증(蒸)이라고 한다. 특히 가을의 제사에서는 새로 추수한 곡식을 올리며, 제사 드리기 전에 먹지 않는다'고 했다. 이는 천자나 제후의 경우를 말한 것이지만 천신(薦新)[74]은 지금 우리나라에서도 행해지고 있다.

109-2. 종법제

맏아들로 대(代)를 이어가는 풍속과 문화는 언제 생겨났을까? 중국 역사에서는, 그것을 중국 고대 3왕조 중 하나인 주(周)나라의 주공 단(周公旦)이 만든 종법제(宗法制)에서 그 시작을 찾는다. 주나라는 분봉제후제(分

74) 천신은 새로 농사지은 과일이나 곡식을 먼저 사직(社稷)이나 조상에게 감사하는 뜻으로 드리는 의식을 말하며, 국가에서 시행하는 종묘(宗廟) 천신과 가정에서 행하는 가묘(家廟) 천신, 그리고 무당들이 행하는 천신굿으로 구분된다.

封諸侯制)를 국가의 근간으로 삼았다. 즉, 왕족이나 공신 혹은 각 부족의 수장(首長)들에게 제후의 직위를 주고 각각 독립적인 영토를 분봉받아 다스리며 천자국인 주나라의 왕을 섬기도록 했다. 당시 제후국들은 천자의 간섭을 받지 않는 독자적인 제후 계승권을 지니고 있었다. 따라서 그 제도는 제후국의 권력 계승권을 둘러싼 혼란과 분쟁의 '씨앗'을 시작부터 지니고 있었다. 제후계승권을 둘러싼 권력 투쟁을 예방하기 위해 당시 주공단이 만든 제도가 바로 종법제(宗法制)이다. 이 제도에 따르면, 적장자(嫡長子, 본처에게서 낳은 맏아들)만이 유일한 계승권자가 될 수 있었다. 이 제도는 이후 왕실에서부터 일반 백성의 집안에 이르기까지 권력과 가문 계승권의 기준이 되었다. 이렇게 하여 적장자가 대(代)를 이어 왕실과 가문을 지킨다는 고대 중국 사회의 풍속과 문화가 자리 잡게 된 것이다. 왕실과 가문의 대를 물려받은 적장자는 권력 못지않게 지키고 보호해야 할 수많은 의무와 책임을 떠맡게 된다. 그 중 가장 중요한 것이 왕실과 가문의 조상을 섬기는 제사 의식을 충실하게 챙기는 일이다. 제사(祭祀)는 사계절의 변화에 맞추어 지내야 했다. 계절에 따라 지내는 제사는, 그 계절에 첫 수확한 곡식과 과실을 조상에게 올리는 의식이다. 봄에는 수확하는 곡식과 과실이 없으므로 대신 가죽과 비단을 놓고 제사를 올렸고, 여름에는 보리를 올렸다. 또 가을에는 기장과 조를 올렸고, 겨울에는 1년 동안 가꾸고 길러 수확한 여러 종류의 곡식과 과실들을 조상들께 올렸다.

110 계상재배 송구공황

稽顙再拜 悚懼恐惶

조아릴 계 이마 상 다시 재 절 배 두려울 송 두려울 구 두려울 공 두려울 황

☞ 이마를 땅에 대고 두 번 절하니 송구하고 황송한 마음이다.

110-1. 제사는 공경하는 마음으로

제사를 신중하게 모셔야 하는 것을 제시하고 있다. 『예기(禮記)』 단궁 하(檀弓 下)에도 "배계상 애척지지은야 계상은지심야(拜稽顙 哀戚之至隱也 稽顙隱之甚也, 계상(稽顙, 머리를 땅에 대고 절하는 것)은 애척(哀戚)의 극으로서 더할 수 없이 측은한 것이니, 계상이야말로 측은함의 자심한 바이다)"라는 구절이 있다. 재배(再拜)는 죽은 사람에 대한 절이다. 조상님의 기일(忌日)이 되면 제사를 올리되 마치 곁에 부모나 조상을 모신 것과 같이 정성을 다해서 공경하는 마음으로 올려야 하는 것이다

110-2. 윗사람은 두렵고 공경하는 마음으로

공자는 자신이 살던 시대를 구하고자 학문을 한 사람이다. 그가 구하고자 한 시대는, 주(周)나라의 천자를 중심으로 한 천하의 질서가 무너진 이후 벌어진 제후국 간 혹은 제후국 내부의 피비린내 나는 영토 전쟁과 권력 투쟁의 시대였다. 춘추시대의 역사서인 『춘추(春秋)』에서 공자가 밝히고 있는 군주 시해 사건만도 36건이나 되고, 멸망한 제후국만 해도 52개

국이나 된다. 공자는 예약(禮樂)의 질서를 바로 세우는 것을 나라를 구하는 길로 생각하였다. 이때 예(禮)란 신분 질서에 따른 차별을 뜻한다. 즉, 천자가 할 수 있는 일은 제후가 결코 할 수 없다. 또한 제후가 할 수 있는 일을 경대부(卿大夫)는 결코 할 수 없으며, 경대부가 할 수 있는 일을 선비나 일반 백성들이 해서는 결코 안 된다. 예를 들어 제후들은 사방 100리 이상의 영토를 가져서는 안 되며 삼군(三軍, 3만7천5백 명) 이상의 군대를 보유해서는 안 된다. 또한 제례나 행사 때 함부로 하늘과 땅에 제사지낼 수 없었으며, 무희(舞姬)들의 숫자를 마음대로 해서도 안 되었다. 그러나 공자가 살던 춘추시대 말기에는, 주(周)나라가 세운 이 모든 질서가 철저하게 무너져버린 시대였다. 신분질서가 철저하게 무너져버려 재주와 능력 그리고 힘과 무력을 갖추고 있으면 보잘것없는 신분의 사람도 경대부, 심지어 제후의 반열에 오를 수 있었고, 왕후장상의 씨를 물려받아서도 하루아침에 저승객이 되어 버리는 시대였다. 그래서 공자는 예악의 질서를 세우는 것을 천하를 구제하는 방법으로 삼아, 고대 중국 왕조의 예악 전통을 연구하고 그것을 세상에 퍼뜨리는 데 몰두했다. 공자의 사후 그의 제자들 역시 스승의 유지를 받들어 예악 전통을 발굴하고 예악 문화를 연구하는 데 온힘을 쏟았다. 그렇게 해서 공자와 그 제자인 유가(儒家)들은, 주공(周公)이 저술·편찬했다고 전해오는 주(周)나라 시대의 행정 직제와 국가 제도를 담은 『주례(周禮)』와 관혼상제 등 각종 의식과 행사에 관한 기록인 『의례(儀禮)』를 발굴해내고, 유가들이 연구한 예악 문화를 집대성한 백과사전이라고 할 수 있는 『예기(禮記)』를 세상에 내놓을 수 있었다. 이 세 권의 책은 공자와 유가들이 세상을 구제하고자 주창하고 다닌 예악(禮樂) 질서와 문화 그리고 중국 고대 왕조의 예악 전통을 총망라하고 있다고 할 수 있다. 이들 책은 오늘날에도 삼례(三禮)라고 불리며, 유가의 기본 경전인 십삼경(十三經)에 그 이름을 올리고 있다. 공자가 천하를 구제하여 이루고자 꿈꾼 이상국가와 이상사회를 이해하기 위해서는 한 번쯤은 읽어 둘 만한 책들이다. 계상재배 송구공황(稽顙再拜 悚懼恐惶)은 윗사람을 두려움과 공경하는 마음으로 섬기는 아랫사람의 도리를 밝힌 것으로 바로 공자가 말한 신분 차별에 따른 질서의 첫 번째 조건이라고 할 만하다.

111 전첩간요 고답심상

牋牒簡要 顧答審詳

글 전 편지 첩 간략할 간 중요할 요 돌아볼 고 대답 답 살필 심 자세할 상

☞ 편지는 간략하게 요점만 적고, (안부를) 묻거나 (윗사람에게) 답하는 일은 자세하게 살펴야 한다.

* 전(牋)은 윗사람에게 올리는 편지, 첩(牒)은 친구나 동년배 간에 주고받는 편지, 고(顧)는 서로 안부를 묻는 것을 말한다.

* 간요(簡要)와 심상(審詳)은 서로 반대되는 의미의 대구(對句)이다.

111-1. 편지쓰기

이 문장은 윗사람 또는 친구나 동년배 사이에 주고받는 편지 혹은 서찰을 어떻게 해야 하는지에 관한 글이다. 편지나 서찰을 보내기 위해서는, 자신의 심경을 글로 적어 보낼 필기도구가 필요했을 것이다. 그런데 우리가 상식적으로 알고 있는 글과 기록을 남기는 재료인 종이는 후한(後漢) 시대 사람인 채륜(蔡倫)이 만든 것으로, 그 제작 년대는 서기 100여 년 경이다. 따라서 중국 고대 3왕조는 물론 춘추전국시대, 진(秦)나라와 전한(前漢) 시대에도 종이가 아닌 다른 필기 재료를 사용하여 기록을 남기고 또 편지나 서찰을 주고받아야 했다.

111-2. 종이 이전의 편지지 재료

그 당시 사용되었던 재료로는 비단과 대나무 그리고 나무를 들 수 있다. 그러나 비단은 워낙 값비싼 귀중품이었으므로, 왕실이나 고관대작들

도 쉽게 사용할 엄두를 내지 못했다. 그래서 대개는 구하기 쉬운 대나무와 나무를 사용하여 책을 만들고 문서와 서찰 등을 작성했다. 이때 대나무와 나무는 평평한 패(牌) 모양으로 다듬어 한 개만 사용하거나 혹은 여러 개를 엮어서 사용했다. 그리고 여러 개의 대나무쪽을 엮어서 책을 만들 경우 이것을 죽간(竹簡)이라고 했고, 여러 개의 나무쪽을 엮어서 책을 만들면 이것은 목독(木牘)이라고 했다. 61에서 본 바와 같이 공자의 집에서 발견된 경전(經典)들이 죽간(竹簡)에 옻칠을 하여 만들어진 서책이었다. 오늘날에도 가장 흔하게 발견되는 것은 대나무쪽으로 만들어진 죽간이다. 그래서 채륜이 종이를 발명하고 사용하기 이전에 가장 보편적으로 쓰였던 필기 재료는 대나무(죽산, 竹簡)라고 할 수 있겠다.

112 해구상욕 집열원량

骸垢想浴 執熱願凉

骸	垢	想	浴	執	熱	願	凉
뼈 해	때 구	생각할 상	목욕할 욕	잡을 집	뜨거울 열	바랄 원	서늘할 량

☞ 몸에 때가 있으면 목욕할 것을 생각하게 되고, 뜨거운 것을 쥐면 서늘한 것을 찾게 되는 것이다.

112-1. 목욕

더러운 것을 버리고 깨끗한 것을 바라는 심정은 누구나 매 한가지이다. 『예기(禮記)』 내칙(內則)에 보면 "부모의 침이나 콧물 같은 더러운 것은 남에게 보이지 않고 닷새마다 물을 데워서 목욕시키고 사흘마다 몸을 닦아 드린다. 그 중간에라도 얼굴에 때가 묻었으면 물을 데워 닦기를 청하고, 발이 더러우면 역시 물을 데워다 드리고 닦기를 청한다."라고 나온다.

해구상욕(骸垢想浴)이라는 말은, 마음을 깨끗하게 하고 싶은 군자의 꿈을 육신(肉身)에 낀 더러운 때를 깨끗하게 씻고 싶다는 바람으로 비유하여 표현한 것이다. 또 집열원량(執熱願凉)이라는 말은, 악(惡)을 보면 자연스럽게 선(善)을 찾는 인간의 본능을 뜨거운 것을 잡으면 시원한 것을 원한다는 것으로 비유한 것이다. 그래서 이 문장은 인간의 착한 본성과 함께 자신을 닦아 마음을 바르게 하고자 하는 군자의 소망을 담고 있다고 할 수 있겠다.

112-2. 수신(修身)은 마음을 바르게 닦는 것

공자의 제자 중 10대 제자에는 들지 못했지만, 효(孝)로 크게 이름을 얻어 훗날 공자의 손자인 자사(子思)의 스승이 되어 유가(儒家)의 정통계보를 잇게 한 증자(曾子)가 자신의 제자들과 함께 남긴 저서에 『대학(大學)』이 있다. 본래 『예기(禮記)』에 속해 있었으나 훗날 남송 성리학의 태두인 주희(주자)가 따로 뽑아내어 사서(四書) 중의 하나로 삼은 책이다. 이 책은 군자의 길을 구체적으로 제시하여 적고 있는데, 다름 아닌 수신제가치국평천하(修身齊家治國平天下)이다. 여기에 수신(修身, 자신의 몸을 닦는 도리와 이치)에 대한 이야기가 있다. 그곳에서 증자는 수신(修身)이란 마음을 바르게 하기 위한 것이라고 말한다. 몸을 거느리고 있는 것이 마음이기 때문이지요. 그 예로 마음을 두지 않으면 어떤 사물을 보아도 보지 않는 것과 같고, 소리를 들어도 듣지 않는 것과 같고, 음식을 먹어도 먹지 않는 것과 같다고 했다. 마음이 있어야 사물이든 소리든 음식이든 참 의미와 맛을 느낄 수 있다. 마음을 바르게 닦는 것이야말로 몸을 바르게 세우는 길이라고 본 것이다. 그리고 공자나 증자 그리고 맹자와 같은 유가(儒家)들은 마음을 바르게 닦는 것은 누가 시켜서 되는 일이 아니라, 마치 몸에 때가 끼면 목욕하고 싶고 악(惡)을 보면 선(善)을 생각하듯이, 인간의 본성(本性)에서 나오는 것이라고 생각했다.

113 여라독특 해약초양

驢騾犢特 駭躍超驤

나귀 려 노새 라 송아지 독 수소 특 놀랄 해 뛸 약 넘을 초 달릴 양

☞ 나귀와 노새, 송아지와 황소는 놀라서 날뛰며 훌쩍 뛰어넘어 달린다.

113-1. 농민의 부와 선정

사람은 집에서 여러 가지 가축을 기르는데, 이런 가축 중에서도 소와 말 종류가 잘 번식해서 뛰고 노는 모습을 말한 것이 이 구절이다. 『예기(禮記)』 곡례에서는 문서인지부 수축이대(問庶人之富 數畜以對, 백성들이 잘 살고 못사는 것을 물으면 가축의 수효(數爻)로써 이에 대답한다)라고 하였다. 가축이 번성한다는 것은 그만큼 농민이 부(富)하고 통치자는 선정(善政)을 하고 있다는 증거이다.

여라(驢騾)는 나귀와 노새를, 독특(犢特)은 송아지와 소를 말한다. 이 네 동물은 모두 고대 중국인들의 삶과 생활에 매우 밀접한 관계가 있다. 이 네 동물이 번성하면 백성들의 삶이 편안하고 생활이 부유하여 천하가 태평하다고 여겼기 때문이다.

113-2. 신분별 부의 판별

『예기(禮記) 곡례(曲禮)』에 보면, 임금과 대부와 선비와 일반 백성의 부유함을 어떻게 판가름하는지에 대한 재미있는 일화가 나온다. 임금의 부

(富)는 토지와 산과 연못에서 나오는 수확량, 대부의 부는 식읍(食邑)과 집사 그리고 식읍의 백성들이 부담하는 세금, 선비의 부는 수레의 수, 일반 백성의 부는 가축의 수를 가지고 각각 판단한다고 했다. 그러나 이 네 동물을 모두 중요한 가축(家畜)으로 여기고 나라와 백성의 부유함과 태평함을 판단하는 척도로 여겼지만, 각각의 동물에 대한 대접은 큰 차이가 있었다. 고대 중국에서는 나귀나 노새는 북방의 유목민족이나 기르는 하찮고 이상한 동물로 취급했으며, 심지어 쓸모없는 인간 무리를 일컬어 여라(驢騾)라고까지 불렀다. 반면 송아지나 소는 농경사회에서는 없어서는 안 되는 중요한 동물이었다. 또한 하늘의 신인 상제(上帝)와 땅의 신인 후직(后稷)에게 올리는 제사인 교제(郊祭)에 사용하는 희생물로 사용한 동물 역시 송아지나 소였다. 그리고 천자(天子)가 천하를 순행할 때 방문한 제후국의 제후는 반드시 송아지를 잡아서 천자를 대접해야 했다. 그 이유는 소의 귀중함과 함께 송아지의 순수함을 숭상했기 때문이라고 한다. 따라서 노새와 나귀는 있어도 그만 없어도 그만인 가축이지만, 송아지나 소는 농사를 위해서도 꼭 있어야 할 가축이었을 뿐만 아니라 국가나 가문의 제례나 행사를 치르기 위해서는 반드시 소유하고 있어야 하는 동물이었다. 그 대접이 달랐던 것은 너무나 당연한 일이다.

114 주참적도 포획반망

誅斬賊盜 捕獲叛亡

벨 주 벨 참 도적 적 도적 도 잡을 포 얻을 획 배반할 반 망할 망

☞ 강도와 도적을 죽이고 베며, 배반한 자와 도망한 자는 포획해야 한다.

114-1. 나라의 기강

도적(盜賊)과 반망(叛亡)은 모두가 나라의 치안을 해치는 자이다. 그러므로 적도(賊盜)는 마땅히 주참(誅斬)하고, 나라를 배반하고 도망한 자는 포획(捕獲)하여 베어 죽여야 한다는 것이다. 적(賊)과 도(盜)가 창궐(猖獗)하면 민심(民心)이 흉흉하고 나라가 위태롭게 된다. 반역자는 왕위를 노리는 자이다. 법에 따라 죄를 물어야 한다. 이 구절은 이러한 범죄자에 대해 엄벌을 내려야 나라에 기강(紀綱)이 서고 국가를 이어갈 수 있다는 것을 밝혔다.

114-2. 유하혜와 도척

공자는 춘추시대 노(魯)나라 출신인데, 당시 노나라에는 공자 못지않게 현인(賢人)으로 이름을 날린 사람이 있었는데, 그가 유하혜이다. 그런데 유하혜에게는 유명한 도적으로 천하를 휘젓고 다닌 도척(盜蹠)이라는 동생이 있었다. 그는 9천 명에 이르는 도적 무리를 이끄는 두목이었으며, 각국 제후들의 영토를 제집 드나들 듯 침범하여 재물과 부녀자를 훔치고 약탈했다고 한다. 그가 이끄는 도적들의 위세가 어찌나 대단했던지, 그들이 지나갈

경우 큰 규모의 제후국은 성을 지키고 맞섰지만, 작은 규모의 제후국들은 난리를 피하려고 성안으로 몸을 숨겼다고 한다. 도척은 흉폭하고 잔인한 짓을 일삼고 다닌 도둑임에는 틀림없지만, 그에 관해 전해오는 이야기들을 보면 '평범한 도둑놈'은 아니었던 듯하다. 어느 날 도척이 이끄는 무리 중 한 도적이 그에게 '도둑에게도 지켜야 할 도(道)'가 있느냐고 물었다. 도척은 당시 노나라 지식인들 사이에서 유행하던 공자의 철학을 빗대어 도(道)가 존재하지 않는 곳이 있겠느냐면서, 남의 집 문안에 있는 재물을 미리 헤아려 무엇을 훔쳐낼 수 있는지를 알아내는 일은 도둑의 성(聖, 도리·이치)이고, 도둑질할 집에 남보다 먼저 들어가는 일은 도둑의 용(勇, 용기)이며, 도둑질을 다 하고 도망칠 때 맨 뒤에 서는 일은 도둑의 의(義, 의리)이며, 도둑질을 할 알맞은 때를 아는 일은 도둑의 지(智, 지혜)이고, 도둑질한 재물을 공평하게 나누는 일은 도둑의 인(仁, 어짊·사랑)이라고 했다. 그러면서 이 다섯 가지를 모두 지녀야 천하에 이름을 알리는 도둑이 될 수 있다고 했다. 한 마디로 도척은 철학을 갖고 있던 도적이었던 것이다. 요즘 식으로 표현하자면, 대도(大盜)라고 할 만한 인물이었다. 아마도 짐작해보건대, 도척의 무리들은 일반 백성의 집이나 재물을 탐낸 좀도둑이 아니라, 왕후장상이나 고관대작과 같은 당시 지배계급의 재물을 훔치고 약탈한 것으로 보인다. 이렇게 보면, 우리나라 조선시대의 임꺽정이나 장길산과 같은 의적(義賊)으로도 볼 수 있지 않을까 싶다. 도척(盜蹠)과 공자(孔子) 두 사람에 얽힌 일화는 88에서 언급한 바와 같이 자신을 설득하러 나선 공자(孔子)를 위선자라고 꾸짖고 위협해 내쫓은 것만 보더라도, 도척은 단순한 도둑이 아니라는 것을 짐작해볼 수 있다. 어쨌든 도척은 명예롭게 이름을 남기지는 못했다. '도척같은 놈'이라는 말은, 욕심 많고 흉폭하며 잔인한 사람을 상징하는 말로 오늘날까지 전해지고 있기 때문이다.

115 포사요환 혜금완소

布射遼丸[75] 嵇琴阮嘯

베 포　쏠 사　멀 요　알 환　　사람이름 혜　거문고 금　성 완　휘파람 소

☞ 여포(呂布)는 활을 잘 쏘고, 웅의료(熊宜遼)는 탄자(쇠구슬)를 잘 던졌으며, 위나라 혜강(嵇康)은 거문고를 잘 타고 완적(阮籍)은 휘파람을 잘 불었다.

115-1. 기예(技藝)가 뛰어난 사람들①

기예는 인간의 삶에 유익하고 더불어 기예가 출중하면 후세에 이름을 남긴다는 점을 나타낸다. 삼국시대 여포(呂布)의 활솜씨, 전국시대 웅의료(熊宜僚)의 쇠구슬 던지기, 혜강(嵇康)의 거문고 연주, 완적(阮籍)의 휘파람은 모두가 볼만한 것이다. 여포는 창을 꽂아 놓고 활로 쏘아 창의 작은 가지를 맞혀 유비(劉備)를 구했다. 웅의료는 세 개의 쇠구슬을 곤으로 받아 빙빙 돌리며 땅에 떨어뜨리지 않았다. 혜강은 거문고를 잘 탔다. 그의 '광릉산' 탄주(혜강이 형장에서 마지막으로 연주한 거문고 곡)는 슬프디 슬펐다. 완적은 휘파람을 잘 불었고 마음에 내키지 않는 사람을 보면 눈을 흘겨서 보았다.

115-2. 여포, 웅의료, 혜강, 완적

『천자문』을 지은 주흥사는 남북조시대(서기 420년~589년)의 말기에 해

75) 환(丸)은 장난감의 하나로서 모양이 둥글고 잘 구른다.

당하는 양(梁)나라 무제(武帝) 때 사람이다. 따라서 후한(後漢) 말기의 인물인 여포(呂布)보다는 무려 300여 년 후에 활동한 사람이다. 따라서 『천자문』에 활을 잘 쏜 용장(勇將)의 대명사로 여포를 언급한 것은 지극히 자연스러운 일이라고 할 수 있다. 어쨌든 여포(呂布)야 긴 설명이 필요 없는 인물이니까, 여포와 나란히 비교되고 있는 웅의료(熊宜僚)라는 사람에 대해서 알아보자.

웅의료는 춘추시대 초(楚)나라 제29대 제후인 혜왕(惠王) 때 사람으로, 그 힘이 천하 장사여서 홀로 5백 명을 상대해도 이겨낼 정도였다고 한다. 그러나 힘 못지않게 의기(義氣)도 남달라, 당시 세력가인 백공승(白公勝)이라는 사람이 권력 장악을 목적으로 초나라의 재상인 영윤(令尹)을 살해해 달라고 그에게 부탁하자 “어진 사람을 죽일 수 없다”면서 거절했다고 한다. 특히 그는 환(丸, 공)을 가지고 노는 재주가 탁월했는데, 공을 가지고 놀면 항상 여덟 개의 공은 공중에 떠 있고 한 개의 공만 그의 손 안에 있었다. 그는 현란한 공놀이 솜씨로 훗날 초나라가 송(宋)나라와 전쟁을 벌일 때, 큰 공적을 세우기도 했다. 송나라의 군사들이 웅의료의 현란한 공놀이 재주에 넋을 빼앗기고 구경하는 틈을 노려 초나라 군대가 송나라 군대를 공격해 크게 승리했기 때문이다.

혜강(嵇康, 223~262)은 후한(後漢)이 멸망한 후 시작되는 삼국시대 중 조조가 세운 위(魏)나라의 문인이자 사상가였다. 그는 유교의 전통사상과 인생관을 비판하고 자유분방한 노장(老莊) 사상을 제창하고 다녔다. 그러나 혜강은 반유교적 사상과 청렴결백한 성품 때문에 당시 권력층의 미움을 사, 친구가 일으킨 사건에 연루되어 결국 처형당하고 만다. 위(魏)나라와 진(晉)나라 왕조가 교체되는 시기에 세속의 권력과 욕망을 비판하며 죽림(竹林)에 모여 거문고와 술을 즐기며 청담(淸談)으로 세월을 보낸 일곱 명의 선비를 일컬었던 죽림칠현(竹林七賢)[76] 가운데 한 사람이다. 특히 거문고 연주에 뛰어난 재주를 갖고 있었다고 한다.

완적(阮籍, 210~263) 역시 위(魏)나라 때의 문인이자 사상가로, 혜강과 같은 시대를 산 인물이며, 죽림칠현의 한 사람이다. 그는 한때 위나라를 무너뜨리고 진나라를 세운 사마씨(司馬氏) 밑에서 벼슬을 살기도 했으나, 권력과 출세를 근본적으로 싫어해 술과 기행(奇行)을 일삼으며 자신을 위장하고 살았다. 또한 유학자들의 교조적인 철학에 반기를 들고 노장(老莊) 사상을 연구하는 데 몰두했다. 혜강과 함께 죽림칠현의 중심을 이루었던 사람으로, 휘파람을 빼어나게 잘 불었다고 전한다.

76) 중국 위·진(魏·晉)의 정권교체기에 부패한 정치권력에는 등을 돌리고 죽림에 모여 거문고와 술을 즐기며 청담(淸談)으로 세월을 보낸 일곱 명의 선비. 중국 위나라 말기 실세였던 사마씨 일족들이 국정을 장악하고 전횡을 일삼자 이에 등을 돌리고 노장의 무위자연 사상에 심취했던 지식인들을 일컫는다. 당시 사회를 풍자하고 방관자적인 입장을 취하였으며 정치와는 무관하였다. 그중 유명한 7인 즉 완적(阮籍)·혜강(嵇康)·산도(山濤)·향수(向秀)·유영(劉伶)·완함(阮咸)·왕융(王戎)을 죽림칠현이라 부른다. 그들은 개인주의적·무정부주의적인 노장사상(老莊思想)을 신봉하여 지배권력이 강요하는 유가적 질서나 형식적 예교(禮敎)를 조소하고 그 위선을 폭로하기 위하여 상식에 벗어난 언동을 하기도 하였다. 이후 이들은 위(魏)나라를 멸망시키고 진(晉)나라를 세운 사마씨의 일족에 의해 회유되어 해산되었다. 하지만 이들 중 혜강은 끝까지 사마씨의 회유를 뿌리치다 결국 사형을 당하였다. 루쉰(노신, 魯迅)은 그들의 도피적 처세술이나 기교(奇矯)한 행동이 정치적 압력에 대한 소극적 저항을 표시하는 것이라고 지적하고 있다. 그들이 그룹을 형성한 것은 일시적인 것이고 결국 집권자에게 죽음을 당하거나, 타협하여 관계로 돌아가거나 하여 모두 흩어졌지만, 그 풍부한 일화는 그 후 《세설신어(世說新語)》등 인물평론이나 회화의 좋은 제재가 되었다.

116 염필윤지 균교임조

恬筆倫紙 鈞巧任釣

편할 염　붓 필　인륜 륜　종이 지　　무거울 균　공교할 교　맡길 임　낚시 조

☞ 진(秦)나라 몽염(蒙拈)은 붓, 후한(後漢) 채륜(蔡倫)은 종이, 위(魏)나라 마균(馬鈞)은 교묘한 지남거(指南車), 전국시대(戰國時代) 임공자(任公子)는 거대한 낚싯대를 만들었다.

116-1. 기예(技藝)가 뛰어난 사람들②

문명을 이룩하는 데 필수 요소인 붓, 종이, 지남거, 화약 등이 일찍이 중국에서 만들어졌다. 이 구절에서는 일기(一技)에 능한 사람이 이 세상을 유익하게 하고 문명과 문화의 발전을 촉진한다는 점이 강조되고 있다. 그리고 문명을 연 사람들은 이름이 천 년에 걸쳐 전해진다는 점도 나타낸다.

116-2. 몽염, 채륜, 마균, 임공자

『사기(史記)』에 몽염(蒙恬)은 진시황(秦始皇) 때의 명장으로, 진이 천하를 통일하자(시황 26년) 시황의 명을 받아 30만 대군으로 흉노를 오르더스(옛날의 삭방군) 밖으로 몰아내고 만리장성을 쌓았다고 하는데 붓에 대해서는 아무런 언급이 없으므로 몽념이 붓을 만들었다는 것은 믿기 어려운 말이다. 진 이전에 이미 붓이 쓰이고 있다는 말들이 고서(古書) 여기저기서 발견된다. 진시황이 6국(六國)을 멸망시키고 천하 통일을 이루는 데 일등공신 역할을 한 몽염은, 진시황의 천하 통일 후, 30만 대군을 이끌고 북방

의 유목민족인 흉노족을 내쫓는 한편 만리장성(萬里長城) 축조라는 대사업을 진두지휘했다. 만리장성의 완성은 그의 노력으로 이룬 작품이라고 해도 과언이 아니다. 그러나 몽염은 뛰어난 용병술과 탁월한 리더십 때문에 진나라 황실로부터 끊임없는 감시와 견제를 당해야 했다. 결국 진시황이 죽은 후, 2세 호해황제와 환관 조고가 황태자인 부소의 황제 등극을 막기 위해 거짓 조서를 꾸미고 몽염을 투옥해 제거하려 하자 자살했다. 몽염이 붓을 만들었다는 것은, 그가 대나무 대롱에 토끼털을 매어 붓을 만들고 또 소나무 그을음으로 먹을 만들어 글씨를 썼다고 전해지고 있기 때문이다. 이 붓을 '토호죽관(兎毫竹管)'이라고 하는데, 몽염이 처음 만들어 사용했다고 한다.

채륜(蔡倫)은 후한시대 환관(宦官)이었으나 학문과 재주가 매우 뛰어나 중상시(中常侍)라는 관직을 거쳐 용정후(龍亭侯)에까지 봉해지는 영화를 누렸다. 그는 서기 105년에 종이 제조법을 발명하여 크게 이름을 알렸고, 그 공적을 기리기 위해 그때부터 그가 발명한 종이 제조법에 따라 만들어진 종이에 대해서는 채후지(蔡侯紙)라고 불렀다. 그 후 채륜은 '종이의 발명자'로 알려져 왔지만, 최근 들어 그가 종이를 최초로 발명한 것은 아니고 이전부터 전해 내려오던 여러 종이 제조기술을 종합하여 새로운 종이 제작법을 개발했다는 사실이 밝혀지고 있다. 그러나 채륜이 개발한 새로운 종이 제작법에 따라 구하기 쉬운 재료를 사용하여 손쉽게 기록할 수 있는 양질의 종이를 대량으로 생산할 수 있었기 때문에 중국은 물론 동아시아 문명의 발전에 기여한 공적은 대단한 것이었다.

마균(馬鈞)은 삼국시대 위(魏)나라의 기술자겸 발명가였다. 집안이 매우 가난해 학문을 배우지는 못했으나, 뛰어난 손재주와 창의적인 발상으로 수많은 기술 혁신과 발명품 등을 만들어냈다고 한다. 예를 들어 4~5배나

작업 능률을 높인 비단 직조기, 재래식으로 물을 푸는 기계를 개조한 용골수차(龍骨水車), 나무 인형을 수레에 태워 조정하면 수레가 반드시 남쪽을 향하도록 만든 지남거(指南車),[77] 성을 공격할 때 바퀴가 도는 원리를 이용하여 더 멀리 돌을 던질 수 있게 한 기계인 포석거(抛石車) 등이 그가 개량하거나 발명한 작품들이었다고 한다.

임공자(任公子)는 전국시대에 존재했던 임(任)나라 공자(公子)다. 공자라니 임나라 제후의 아들이라는 것을 알 수 있을 뿐, 그에 대한 구체적인 기록은 없다. 다만 무게가 3 천근이나 되는 갈고리를 만들어 동해(東海)에 낚싯대를 드리워 거대한 고기를 낚았다는 기록이 『장자(莊子)』 잡편(雜篇) 외물(外物)에 진해져 오고 있다.

77) 수레 위에 신선의 목상(木像)을 얹고 그 손의 손가락이 늘 남쪽을 가리키게 만든 수레로 고대 중국에서 나침반의 역할을 했다.

117 석분이속 병개가묘

釋紛利俗 竝皆佳妙

풀 석 어지러울 분 이로울 리 세상 속 아우를 병 다 개 아름다울 가 묘할 묘

☞ 어지러운 것을 풀어 세상을 이롭게 하니[78]모두 아름답고 기묘하다.

『사기(史記)』 노중련전(魯仲連傳)에 보면 평원군이 천금을 보내서 노중련[79]의 장수를 축하하자 노중련이 말하기를 '천하의 선비들이 귀하게 여기는 바는, 남을 위해서 근심을 없애주고 어려운 일을 풀어 주며 시끄럽고 어지러운 것을 해결해 주고서도 사례를 받지 않는 것이다. 보상을 받는다면 그것은 장사꾼이나 다름이 없다.'라고 했으며, 평원군을 하직한 노중련은 죽을 때까지 다시는 만나지 않았다고 한다. 일기일능(一技一能)을 지닌 사람들이 세상을 이롭게도 하고 분란을 풀기도 하여 그 모두가 아름답기 그지없어 신묘할 정도라는 뜻이다.

천자문도 신화와 역사, 문화와 문명의 대서사시로서, 신과 인간이 빚어낸 다양함과 기묘함을 간직한 작품이라고 평가받고 있으며, 특히 모두 다른 1천 개의 문자로 작성된 것에 신비한 느낌마저 들며 역사상 전무후무한 문장으로 받아들여지고 있다.

---

78) 116~117에 나오는 8인(八人)이 재주를 다하여 어려운 난국(亂局)을 풀고 이로운 풍속(風俗)을 이루었다. 소수인의 연구결과로 발명품이 나와 많은 이들이 이익을 보게 되니 미풍양속도 함께 전해진다는 뜻이다.

79) 노중련은 제(齊)나라 사람으로 달변이고 계책이 뛰어났지만 높은 절의(節義)를 지닌 은사(隱士)의 한사람이었다.

118 모시숙자 공빈연소

毛施淑姿 工嚬姸笑

털 모 베풀 시 맑을 숙 모양 자 공교할 공 찡그릴 빈 고울 연 웃을 소

☞ 모장(毛嬙)과 서시(西施)는 자태가 아름다워 찡그리는 모습도 예쁘고 웃는 모습은 말할 나위 없이 고왔다.

118-1. 모장과 서시의 아름다움

모시(毛施)란 미인의 대명사이다. 모장(毛嬙)은 춘추시대 오(吳)나라 일색(一色)으로 월왕 구천(越王 句踐)이 총애한 궁녀 여희(麗姬)이고, 서시(西施)는 월나라 일색으로 본래 절강성 저라산(浙江省 苧羅山)의 나무꾼의 딸이었는데 월나라가 회계(會稽)의 싸움에서 오왕 부차(吳王 夫差)에게 패한 뒤, 월나라 재상 범려(范蠡)가 오나라를 치기 위해 3년간 문장과 예절을 가르쳐 오왕 부차에게 보낸 미녀 첩자이다. 부차는 첫눈에 반해 서시가 하고 싶은 일은 모두 하게 했다고 하며, 서시의 뱃놀이를 위해 높은 세금과 부역으로 대운하 공사를 벌리는 등 국력을 낭비하여 월왕 구천에게 멸망당했다고 한다. 오나라를 멸망시킨 다음 범려가 다시 서시를 데려다가 조각배에 싣고 오호(吳湖)에서 노닐며 돌아오지 않았다고 한다. 당나라 양귀비와 함께 중국의 2대 미녀라고 한다. 서시가 어릴 적에 가슴에 병이 있어 가슴이 아플 때마다 얼굴을 찡그렸는데 오히려 그게 아름다움을 느끼게 했다고 해서 공빈(工嚬)이라 표현했다. 이 서시를 흉내 내기 위해 못생긴 여자도 얼굴을 찡그렸다고 하는데 동네 이웃이 추녀의 찡그린 모습

을 피해 이사를 갔다고 한다. 여기서 효빈(效嚬, 찡그린 것을 본뜬다)과 빈축(嚬蹙)을 산다는 말이 유래 되었다고 한다. 『장자(莊子)』에도 서시는 찌푸린 얼굴조차 아름다웠다는 말을 못생긴 여자가 듣고, 미인은 항상 얼굴을 찌푸린다고 생각하여 얼굴을 찌푸리고 다녀 웃음거리가 되었다는 이야기가 있다.

118-2. 서시(西施)

춘추시대 말기 월나라 출신이고, 원래 이름은 시이광(施夷光)이고, 이광(夷光), 서자(西子), 완사녀(浣沙女)라고도 일컬었다. 중국 4대 미녀(서시, 한나라 때의 왕소군(王昭君), 〈삼국지〉에도 등장하는 초선(貂蟬), 당나라 황제 현종(玄宗)의 여인 양귀비(楊貴妃)) 가운데 가장 오래된 인물이다. 여러 기록에 나타나는 그녀의 일생을 압축하면 다음과 같다.

살았던 마을이 동서로 나뉘어 있었는데 그녀는 서쪽에 살았기 때문에 이름을 서시(西施)라 했다. 동쪽 마을에 사는 동시(東施)도 있었다. 아버지는 나무꾼이었고 어머니는 빨래를 직업으로 삼았는데, 빨래하는 직업을 완사(浣紗)라 했다. 서시도 늘 시내에 나가 빨래를 했는데 이 때문에 서시 고향마을의 시내를 완사계(浣沙溪)라 부른다. 오왕 부차에게 굴욕적인 패배를 맛보고 3년 동안 부차의 시중을 들다가 귀국한 월왕 구천은 와신상담하며 복수의 칼을 갈았다. 이때 범려가 미인계를 권하여 전국적으로 미인을 선발하게 되면서 서시를 발견해 궁으로 데려왔고, 춤과 노래 등을 가르친 후 오왕 부차에게 보냈다. 부차는 서시의 미색에 사로잡힌 나머지 나랏일을 게을리 하기 시작했고, 충신 오자서의 충고를 무시하고 결국 그를 자결하게 하는 등 오만한 정치를 일삼다가 결국 월왕 구천에게 망하고 말았다. 서시는 어릴 때부터 미인으로 정평이 나 있었다. 그래서 마을 처녀들이 서시의 행동을 따라 하곤 했는데, 심지어 서시가 배가 아파 찡그리는 것까지 따라했다고 한다. 특히 동쪽 마을에 살았던 동시는 서시가 하는 것이면 무엇이든 따라 하게 되면서 동시빈축(東施嚬蹙), 동시효빈(東施效嚬)이란 사자 성어[80]가 파생되었다. 서시가 시내에 빨래하러 오면 시냇물에서 헤엄치던 물고기들이 그녀의 미모에 넋을 잃고 바닥으로 가라앉았다고 하여 서시의 미모를 가리키는 '침어(沈魚)'라는 별명도 나왔다.

경국지색 미인 서시의 죽음에 관한 설은 두 가지가 있다.

① 월왕의 모사 범려가 서씨를 오왕에게 미인계로 보내 오나라를 멸망시킨 후 – 목적을 달성한 월왕이 누구보나도 범려를 잘 아는지라 반드시 본인을 토사구팽시킬 것이라는 것을 알고 – 서시를 데리고 중국의 절경 장가계로 들어가서 성상(최고부자 장사꾼)이 되어 서시와 잘 살다 죽었다는 설

② 월왕의 부인이 서시가 살아 있으면 월왕이 필히 서시를 왕비로 삼을 것에 대비하여 수고 많았으니 고향에 돌아가서 편히 살리고 하면서 금을 가득담은 봇짐을 서시에게 하사하였다. 서시가 무거운 금 봇짐을 지고 고향근처의 냇물을 건너다가 전날 깊이 파놓은 곳에 빠져 익사하였다는 설

80) 서시는 평소 가슴에 병이 있어 가슴을 문지르며 찡그리곤 했는데 동네의 못난 여자들조차 서시의 그런 모습이 너무 예뻐 서시를 따라서 가슴을 문지르곤 했다고 한다. 동시(東施)라는 여자가 특히 서시의 이런 모습을 따라했다고 한다. 〈장자〉를 비롯한 이런저런 곳의 이야기가 합쳐져 '동시가 이맛살 찌푸리는 것을 따라하다'라는 '동시효빈(東施效顰)', 또는 '동시가 이맛살을 찡그리다'는 '동시빈축(東施嚬蹙)'이란 고사성어가 합성되어 나왔다. 여기서 누군가의 이맛살을 찌푸리게 하거나 인상을 찡그리게 한다는 뜻의 '빈축을 사다'라는 말이 나온 것이다.

119 연시매최 희휘낭요

年矢每催 羲暉朗曜

해 년 화살 시 매양 매 재촉할 최 복희 희 빛날 휘 밝을 랑 빛날 요

☞ 세월은 화살처럼 매양 재촉하고, 태양은 밝게 빛난다.

* 희(羲)는 희아(羲娥, 해와 달), 낭(朗)은 달 밝음, 휘(暉)는 햇빛 밝음을 뜻한다.

119-1. 세월의 흐름

하루, 한 달, 한 해의 흐름을 생각할 때, 가장 먼저 떠오르는 자연현상은 아마도 떠오르는 아침 태양과 해 질 녘의 태양일 것이다. 세월은 화살처럼 빠르게 지나가지만, 태양은 변함없이 떠올라 밝게 빛을 발한다. 고대 중국인들은 태양을 생명의 상징처럼 여겼다. 그래서 태양이 떠오르는 동쪽은 만물이 소생하는 곳이다. 태양을 뜻하는 '희(羲)'자는 '복희 희'로 읽는데, 중국 신화에 따르면 복희(伏羲)는 태양이 떠오르는 동쪽을 주관하는 '동방의 신'이다. 또 고대 중국의 일부 지방에서 복희는 태양을 태우고 다니는 수레의 마부로 등장하기도 한다. 고대 중국인들에게, 태양은 모든 생명의 시작이자 기원으로 숭배되었던 대상이었다. 그래서 당연히 생명이 탄생하고 만물이 소생하는 곳 역시 매일 태양이 떠오르는 동쪽이라고 여겼던 것이다.

이 책의 두 번째 이야기에 나오는 태양의 여신(女神), 희화(羲和) 역시 태양을 상징하는 한자인 '희(羲)'가 이름에 나타난다. 희화는 벼슬 이름으로도 사용되었다. 요순(堯舜) 시대에, 천문(天文)과 역법(曆法)을 다스리고 주관하던 관직의 이름이 '희화(羲和)'였다.

119-2. 천문과 역법

천문과 역법은 두 가지 이유 때문에 고대 중국 왕조에 대단히 중요했다. 고대 중국은 농업을 정치와 경제의 근본으로 삼고 있던 사회여서 곡식과 열매를 뿌리고 거두는 시기나 비·바람·날씨·기후·기온 등의 자연 현상을 정확하게 살피는 일이 매우 중요했다. 또 고대 중국인들은 한 해 농사의 결과와 자연 현상을 통해 왕조(王朝)와 제왕(帝王)의 흥망을 판단했다. 즉, 흉년이 들거나 가뭄이나 홍수가 져 백성들의 삶이 피폐해지면, 나라의 정치 혹은 제왕의 행동거지가 잘못되어 하늘이 징벌을 내린 것으로 해석했다. 그래서인지 고대 중국에서 천문과 역법을 담당한 관리들은 하늘만 관찰하고 달력만 만든 것이 아니라, 해·날·별·별자리의 변화를 통해 국가와 왕조의 길흉(吉凶)을 예언하고 그에 대한 예방책과 정책을 제시하기도 했다.

120 선기현알 회백환조

璇璣懸斡 晦魄環照

옥이름 선 구슬 기 매달 현 돌 알 그믐 회 넋 백 고리 환 비칠 조

☞ 선기[81]옥형(璇璣玉衡)은 굴대에 매달려 있는 채로 돌고, 그믐이 되면 달은 빛을 잃었다가 다시 둥그렇게 되어 밝아지기를 순환하면서 비친다.

120-1. 자연의 순환

아름다운 구슬로 만든 혼천의(渾天儀, 선기옥형)는 굴대에 매달려 돌고 있는데 세월은 쉬지 않고 흘러 그믐에 달은 빛을 잃었다가 다시 둥그렇게 되어 순환하면서 비친다. 미옥(美玉)으로 장식되어 공중에서 돌고 있는 선기(璇璣)는 천체가 회전하는 것을 말하고 회백(晦魄)은 달이 찼다 기울었다 하는 것이다. 곧 세월은 쉬지 않고 흐르며, 그믐달은 순환한다는 말이다.

120-2. 선기와 혼천의

선기(璇璣)란 본래 북두칠성 가운데 국자 모양에서 자루에 해당하는 첫 번째 ~ 네 번째까지의 네 개의 별을 가리키는 말이었다. 또한 고대 중국인들은 천문을 관측하기 위해 만들어진 천체 모형 역시 '선기'라고 했다. 선기는 보통 옥(玉)으로 장식했기 때문에 선기옥형(璇璣玉衡)이라고 불렸

81) 선기(璇璣)는 고대(古代)의 천문(天文)을 관측하는 혼천의(渾天儀)의 원형으로 되어 회전하는 축(軸, 굴대, shaft) 즉 천기를 보는 기구를 말한다.

다. 따라서 이 문장의 선기(璇璣)는 천문을 관측하는 기구인 천체 모형을 말하는 것으로 이해하면 되겠다. 고대 중국인들이 사용한 이 천체 모형을 후한(後漢) 시대 문인이자 과학자인 장형(張衡, 서기 78년~139년)이 개량하여 더욱 발전시켰는데, 그것이 바로 혼천의(渾天儀)다. 혼천의는 주(周)나라 시대의 우주관이라고 할 수 있는 개천설(蓋天說)을 대체한 혼천설(渾天說)에 따라 만들어진 천체 모형으로, 천체의 운행과 그 위치를 측정한 천문시계라고 할 수 있다. 혼천의가 기반으로 하고 있는 우주관인 혼천설은 장형의 저서인 『혼천의주(渾天儀註)』에서 비롯된 것으로, 달걀의 껍질이 노른자를 둘러싸고 있는 것처럼 우주 역시 하늘이 땅을 둘러싼 모습으로 되어 있다는 주장으로, 하늘은 그 모습이 둥글고 끝없이 일주운동(日周運動)을 한다고 해서 혼천(渾天)이라고 했다 한다. 회백(晦魄)은 매월 달이 찼다가 이지러지는 자연현상이 반복적으로 순환되는 것을 말한다. 즉, 초승달부터 그믐달까지 달의 변화하는 모습을 나타낸 것이다. 선기현알 회백환조(璇璣懸斡 晦魄環照)는, 고대 중국인들이 생각한 하늘 세계의 운동과 그 운동을 관찰하는 인간의 관계를 말하고자 한 것임을 알 수 있다.

121 지신수우 영수길소

指薪修祐 永綏吉邵

손가락 지 땔나무 신 닦을 수 복 우 길 영 편안할 수 길할 길 높을 소

☞ 손가락으로 나무 섶을 지피는 것은 복을 닦는 것과 같으니, 영원히 편안하고 상서로움이 높아진다.

121-1. 선행으로 복을 닦으면

『장자(莊子)』 내편(內篇) 양생주(養生主)[82]에 지궁어위신 화전지 부지기진야(指窮於爲薪 火傳也 不知其盡也, 손가락이 장작 지피는 일을 다 하면 불은 계속 타고 결코 꺼질 줄 모른다)는 구절이 나오는데, 이 말은 불꽃이 계속 이어지듯 인간이 닦아 놓은 복은 무궁함을 비유한 것이다. 지신(指薪)은 섶은 궁진하다는 말이다. 즉 섶은 곧 다 타버린다는 말로서, 인간의 삶이 유한함을 말한다. 섶이 불타 금새 사라지는 이치를 생각하여 자신의 섶이 다 타기 전에 복을 닦으면, 그 복은 자신이 죽는다고 끊어지는 것이 아니고, 후손들이 복을 받아 길이 평안하고 행실이 착하게 될 것이다. 선을 쌓아 복을 닦는 것은 나무 섶을 가리켜 비유할 수 있으니, 나무 섶은 없어져도 불씨는 영원한 것과 같다.

사람이 선행(善行)을 쌓아 복(福)을 닦는 것은 손가락으로 나무 섶을 지피는 것에 비유할 수 있다. 나무 섶이 다 타고 남은 불씨처럼 그 복(福)이

82) 참된 삶 또는 인생을 누리게 하는 요체(要諦)를 뜻한다.

영원히 자손에게 전해질 것이기 때문이다. 고대 중국인들은 자신이 쌓은 복(福)과 화(禍)는 당대에 나타날 수도 있고, 다음 대 혹은 그 다음 대 또 그 다음 대에 나타날 수도 있다고 여겼다. 그래서 선행(善行)을 쌓는 사람은 비록 그로 인해 복(福)을 누리지 못한다 하더라도 후손들에게 그 복이 돌아갈 것이라고 생각했고, 악행(惡行)을 쌓는 사람은 비록 자신은 부귀영화와 권력을 누린다 하더라도 후손들에게 그 화(禍)가 미칠 것이라고 굳게 믿었다.

121-2. 조량의 사람 사귀는 법

그 때문에 현명한 선비들은 사람을 사귈 때, 그 사람이 지니고 있는 부귀와 권력을 보지 않고 그가 쌓은 선행(善行)과 악행(惡行)을 본다고 했다. 그 대표적인 인물이 전국시대 진(秦)나라의 개혁을 지휘해 부국강병을 이룩한 상앙(商鞅)에게 충고한 재야의 선비 조량(趙良)이다. 당시 상앙은 진나라의 권력을 한 손에 쥐고 있던 재상(宰相)이었고, 조량은 이름 없는 선비에 불과했다. 그러나 상앙은 조량의 현명함을 높이 사, 그와 친분을 나누고자 했다. 부귀영화와 권력을 지닌 상앙과 사귄다는 것은 곧 진나라 최고의 권력층이 될 수 있는 보증수표나 다름없었다. 그런데 조량은 상앙의 제안을 거절한다. 이유는 간단했다. 조량은 상앙처럼, 가혹한 법(法)과 잔혹한 형벌만으로 사람을 대하고 일을 처리하는 것은 수많은 사람들로부터 원한을 사 재앙을 쌓는 일과 같다고 여겼기 때문이다. 조량의 눈에는 상앙이 가지고 있는 부귀영화와 권력이 아니라, 그가 쌓고 있는 원한으로 인해 훗날 당할 재앙만이 보였던 것이다. 그래서 조량은 상앙에게 부귀영화와 권력을 모두 던져버리고 은퇴하여 인(仁)과 덕(德)으로 선행(善行)을 쌓으라고 권유한다. 그것만이 상앙의 목숨을 지켜줄 것이라는 충고도 잊지 않았다. 그때 조량이 상앙에게 던진 말 가운데 걸작 중의 걸작이 있다. 조량은 상앙에게, "인간에게 피해만 주는 쥐새끼도 눈·코·입·귀 등 갖출 것은 모두 갖추고 있는데, 사람으로서 마땅히 갖추어야 할 예의도 갖고 있지 않으면서 어떻게 상서로움을 바랄 수 있느냐?"고 했다. 상앙은 당시 조량의 충고를 무시했다. 아마도 상앙은 자신이 지닌 부귀와 권력을 우습게 보는 조량을 비웃었을 것이다. 그러나 상앙은 조량을 만난 지 5개월 후에, 정치적 후견인이었던 진(秦)나라의 제후 효공(孝公)이 갑작스럽게 죽고 새로 즉위한 혜문왕(惠文王)에 의해 죽임을 당하고 집안은 멸망하게 된다. 상앙(商鞅)에게 원한을 품고 있던 진나라 사람들의 모함에 의해 역적의 죄를 뒤집어썼기 때문이다. 상앙은 지신수우 영수길소(指薪修祜 永綏吉劭)라는 말과는 정반대로 행동했기 때문에 자신과 온 집안이 멸망하는 큰 재앙을 불러들였다고 할 것이다.

122 구보인령 부앙낭묘

矩步引領 俯仰廊廟

법 구 걸음 보 끌 인 옷깃 령 구부릴 부 우러러볼 앙 행랑 랑 조정 묘

☞ 자로 잰 듯 법도대로 걷고 옷깃은 얌전하게 여미고, 조정(朝廷)에서는 깊이 생각하여 일을 처리해야 한다.

122-1. 조정에서의 예법

고대 중국에서 벼슬아치가 조정에서 정사(政事)를 돌볼 때, 반드시 갖추어야 할 몸가짐과 행동거지에 대해 이야기 한 것이다. 당시 벼슬아치는 조정(朝廷)에 나가기 전부터 임금을 모시는 방식에 이르기까지 철저하게 예법(禮法)에 따라 행동해야 했다. 만약 이에 어긋나는 행동을 했을 경우에는, 관직을 잃는 것은 물론 선비 혹은 지식인으로서 지켜야 할 관습법을 어겼다고 하여 큰 모멸과 망신을 당했다. 이 예법은 유가(儒家) 이론의 종합백과사전인 『예기(禮記)』에 기록되어 있다. 먼저 조정(朝廷)에 들어가기 전날 밤에 벼슬아치는 목욕재계하고 아내나 첩과 침실을 같이 해서는 안 된다. 그리고 조정에 들어가 임금에게 고할 말, 임금의 물음에 대답할 말, 이미 임금이 명령한 말들을 기록하여 확인하여 둔다. 다음 날 조정에 들어갈 때는 반드시 예복(禮服)을 갖추어 입고 임금을 대할 때의 용모나 몸가짐 그리고 패옥(佩玉)을 울리는 소리 등을 연습한다. 이때 벼슬아치가 지닌 앞과 뒤가 둥근 홀(笏)은, 자신이 섬기는 임금에게 한없이 겸손하다는 것을 상징하는 물건이다. 조정에 나아가 임금을 모실 때에는, 항

상 임금은 북쪽을 등 뒤로 하여 남쪽을 바라보게 되고 벼슬아치는 임금의 좌우로 서게 된다. 보통 왼쪽에는 문관(文冠)이, 오른쪽에는 무관(武冠)이 자리하게 된다. 또 임금과 함께 자리를 하여 앉게 되었을 때는, 반드시 물러나 별도로 마련된 자리에 앉아야 한다. 혹시 별도로 마련된 자리가 없거나 임금이 물러나라는 명령을 하지 않았다면 그 곁에 앉되 일정한 거리를 두고 앉아야 한다. 벼슬아치들은 임금에게 자신의 의견을 알리거나 임금의 물음에 답변할 때에는, 반드시 자신을 '폐(陛)나 전(殿) 아래에서 임금을 모시는 아랫사람'이라는 뜻으로 낮추어 부른 '폐하 혹은 전하'라는 용어를 사용해야 했다.

122-2. 낭묘(조정)

고대 중국에서는 정사(政事)를 처리할 때, 반드시 선왕(先王)을 모신 사당인 종묘(宗廟)에서 이를 시행했다. 그것은 선왕과 조상들이 지켜보는 자리인 만큼 정사에 신중에 신중을 기하라는 경계의 뜻을 담고 있었다. 이 문장에 나오는 낭(廊)은 종묘에 있는 행랑(行廊)이다. 따라서 낭묘(廊廟)는 곧 선왕들을 모신 종묘를 뜻한다. 또 종묘에서 나랏일을 행했다고 하여 고대 중국인들은 조정(朝廷)을 낭묘(廊廟)라고도 불렀다.

123 속대긍장 배회첨조

束帶矜莊 徘回瞻眺

묶을 속 띠 대 자랑할 긍 씩씩할 장 어정거릴 배 어정거릴 회 볼 첨 바라볼 조

☞ 의관을 정제하여 몸가짐을 떳떳하고 당당하게 하고 이리저리 배회하니 사람들이 우러러 본다.

옷차림새를 단정히 하고 중후한 모습으로 걸어야 군자답다. 신하 된 자는 더하다. 조정에 들어갈 때는 의관을 정세하고 위의(位義)를 갖추어 공경하는 마음이 저절로 생기게 행동해야 한다. 고대 중국인들에게 예복(禮服)은 신분 질서와 계급을 상징하는 도구였던 만큼 엄청나게 중요한 물건이었다.

123-1. 예복 ①: 의복

어떤 사람이 입는 의복[83]은 곧 그가 어떤 신분과 직업의 사람인지를 나타내주는 최초의 상징이었다. 의복은 신분과 직업을 나타내기도 했지만, 관혼상제 등 각종 의식이나 행사에서 갖추어야 할 법도(法道)였다. 예를 들어 천자(天子)는 각각의 계절과 행사에 걸맞은 예복을 갖추어야 했다. 음력 2월에는 푸른색 의복과 푸른색 깃발과 푸른색 옥(玉)을 착용했지만,

83) 천자의 옷: 곤의(袞衣) - 용을 그린 옷 / 제후의 옷: 보(黼) - 자루가 없는 도끼무늬를 흰색과 검은색으로 수놓은 옷 / 대부의 옷: 불(黻) 검은색과 푸른색으로 활 모양을 대칭으로 그려놓은 옷 / 선비의 옷: 현의훈상(玄衣纁裳) - 검은색 상의와 붉은색 하의로 된 옷

음력 5월에는 붉은색 의복과 붉은색 깃발과 붉은색 옥을 착용했고, 음력 8월에는 흰색 의복과 흰색 깃발과 흰색 옥을 착용해야 했다. 또 행사에 따라서도 예복(禮服)을 다르게 갖추었는데, 매일 보는 정사(政事)에는 피변복(皮弁服)을 입고, 제사를 지낼 때는 열두 가닥 옥구슬로 장식한 면류관을 쓰고 곤룡포를 입는다. 제후는 제사를 모실 때는 현면(玄冕, 검은색 의복) 차림이고, 천자의 조정(朝廷)에 나갈 때는 비면(裨冕)이라는 관복을 입어야 했고, 종묘(宗廟)에서 정사를 들을 때는 피변복(皮弁服)을 입었다.

123-2. 예복 ②: 관대

머리에 쓰는 관(冠)과 허리에 두르는 대(帶) 역시 신분과 계급에 따라 차별이 분명했다. 먼저 천자의 관(冠)은 붉은색과 녹색의 2가지 실로 된 12가닥 끈으로 장식했고, 상대부(上大夫)는 7가닥, 하대부(下大夫)는 5가닥, 사(士)는 3가닥으로 장식해야 했다. 천자가 허리에 두르는 대(帶, 띠)는 흰색에 붉은색으로 안을 대고 끝에 단을 둘렀고, 제후는 흰색 띠에 흰색으로 안을 대고 끝에 단을 둘렀다. 또 대부는 흰색 띠에 늘어진 곳만 단을 둘렀고, 사(士)는 홑 띠에 아래에만 단을 둘렀다. 거사(居士, 벼슬하지 않는 선비)는 비단 띠를 매고, 그 제자들은 흰색 명주로 된 소박한 띠를 매었다. 이렇듯 신분과 직분에 맞는 예복(禮服)을 갖추고 거리나 조정에 나서면, 그 몸가짐이 떳떳하고 웅장하여 모든 사람들이 우러러본다는 것이다.

124 고루과문 우몽등초

孤陋寡聞 愚蒙等誚

외로울 고 더러울 루 적을 과 들을 문 어리석을 우 어릴 몽 등급 등 꾸짖을 초

☞ (학식이) 고루(固陋)하고 견문이 적으면, 몽매(蒙昧)한 자와 같아서 남에게 꾸지람을 듣는다.

124-1. 독학자의 폐단: 고루, 과문, 우몽

사람이 배울 때 자기 홀로 이룬 비부(鄙陋)한 시식과 견문(見聞)으로는 무지하다는 비방을 면치 못할 것이다. 자기만의 좁은 지식을 떠나서 허심, 겸허하게 남의 의견을 듣고 나아가 하늘의 소리까지도 들을 줄 알아야 하며, 항상 상대방에게 배운다는 자세가 필요하다. 사람은 고루, 과문을 벗어나기 위해 남의 글을 많이 배워 견문을 넓혀야 하녀, 그렇지 못하면 결국 남에게 푸대접을 받는다. 고대 중국의 지식인이나 학자들이 가장 듣기 싫어했던 말은 아마도 고루(孤陋, 학식이 천박하여 쓸모가 없다), 과문(寡聞, 보고 들은 것이 좁아 배울 것이 없다), 우몽(愚蒙, 배워도 여전히 어리석고 유치하다)이었을 것이다. 여기에서는 고루, 과문, 우몽(孤陋, 寡聞, 愚蒙)이라는 단어 모두를, 뚜렷한 스승이나 학문의 벗도 없이 독불장군처럼 공부한 독학자(獨學者)를 두고 사용하였다. 물론 독학자라고 해서 모두 고루·과문·우몽하지는 않을 것이다. 맹자는 공자에게 직접 가르침을 받은 것이 아니라 사숙(私淑간접적으로 학문을 배우다)하여 공자 못지않은 대사상가가 되었다. 전국시대 말기 법가 사상을 집대성한 한비자도 그렇다고 할 수 있다. 다만 세상과 주변으로부터 보고 듣고 사색하는 노력을 하지 않

고 오직 자신이 보고 알고 있는 서적과 문헌, 기록만으로 세상을 보고 재단(裁斷)하는 독학자들은 고루하거나 과문하거나 우몽하다는 멸시와 조롱을 받을 만하다고 하겠다.

124-2. 높은 식견과 넓은 견문

고대 중국의 지식인들은 높은 식견과 넓은 견문을 매우 중요하게 여겼다. 공자는 자신이 40세가 되어서야 사물의 이치와 도리를 깨달아 의혹이 없어졌다고 했으며, 50세가 되어서야 하늘의 뜻(천명, 天命)을 깨달아 나라와 백성을 비로소 다스릴 수 있었다고 했다. 또 유가 사상의 종합백과사전인 『예기(禮記)』에서는 40세가 되어야 벼슬에 나아갈 수가 있고, 50세가 되어야 비로소 나라의 정사(政事)를 맡아 다스릴 수 있다고 했다. 50세 이전에는 하늘의 뜻을 받들어 나라와 백성을 평안하게 다스릴 수 있는 학식과 경험이 아직 모자란다고 본 것이다. 따라서 고대 중국의 지식인과 학자들은, 50세 이전에는 자신이 뜻을 두고 있는 학파의 학문은 물론이고 여러 학파의 학문에 대한 지식을 두루 갖추어야 하고, 또한 세상을 두루 살펴 천하 만물의 생태와 일반 백성의 삶에 대한 충분한 견문과 경험을 배우는 시간으로 이해한 듯 싶다. 그들은 설익은 학문과 세상 경험을 밑천삼아 부귀영화와 권력을 좇는 무리야말로 가장 경멸해야 할 대상으로 여겼다. 이 문장은 그러한 무리의 한 예로, 홀로 공부한 얕은 지식과 견문을 갖고 아집(我執)에 사로잡혀 있는 시각으로 세상을 재단(裁斷)하는 독학자(獨學者)들을 비판한 것이다.

125 위어조자 언재호야

謂語助者 焉哉乎也

이를 위 말씀 어 도울 조 놈 자 어조사 언 어조사 재 어조사 호 잇기 야

☞ 조어에는 대표적인 것이 언·재·호·야(焉·哉·乎·也)이다.

125-1. 어조사

어조사는 실실석인 뜻이 없고 다만 다른 글자의 보조로만 쓰이는 것이다. 허자(虛字), 허사(虛辭), 어조사(語助辭)라고 부르기도 한다. 그러나 글귀를 성립시키고 말을 만들어 나가는 데 없어서는 아니 되는 글자들이다. 어조사에는 언·재·호·야(焉·哉·乎·也) 이외에도 어·우·자·즉·이·야·여·의(於·于·者·則·而·耶·歟·矣) 등도 있다.

125-2. 도인의 도움으로 천자문 완성

125번째 문장의 여덟 자(字)는 『천자문』탄생과 관련된 재미있는 이야기를 담고 있다. 『천자문』은 중국 위진남북조시대 양(梁)나라의 초대황제였던 무제(武帝)가 신하인 주흥사(周興嗣, 서기 470년경~521년)를 시켜 만든 서책이다. 무제는 시문(詩文)에 아주 뛰어났다. 어느 날 무제는 주흥사에게 동진(東晋) 때의 유명한 서예가이자 학자인 왕희지(王羲之, 서기 307년~365년)의 행서(行書) 중 천 개의 한자를 중복되지 않도록 가려내게 한 뒤, 4글자씩을 한 구절로 묶어 모두 125개의 문장을 완성하도록 명령했

다. 그 당시 주흥사는 무제의 노여움을 사 감옥에 갇혀 죽음의 형벌을 기다리는 신세였다고 한다. 그러나 주흥사의 학문을 아까워한 무제가, 만약 하룻밤 동안에 『천자문』을 완성하면 죄를 용서해주겠다고 하자, 머리가 새하얗게 변하도록 죽을 힘을 다해 문장을 지었던 모양이다. 이 일화 때문에 후세 사람들은 『천자문』을 백수문(白首文) 혹은 백두문(白頭文)이라고도 부르게 되었다. 어쨌든 주흥사는 1000개의 한자 중 992개를 가지고 어렵지 않게 문장을 만들어냈는데, 마지막으로 남은 8개의 한자에 대해서는 어떻게 해야 할지 몰라 전전긍긍했던 것이다. 그렇게 고민하다가 깜빡 잠이 들었는데, 마침 꿈속에 나타난 한 도인이 '다른 글자를 돕는 글자, 즉 어조사에는 언(焉)과 재(哉)와 호(乎)와 야(也)가 있다'고 귀띔을 해주었다. 이렇게 해서 탄생한 것이 『천자문』의 마지막 문장인 '위어조자(謂語助者)는 焉哉乎也(언재호야)'라고 한다. 주흥사는 꿈속 도인의 도움으로 비로소 『천자문』을 완성할 수 있었던 것이다.

부 록

1. 중국 역사 개관

○ 중국역사 연대표

① 요순(堯舜)시대

② 고대(古代) 3왕조(三王朝): 하(夏 BC 2000~1500) → 은(殷 BC 1600~1046) → 서주(西周 BC 1046~771) ③ 동주(東周) = 춘추전국(春秋戰國)시대: 춘추시대(春秋時代 BC 770~403) → 전국시대(戰國時代 BC 403~221)

④ 진(秦 BC 221~206): 중국 최초의 통일국가

⑤ 한(漢): 전한(前漢 BC 206~AD 9) → 신(新 9~23) → 후한(後漢 23~220)

⑥ 삼국시대(三國時代/魏, 蜀, 吳 220~280)

⑦ 남북조(南北朝)시대(265~578)

남조(南朝): 동진(東晋) → 송(宋) → 제(齊) → 양(梁) → 진(陳)

북조(北朝): 5호16국(五胡十六國) → 북위(北魏=동위+서위) → 북제(北齊)

⑧ 수(隋, 581~617) → 당(唐, 618~907)

⑨ 5대10국(五代十國)시대(907~960)

5대(화북 지방): 후량 → 후당 → 후진 → 후한 → 후주

10국(황하 외): 오, 형남, 전촉, 오월, 민, 남한, 초, 후촉, 남당, 북한

⑩ 송(宋): 북송(北宋), 남송(南宋)

⑪ 요(遼) → 금(金) → 원(元, 1279~1368): 이민족 왕조(정복 왕조)

⑫ 명(明, 1368~1644) ⑬ 청(淸, 1644~1911): 이민족 왕조

⑭ 중화민국(中華民國, 1911~1949) → 중화인민공화국(中華人民共化國, 1949~), 중화민국(대만)

ㅇ 주요 변화

- 서주와 동주

주(周)왕조가 건국 된 후 이른바 서주(西周)와 동주(東周)를 구분 짓는 경계에는 유왕(幽王)이 있다. 서주란 도읍이 호경(鎬京)으로 동주(東周)시대의 도읍지 낙읍(洛邑, 洛陽)에 비하여 서쪽에 있었기에 붙여진 이름이다. 주의 역사는 태고시대로 소급된다. 이른바 삼황(三皇)의 한 사람이었던 황제(黃帝)의 후손인 희씨(姬氏)가 그들이다. 요순(堯舜)시대에 후직(后稷)과 공유(公劉)를 필두로 이어져 온 이들은 문왕의 할아버지인 고공단보(古公亶父: 후일 태왕으로 추존 됨)에 이르러 비로소 기(岐)에 터전을 잡아 훗날 주왕조의 건국에 절대적인 영향을 미친다. 고공단보 → 막내아들 왕계(王季) → 문왕(文王, 姬昌) → 아들 무왕(武王, 姬發)에 와서 드디어 은(殷)왕조를 역성혁명으로 무너뜨리고 주(周)를 건국한다. 주나라는 2대 성왕(成王)대에 와서 성왕의 숙부인 주공 단(周公 旦)에 의하여 법전인 주례(周禮)가 완성되고 국가체제가 정립 발전되지만, 주나라는 유왕(幽王)에 이르러 미증유의 혼란에 직면한다. 주 왕조에 이르면 제정(祭政)이 분리되긴 해도 아직 제사적 기능이 정치에 상당한 힘을 미치는 시기이다. 그렇기 때문에 신과의 중매적 역할을 담당하는 무당은 사회적으로 상당한 지위를 가지게 된다. 유왕은 어느 날 강에서 물을 긷던 아름다운 무당 포사(褒似)를 운명적으로 만나게 된다. 결국 포사의 치명적인 아름다움에 빠져버린 유왕은 본부인을 내치고 본부인과의 사이에서 난 세자 의구(宜臼)마저 세자직을 박탈한다. 이로부터 유왕은 정사를 멀리하고 오로지 포사의 환심을 사고자 노력하지만 그러나 이 아름다운 여인은 도대체 웃지를 않는다. 그리하여 유왕은 포사를 웃게 하기 위한 온갖 노력을 기울이지만 도대체 효과가 없었다. 그러던 어느 날 궁녀 한 사람이 통이 좁은 비단치마를 입고 매화나무 곁을 지나치다 치맛자락이 매화 가시에 걸려 '찍'하고 찢어지자 이 소리를 들은 포사가 살포시 웃는다. 이를 본 유왕은 궁녀들로 하여금 하루 종일 비단을 찢게 하지만 포사는 두 번 다시 웃지 않는다. 그러다가 궁중에 설치된 봉화대(烽火臺)를 본 포사가 이것의 용도가 무어냐고 묻는다. 이에 '나라에 중대한 변란이 생기면 여기에 불을 붙여 팔로(八路)의 제후들로 하여금 군사를 몰고 나라의 위급함을 구하게 하는 것이란다'고 하자 포사가 불을 붙여보자고 종용한다. 과연 불을 붙이자 즉시 팔로의 제후들이 군사를 몰고 오는데, 이를 본 포사는 배를 잡고 깔깔거린다. 제후들이 놀래서 무슨 일이냐고 물으니 유왕이 별 것 아니라고 제후들을 돌려보낸다. 그 후 포사의 청으로 재차 불을 붙이고 다시 제후들을 돌려보내지만 제후들은 대단히 화를 내면서 돌아간다. 포사는 여기서 끝내지 않고 세 번째로 불을 붙임으로써 기어이 제후들의 노여움을 사고 만다. 그러다가 기어이 북방의 초원민족인 흉노가 쳐들어오자 급히 봉화에 불을 붙이지만 아무도 구원하지 않음으로써 유왕과 포사는 흉노족의 손길에 무참히 살해되고 만다. 이에 다음 왕으로 추대된 의구(宜臼)는 아버지에 대한 불행한 추억을 간직한 호경을 버리고 새로운 도읍지를 골라 낙읍(낙양)으로 천도를 하게 되니, 이것이 바로 서주의 종언이요 동주의 개막이다. 그리하여 낙읍(낙양)은 춘추시대와 전국시대까지 주 나라의 도읍지가 된다.

- 춘추시대와 전국시대

춘추전국을 이야기하려면 전설의 시대로 여겨지는 하(夏)나라, 그리고 본격적인 역사시대인 은(殷)나라, 주(周)나라부터 제대로 이해하지 않으면 안 된다. 춘추시대의 제후국들을 이해하려면 주나라 시대부터 이어진 방

국제도(邦國制度)[1)]라는 것을 이해해야 한다. 서주부터 동주 시대까지 중국에서는 이 제도가 실행되었는데, 천자가 제후를 봉하고, 제후는 대부를 봉하여 각자 하사받은 영지를 다스리게 하는 제도였다. 하지만 주나라의 천자가 힘을 잃자 제후국들 간의 힘겨루기가 시작된다. 그나마 춘추시대는 남만, 북적, 동이, 서융의 오랑캐로부터 주나라의 왕실을 지켜야한다는 존왕양이(尊王攘夷)[2)]라는 대의명분을 내건 싸움이었다. 이 싸움에서 춘추오패(春秋五覇)가 등장한다. 먼저 제(齊)나라가 두각을 드러내고 이후 진, 초, 오, 월(晉, 楚, 吳, 越)이 춘추오패로서 다른 제후국들을 압도한다. 하지만 초, 오, 월 세 나라는 한족이 아닌 남만(南蠻)에 속하는 민족이었다. 이들이 춘추시대의 제후국으로 편입되면서 중화의 영토는 더 넓어지게 되는 것이다. 반면 전국시대는 그 양상이 많이 달라진다. 상류사회는 인의를 버리고 권모술수에, 각 나라는 양보를 멈추고 전쟁에 열중했다. 그 결과, 책략가들이 시운을 타고 출현했으며 불한당들이 단숨에 높은 자리에 올랐다. 그것이 바로 전국시대였다. 이 전국시대를 마무리한 나라가 진(秦)나라로 시황제는 강력한 중앙집권을 형성하며 비로소 최초의 중국통일을 이룬다. 이 시기에 합종연횡이란 말이 생겨난다. 태항산 동쪽의 여섯 나라인 연, 제, 조, 위, 한, 초가 북쪽부터 남쪽까지 세로 방향의 연합전선 혹은 통일전선을 이루어 공동으로 서쪽의 강력한 진(秦)나라에 대

1) 춘추전국시대에는 중국을 천하(天下, '전 세계'라는 의미)라고 불렀으며 이를 천자(왕)가 다스린다. 천자가 천하를 나누어 약간의 영지를 만든 것이 '국(國)'인데 이를 봉토건국(封土建國, 약칭하여 봉건(封建))이라 한다. 국은 제후가 다스린다. 제후는 '국'을 얻은 후에 다시 봉건하여 약간의 영지를 나누는데 이것이 '가(家)'이며 이를 봉토입가(封土立家)라고 한다. '가'는 대부가 다스린다. 이렇게 천자, 제후, 대부 세 등급이 권력을 나누어 갖는 제도를 방국제도라 한다.

2) 임금을 숭상하고 오랑캐를 물리침. 예로부터 중국에서는 한족(漢族) 즉 중국 원주민을 제외하고 모두 오랑캐라고 불렀다. 그래서 뭇 제후들은 왕을 숭상하고 외부의 오랑캐를 배척하는 것을 가장 중요한 대의명분(大義名分)으로 삼았다.

항하는 것이 합종이고, 동서 방향으로 6국 가운데 어느 한 나라와 진이 연합하여 다른 나라를 공격하는 것이 연횡이다. 진나라가 통일을 이룰 수 있었던 것은 상앙의 변법 덕분이라고 할 수 있다. 상앙이 추진한 변법의 실제적인 의의는 중앙집권이었다. 이것은 진나라의 개혁에서 핵심 중의 핵심이었다. 개혁 이후 토지, 백성, 권력이 다 군주에게 집중되었다. 춘추시대의 지방분권에서 벗어나 비로소 (전국시대는) 강력한 중앙집권이 형성된 것이다. 진시황제가 통일 이후 분서갱유 등의 잔혹한 일을 했지만 결국에는 지금의 중국이라는 거대한 나라는 진시황제 이후 더욱 공고해졌다고 할 수 있다.

- 전한(前漢)과 후한(後漢)

한(漢) 고조 유방(劉邦) 사후 한나라는 그의 아들 영이 혜제로 등극하나 여태후의 세상이 된다. 8년의 세월 동안 여씨 천하를 만들기 위해 갖은 악행을 저지른 여태후가 죽자, 유방의 넷째 아들이 문제로 등극한다. 그 뒤를 경제가 잇는다. 문제와 경제의 치세 동안은 '문경지치'라고 할 정도로 태평성대를 구가한다. 그러나 이 시기도 경제 치세 후기에 제후국을 분할하는 '삭번정책'을 펼치는 바람에 성난 제후국들이 들고 일어나는 사태가 일어난다. 그러나 문제가 진압을 하고 등극한다. 문제는 전한시대의 황금시대를 이룩한다. 그 후 서기 5년 평제가 왕망에 의해 독살된다. 왕망은 스스로 황제에 오르더니 신(新)나라를 세운다. 이로써 전한은 204년 만에 멸망한다. 하지만 왕망의 개혁은 실패한다. 황제의 직계자손인 유수가 봉기해 왕망의 세력을 물리치고 경시제를 장안에 입성시킨다. 이 유수가 바로 후한의 창시자인 광무제가 된다. 서기 25년에 유수가 호남에서 황제(광무제)로 등극함으로써 후한시대가 열린다. 광무제는 수도를 낙양으로 옮긴다. 그 뒤를 이어 명제가 즉위한다. 그에게는 마황후가 있있는데,

그녀는 온후한 성품에 학식을 겸비한 여인이었다. 역사가로 유명한 반고(〈십팔사략〉 중 〈전한서〉를 집필한 역사학자)와 반초(〈십팔사략〉의 저자) 형제 이야기도 나오고, 종이를 발명한 채륜, 계리고와 측진기 등을 만든 과학자 장형, 명의의 대명사인 화타의 이야기도 나온다. 순제의 황후 양씨에게 양기라는 오빠가 있었는데 외척의 횡포가 이만저만이 아니었다. 하지만 환관들이 이를 물리치고 환관시대를 연다. 이렇게 한나라가 망해가는 기미가 역력해질 때 장각이 나타나 태평도를 퍼뜨리며 사람을 모아 목에 누런 수건을 두르고 난을 일으킨다. 이게 바로 황건적의 난인데, 이때를 틈타 한제국은 멸망하고 군웅이 할거함으로써 삼국시대가 도래한다.

2. 사서삼경 및 주요 인용서적 소개

ㅇ 논 어

- BC 450년경에 만들어진 책으로, 공자의 언행, 공자와 제자 및 여러 인사와의 문답, 제자들 사이의 대화, 공자의 생각과 비평을 수록한 책이다. '논어'는 어록이라는 뜻이다. 공자와 그 제자들의 말과 행동이 약 500개에 이르는 문장으로 묘사되어 있다.
- 논어는 전반 10편을 상론(上論), 후반 10편을 하론(下論)이라 하는데, 각 편 첫 장의 두 세 글자를 따서 편명으로 삼았다.
- 강조되고 있는 내용은 인본주의(仁), 정치의 이상(道德), 예(禮, 인을 실현하기 위한 수단) 등이다. 유가의 경전이며 모든 사람의 인격수양을 위한 좌우명이며, 서양의 성서와 같은 동양의 성서이기도 하다.

ㅇ 대 학

- BC 430년경에 만들어진 책으로, 수신(修身)·제가(齊家)·치국(治國)·평천하(平天下)의 정치철학과 학문을 직접 연결한 유학의 정수를 담고 있다. 이에 따라 『대학』은 대인(大人)의 학문에서 나아가 천하를 이끄는 군주나 재상이 익혀야 할 학문을 가리키는 말이 되었다.
- 전문 1,750여 자의 짧은 글이지만, 송나라 때에 주자학이 일어나면서 '학(學)·용(庸)·논(論)·맹(孟)' 순으로 불리듯 '사서(四書)'의 필두를 장식하게 되었다.
- 대학에 들어있는 사상의 핵심을 압축하면 수기치인도(修己治人道) 즉 먼저 자기 자신을 닦고 나아가 사람을 다스리는 도라 할 수 있다.

○ 맹자

- BC 280년경에 만들어진 책으로, 맹자의 언행을 기록하고 인의(仁義)의 도덕을 강조했다.
- 『맹자』는 「양혜왕편(梁惠王篇)」, 「공손추편(公孫丑篇)」, 「등문공편(滕文公篇)」, 「이루편(離婁篇)」, 「만장편(萬章篇)」, 「고자편(告子篇)」, 「진심편(盡心篇)」 등 모두 7편으로 구성되어 있다. 각 편은 상하로 나뉘기 때문에 실제로는 14편인 셈이다. 7편 가운데 전반의 3편은 맹자가 천하를 돌며 유세하던 때의 언행을 기록한 것이고, 후반의 4편은 은퇴 이후의 언설을 기록한 것으로 추정된다.
- 맹자는 무력으로 영토를 넓히려는 패도가 횡행하던 시대에 공자의 사상을 이어받아 덕으로 사람들을 감화시켜 인의(仁義)를 실천하는 정치, 즉 왕도정치(王道政治)를 주장했다. 또한 철저한 민본주의자였다. 백성을 첫손가락으로 뽑았으며, 왕답지 못한 왕은 왕이 아니라 보통 사람에 불과할 뿐이라고 주장하여 봉기와 반란의 단서를 제공했다. 따라서 지배층은 그를 달가워하지 않았고, 그로 인해 『맹자』는 한때 금서로 지정되기도 했다. 그럼에도 여전히 『맹자』를 읽어야 하는 이유는 간단하다. 어리석은 백성이 되지 않기 위해서고, 어리석은 통치를 하지 않기 위해서다. 비록 맹자의 왕도정치는 당시 현실 정치판에서는 외면당했지만, 훗날 정치제도·경제정책 등 여러 방면에 반영되었고 폭넓게 논의되었다. 특히 백성을 귀하게 여기는 민본사상은 정치사상의 질을 높였다.
- 맹자가 전반적으로 주창한 것은 성선설과 왕도정치이다. 성선설은 인간은 그의 내부에 깃들어 있는 선에 있어서 누구나 동등하며 따라서 이 선한 본성을 일깨우고 꽃피우기 위해서는 인격완성을 위한 부

단한 노력이 있어야 한다는 것이다. 왕도정치는 내 몸의 인의를 널리 천하에 미치게 하는 것 즉 인의를 천하에 널리 펴는 정치철학으로 이에는 맹자의 민본사상, 천명사상, 혁명사상 등이 모두 집약되어 있다. 맹자는 그 외에 호연지기를 내세움으로써 광명정대하고 거칠 것이 없는 젊은이의 이상을 제시하였다.

- 『맹자』에 담긴 말은 강물처럼 도도하고 거침없는 웅변이어서, 고금의 독자들이 『맹자』에서 불굴의 의지와 용기를 얻고 있다. 앞으로도 우리가 살아가면서 가장 중요하게 여겨야 할 가치가 뭔지 고민할 때 좋은 길잡이가 되어 줄 것이다. 정치에 뜻을 둔 사람, 경영에 뜻을 둔 사람, 취업에 뜻을 둔 사람, 학문에 뜻을 둔 사람, 큰일을 앞두고 벅찬 기대와 포부에 가슴 부풀어 있는 사람, 매사가 잘 안 풀려 실의와 절망에 기가 꺾여 고개 숙이고 있는 사람 등 누구에게든 큰 도움이 될 것이다.

○ 주역(역경)

- 동양에서 가장 오래된 경전인 동시에 가장 난해한 글로 일컬어진다. 공자가 극히 진중하게 여겨 받들고 주희(朱熹)가 '역경(易經)'이라 이름하여 숭상한 이래로 『주역』은 오경의 으뜸으로 손꼽히게 되었다.
- 『주역』은 상경(上經)·하경(下經) 및 십익(十翼)으로 구성되어 있다. 십익은 단전(彖傳) 상하, 상전(象傳) 상하, 계사전(繫辭傳) 상하, 문언전(文言傳)·설괘전(說卦傳)·서괘전(序卦傳)·잡괘전(雜卦傳) 등 10편을 말한다.
- 한대(漢代)의 학자 정현(鄭玄)은 "역에는 이간(易簡), 변역(變易), 불역(不易)의 뜻이 포함되어 있다"고 하였다. 이간이란 하늘과 땅이 서로 영향을 미쳐 만물을 생성케 하는 이법(理法)은 실로 단순하며, 그래

서 알기 쉽고 따르기 쉽다는 뜻이고; 변역이란 천지간의 현상, 인간 사회의 모든 사행(事行)은 끊임없이 변화한다는 뜻이며; 불역이란 이런 중에도 결코 변하지 않는 줄기가 있으니 예컨대, 하늘은 높고 땅은 낮으며 해와 달이 갈마들어 밝히고 부모는 자애를 베풀고 자식은 그를 받들어 모시는 것과 같다는 것이다.

- 『주례 周禮』 춘관편(春官篇) 대복(大卜)의 직(職)을 논하는 글에 "삼역법(三易法)을 장악하나니 첫째는 연산(連山), 둘째는 귀장(歸藏), 셋째는 주역인데 그 괘가 모두 여덟이고 그 나누임이 64이다"라고 하였다. 이에 대해 한대의 두자춘(杜子春)은 연산은 복희(伏羲), 귀장은 황제(黃帝)의 역이라 하였고, 정현은 역을 하(夏)나라에서는 연산이라 하고 은(殷)나라에서는 귀장, 주(周)나라에서는 주역이라 한다고 하였다. 아무튼 연산·귀장은 일찍이 없어지고 지금 남아 있는 것은 주대(周代)의 역인 『주역』뿐이다.
- 작자에 대한 대개의 통설은 복희씨가 팔괘를 만들고 신농씨(神農氏, 혹은 伏羲氏, 夏禹氏, 文王)가 64괘로 나누었으며, 문왕이 괘에 사(辭)를 붙여 『주역』이 이루어진 뒤에 그 아들 주공(周公)이 효사(爻辭)를 지어 완성되었고 이에 공자가 십익을 붙였다는 것이다.
- 역을 점서(占筮)와 연결시키고 역의 원시적 의의를 점서에 두는 것은 모든 학자의 공통된 견해이다. 어느 민족도 그러하지만 고대 중국에서는 대사(大事)에 부딪히면 그 해결을 복서(卜筮)로 신의(神意)를 묻는 방법을 썼다. 하여튼 처음 점서를 위해 만들어진 역이 시대를 거치면서 성인(聖人) 학자에 의해 고도의 철학적 사색과 심오한 사상적 의미가 부여되어 인간학의 대경대법(大經大法)으로 정착된 것이다.

○ 중용

- 『중용』은 『예기』 속에 포함된 한 편이었지만 일찍부터 학자들의 주목을 받아 왔으며, 주희(朱熹)가 『예기』 49편 가운데 <대학>·<중용>을 떼어내어 『논어』·『맹자』와 함께 사서라 이름을 붙인 후 사서는 유교의 근본 경전이 되었다.
- 『중용』의 작자에 대해서는 학자들의 의견이 일치하지 않는다. 종래에는 『사기(史記)』의 <공자세가 孔子世家>에 "백어(伯魚)가 급(伋)을 낳으니 그가 자사(子思)였다. 나이 62세에 송나라에서 곤란을 겪으면서 『중용』을 지었다"라는 대목이 있어 공자의 손자 자사의 저작으로 알려져 왔다. 그러나 청대에 고증학이 대두되면서 자사의 저작이라는 정설에 이의를 제기하기 시작하였다. 어떤 학자는 진(秦)·한(漢)시대의 어떤 사람에 의해 이루어진 저작이라 고증하기도 하고, 또는 자사의 저본(底本)을 바탕으로 후세의 학자들이 상당기간 동안 가필해 완성된 것이라 주장하기도 하여 아직까지 유력한 정설이 없는 실정이다.
- 『중용』을 흔히 유교의 철학 개론서라 일컫는데, 그것은 유교의 철학적 배경을 천명하고 있기 때문이다. 수장(首章) 첫머리에서 "하늘이 명(命)한 것을 성(性)이라 하고, 성을 따르는 것을 도(道)라 하고, 도를 닦는 것을 교(敎)라 한다"라고 하였는데, 이 대목은 유교 철학의 출발점과 그 지향처를 제시하고 있다. 사람이 사람답게 삶을 누리자면 끊임없이 배워야 하고 그 배움에는 길(도, 道)이 있고 길은 바로 본성(本性)에 바탕하며, 본성은 태어나면서 저절로 갖추어진 것이라는 뜻이다. '태어나면서 저절로 갖추어진' 본성을 유교에서는 맹자 이후 '순선(純善)'한 것이라 생각하였으며, 송대에 와서 정립된 성리학은 이에

기초하여 전개되고 있다.

– 『중용』은 33장으로 되어 있는데, 그 내용을 전반부·후반부로 나누어서 설명할 수 있다. 전반부에서는 주로 중용 또는 중화사상(中和思想)을 말하고, 후반부에서는 성(誠)에 대해 설명하고 있다. 중(中)이란 한쪽으로 치우치지 않고 기울어지지 않으며, 지나침도 미치지 못함도 없는 것(不偏不倚無過不及)을 일컫는 것이고, 용(庸)이란 떳떳함 즉 평상(平常)을 뜻하는 것이라고 주희는 설명하였고, 정자(程子)는 기울어지지 않는 것 즉 불편(不偏)을 중이라 하고 바꾸어지지 않는 것 즉 불역(不易)을 용이라 하였다. 중화사상은 중용을 철학적 표현으로 달리 말한 것인데, 이 때의 중은 희로애락의 감정이 발로되기 이전의 순수한 마음의 상태를 말하는 것이고, 마음이 발해 모두 절도에 맞는 것을 화(和)라 일컫는다고 하였다. 이러한 중화를 이루면 하늘과 땅이 제자리에 있게 되고 만물이 자라게 된다는 것인데, 이는 우주 만물이 제 모습대로 운행되어 가는 것을 뜻한다. 성(誠)은 바로 우주 만물이 운행되는 원리이다. 그 원리는 하늘과 땅, 그리고 사람에 이르기까지 하나로 꿰뚫어 있다. 그래서 "성은 하늘의 도이고 성되려는 것은 사람의 도"라고 말한다. 다시 말하면, 성실한 것은 우주의 원리이고, 성실해지려고 하는 것은 사람의 도리라는 뜻이다. 결국, 사람은 우주의 운행 원리인 성을 깨닫고 배우고 실천하는 데에서 인격이 완성되며, 결국에는 천인합일의 경지에 도달하게 된다.

○ 서경

– 예전에 시(詩)하면 시경(詩經)을 의미한 것처럼, 서(書)하면 서경(書經)을 의미할 정도로 중국 지식인에게는 가장 중요한 고전 중의 하나였다.

- 『춘추』가 왕이나 제후의 사적을 기록한 역사책인데 비하여 『서경』은 어떤 사건에 관한 제왕이나 현자들의 공식 발언을 기록한 역사책으로서, 유가의 이상적 인격자인 성인 즉 요·순·우왕·주공(堯·舜·禹王·周公)들의 말이 직접 기록되어 있다.
- 서경은 요·순의 치적을 기록한 우서(虞書), 중국 최초의 왕조라고 하는 하나라의 역사를 기록한 하서(夏書), 상나라의 역사를 기록한 상서(商書), 주나라의 역사를 기록한 주서(周書)의 네 부분으로 대별되어 있다.

○ 시경

- 시경은 중국 최고의 시집으로, 주왕조의 건국 초기의 것부터 동주로 옮긴 후 춘추시대 초기까지 약 300여편[3]의 시를 모은 것이다. 당시 존재하던 3천여 편의 시 중 공자가 중복되는 것을 버리고 예의를 시행할 만 것을 골라 편찬하였다고 한다.
- 국풍, 소아, 대아, 송(國風, 小雅, 大雅, 頌)으로 분류되며, 「풍」은 각 지방의 민간 가요로서 사람의 희로애락의 감정을 표현한 것이고, 「아」는 조정에서 연주되던 음악으로서 왕조의 흥망성쇠의 까닭을 밝힌 것이며, 「송」은 종묘에서 제사지낼 때 연주하여 조상의 덕을 찬양하고 신의 마음을 위로하는 시이다.
- 국풍은 주남(周南, 주공이 남쪽에서 모은 노래), 소남(召南, 소공이 남쪽에서 모은 노래), 패풍(邶風, 패나라의 노래), 용풍(鄘風, 용나라의 노래), 위풍(衛風, 위나라의 노래), 왕풍(王風, 왕나라의 노래), 정풍(鄭風, 정나

3) 국풍 160편, 소아 80편, 대아 31편, 송 40편이 수록되어 있는 편이지만, 소아 6편은 편명만 있고 가사는 전해지지 않기 때문에 사실상 305편이나 마찬가지다.

라의 노래), 제풍(齊風, 제나라의 노래), 위풍(魏風, 위나라의 노래), 당풍(唐風, 당나라의 노래), 진풍(秦風, 진나라의 노래), 진풍(陳風, 진나라의 노래), 회풍(檜風, 회나라의 노래), 조풍(曹風, 조나라의 노래), 빈풍(豳風, 빈나라의 노래) 등 열 다섯 나라의 민요로 구성된다.

– 아는 소아와 대아로 구분되며, 소아는 주로 향연의 음악, 대아는 군신과 제후가 조정에서 회합할 때의 노래이다.

– 송은 주송(周頌, 주나라 종묘의 노래), 노송(魯頌, 노나라 종묘의 노래), 상송(商頌, 상나라 종묘의 노래)으로 구성되어 있다.

○ 장 자

– 『장자』는 중국 전국시대 BC 4세기(BC 370~300년 경) 송나라[4]의 사상가인 장자의 저서로서, 당나라 현종(玄宗)에게 남화진경(南華眞經)이라는 존칭을 받아 『남화진경(南華眞經)』이라고도 한다.

– 『장자(莊子)』는 도가 계열의 책으로 여러 사람의 글들을 편집한 것이다. 33편(내편(內編) 7, 외편(外編) 15, 잡편(雜編) 11)이 현존한다. 그 중 내편이 비교적 오래되었고 장자의 근본사상이 실려 있어 장자의 저서로, 외편과 잡편은 후학(後學)에 의해 저술된 것으로 추측된다. 장자 자신이 어느 부분을 직접 저술했다는 명백한 증거는 찾기 어려우나, 내편의 〈소요유(逍遙游)〉, 〈제물론(齊物論)〉, 〈대종사(大宗師)〉편이 장자 자신의 사상을 보여주는 것으로 분석되고 있다.[5]

– 『장자(莊子)』의 문학적인 발상(發想)은 우언우화(寓言寓話)로 엮어졌는

4) BC 4세기의 송나라는 약소국이었고 전란이 가장 자주 일어난 곳이었다. 그래서 약자의 비애와 고통, 모욕과 굴욕, 전란과 기아(飢餓)와 유망(流亡) 등 인간 부자유의 극한상황을 그대로 보여주고 있었다.

5) 장자, 안동림 역주, 2014, 현암사

데, 종횡무진한 상상과 표현으로 우주본체·근원(宇宙本體·根源), 물화현상(物化現象)을 설명하였고, 현실세계의 약삭빠른 지자(知者)를 경멸하기도 하였다. 그의 심현한 철학사상서이자 우수한 문학서인 이 『장자(莊子)』는 위·진(魏·晉) 때에 널리 읽히고 육조시대(六朝時代)까지 그 사상이 유행하였다. 양(梁)나라 도경홍(陶弘景)이 그를 진령(眞靈)이라 하여 제3급에 올렸다.

– 『장자(莊子)』 속의 이야기는 대개 우언(寓言)의 형태를 띠고 있어, 해석의 여지를 남겨 두고 있다. 이야기들은 대개 역사적인 사실과는 거리가 멀며 읽을 때마다 다른 느낌을 받게 한다. 뛰어난 우언으로 장주호접(莊周胡蝶), 혼돈개규(混沌開竅), 포정해우(庖丁解牛) 등이 있다. 장자의 작품은 선진(先秦)시대의 대표적 작품으로 인정받고 있다. 장주호접은 『장자(莊子)』에 나오는 가장 유명한 이야기 중 하나이니, 어느 날 장자가 근심 없는 나비가 되어 즐겁게 날아다니는 꿈을 꿨는데, 잠에서 깨어난 후 장자는 자신이 나비가 된 꿈을 꿨는지, 나비가 장자가 된 꿈을 이제 꾸기 시작했는지 분간하기 어려웠다는 이야기이다. '내가 존재한다는 것을 어떻게 알 수 있는가'라는 데카르트의 유명한 문제처럼, 이 우화는 심리학, 언어학, 인식론 상의 여러 문제를 제기한다.

– 장자는 보기 드문 천재로서 인간의 상식을 멀리 뛰어넘어 상식의 척도에서 보면 터무니없는 말을 지껄인 사람이다. 그러기에 위대한 사상가일지 모른다. 장자는 인생과 우주 일체를 홍소(哄笑)하는 통쾌한 해학가(諧謔家)이다. 공자와 맹자가 상식적인 세계를 살았음에 비하여 장자는 상식적인 사고와 세속적인 가치를 일소(一笑)에 부친다. 장자만큼 인간의 추함, 어리석음, 비굴함, 오만함을 꿰뚫어 본 사상

가도 드물다. 장자는 냉철하게 인간을 응시하고, 정확하면서도 절실하게 인간사회를 관찰한다.

– 『장자(莊子)』는 백치화(白痴化)된 현대인에게 인간 본래의 자기로 돌아갈 것을 가르쳐주는 위대한 저서이다. 현대의 인류는 스스로가 쌓아 올린 문명(文明)의 노예(奴隸)가 되어 백치화되어 가고 있다. 현대인은 단순(單純)의 위대성, 소박(素朴)의 강인성을 잃고, 일체의 사상(事象)을 있는 그대로 긍정하는 늠름한 자연(自然)을 상실하고 있다.

3. 색인목록(*표는 용어의 유래와 관련됨)

ㅅ

ㅇ

ㅈ

4. 참고문헌

1) 논어, 김원석 역해, 1995, 혜원출판사

2) 맹자, 범선균 역해, 1993, 혜원출판사

3) 서경, 이기석·백연욱 역해, 홍신문화사

4) 시경, 심영환 옮김, 2013, 홍익출판사

5) 장자, 안동림 역주, 2014, 현암사

6) 丁東白, 千字文 學習帳(제3차 수정판), 2007.5.10.

7) 조기형·이상억, 한자성어·고사명언구 사전, 2011.2.15, 이담북스

8) 한성주, 천사문년, 2009.12.15, 포럼

9) 한정주, 천자문 인문학, 2016.2.3, 다산초당

10) 회남자(상, 하), 이준영 해역, 2015, 자유문고

저자소개

천자문이 이야기책이라고? 그렇다. 중국 사람이 쓴 책인데 기본한자 알리는 데 큰 의미를 두었겠는가? 125개 문장의 배경을 이루는 많은 고전의 주옥같은 글귀나 제자백가의 사상을 엮어 만들어낸 이야기책이다.

한문 입문서라는 오해에서 벗어나 삶의 지혜를 높일 수 있는 품격 있는 이야기들로 채워진 멋진 책이라는 점을 보다 많은 사람들이 알고 도움을 받았으면 좋겠다는 생각에서 책을 쓰게 되었다.

필자는 서울대학교 사회복지학과를 졸업하고, 미국 위스콘신대학 노사관계 석사를 거쳐 경기대학교 직업학박사를 받았다. 행정고시 합격 후 고용노동부, 산재의료관리원 이사장, 노사정위원회 상임위원 등 30여 년간의 공직생활 중 우리나라 최초의 범국민적 실업대책 수립, 고용보험제도 도입, 외국인고용허가제 도입, 직업체험관(Job World) 설립 등의 주역을 맡았다. 퇴직 후 삼성정밀화학 감사, 우송정보대학 특임교수를 지냈다.